创意的坏习惯

夏不飞 著

14个地产传播『反行规』案例

上海社会科学院出版社
SHANGHAI ACADEMY OF SOCIAL SCIENCES PRESS

谨以此书

献给 12 岁暑假，让我坚持写日记的妈妈

那一年，我开始爱上写字

只可惜，她再也看不到这本书了

序 一　　来自父亲的寄言

序

虽然文化不高的我，但也知道出版一本书之前，总有个序开个头。而且写序的人总归有点知名度。可我儿子也要出本书，并且要我农民的儿子为儿子的书写个序，难为我了……。

听了小孩的话，脑子懵了。在开玩笑吧，虽然自己在农村做个基层干部，但没有知名度的。

你儿子写书、出书，爸妈在过去有点耳闻，因为你的文笔有点基础，这方面超过咱俩。但你写的什么书，出的什么内容，一切茫然。这个序如果写了，人家看了，那张冠李戴，文不对题，读者不仅笑话，而且还会影响你儿子出书的目的。

可我儿子说，我写的一本书，是谁也看的懂的广告书，就象爸妈教小孩说话一样简单，也象你们过去搀着我的手跨过门槛的一点小技巧而易。

儿子说的广告书，其实他入项这么多年来，只知道在上海某单位做地产策划，但我用心找了多年，没有找到大学里有地产策划这个专业。现在也则知道他的广告策划，是帮助房事开发商卖楼的。

不管广告舗，还是策划总监、经理。儿子在出书前，有点要求也应答应。想想小孩大学毕业，只身一人在上海打拼也不简单，跳槽几次，也总算在单位里站牢了脚跟，混了一个小职位，并且在房子开发商中还有了一定的知名度。乡下人来说，有了点小名气，还在国内结交了不少老朋友和学生。

好多城市里

我虽然文化程度不高，但也知道在出版一本书之前，一般要有个序，而且写序的人总要有点知名度。所以当我儿子也要出本书，要我这农民的儿子为他的书写个序时，真的难为我了……

听了小孩的话，我脑子懵了。在开玩笑吧，我虽然在农村做个基层干部，却是没有知名度的。

儿子写书、出书，作为父母，我俩在过去有所耳闻，因为他的文笔有点基础，这方面是超过我俩的。但对他出的什么书，写的什么内容，我俩却是茫然。这个序如果写了，人家看了，若张冠李戴，文不对题，不仅读者笑话，而且还会影响儿子出书的目的。

可我儿子说，他写的这本书，是人人都能看得懂的书，就像妈妈教小孩说话一样简单，也像我们过去牵着他的手，跨过门槛的一点小技巧而已。

儿子写的是关于广告的书。其实他入行这么多年来，我只知道他是在上海某单位做地产策划。我用心找了很久，没有找到大学里有地产策划这个专业。现在才明白所谓广告策划，是帮助开发商卖楼的。

不管是做广告还是做策划，儿子在出书前有点要求，我也该答应的。想想小孩大学毕业，只身一人在上海打拼也不简单。跳槽几次，总算在单位里站牢了脚跟，谋了一个小职位；并且在开发商中有了一定的知名度，还在好多城市里结交了不少好友和学生，也就是当下所说的"粉丝"。

民尤然答应，我也好趁机和他妈发泄一下，在他成长之中的艰辛付出，让他知道爸妈的用心良苦。

房子策划，出于告书，实对他一个修飞机的技师来说，确实有点怪。当然他的今天，于过去小时候经常伴在爷爷旁听故事，讲历史有关。也于他多看书，多询问，与人多交流有关。

记得，在他八岁生日，妈答应给他买书作为礼物，高兴的几夜未眠。买书时，除对资料，还要求多买几本科普书籍。他妈虽然有些为钱所难，但还是满足了他的要求。这样在他瞳成长，知识不断需求的前提，有点一发不可收拾，一方面要我们给他买，另外不要我们知道，问爷爷和妹妹给他买，自己还用压多钱买。一间小卧室，多是书和玩具。现在我们收拾他房间，还放着他小时候读的书。

在他爱好看书的习惯上，他妈很是用心，用时间去教导他，在教他写作业时还要每天写日记，看好书合写感想，久而久之养成了写日记，写心得的习惯。周围邻居看到夏飞学习认真，做作业自觉也很赞叹夏飞他妈的。这方面确实他妈付出了很多很多，自己在培养孩子身上是比她少。一回忆夏飞他妈，眼泪总是不自觉的会流下来。

在夏飞大学毕业之前，我和他妈总感到他那么可爱，特别肯听父母的话。前到城里送他去上学，一个人要寄宿在学校，不满十四岁，衣服、被子、生活自理多稔，但他为了更好地既然答应了，我也好趁机代表他妈妈说道一下，在他成长之路上，我们的艰辛付出，让他也知道爸妈的用心良苦。

房产策划，出广告书，这对于他一个修飞机的技师来说，确实有点怪。当然他的今天，与过去小时候经常伴在爷爷旁听故事、谈历史有关，也与他多看书、多询问、多与人交流有关。

记得他8岁生日那天，妈妈答应给他买书作为礼物，他高兴得整夜未眠。买书时，除学习资料，他还要求多买几本科普书籍。他妈妈虽然有些为钱为难，但还是满足了他的要求。此后，购书开始有点一发不可收拾。一方面要我们给他买，另一方面自己还用压岁钱买，另外不够的，他就让舅舅和叔叔给他买。一间小卧室，多是书和玩具。现在我们收拾他房间，还会放着他小时候藏的书。

在培养他爱好看书的习惯过程中，他妈妈很是用心，督促他每天写日记，看好书后写感想，久而久之使他养成了写日记、写心得的习惯。夏飞他妈妈确实在这方面付出了很多很多，而我在培养孩子上付出的心血比她少了太多。

在夏飞大学毕业之前，我和他妈妈总感到他活泼可爱，特别肯听父母的话。首先是送他到城里上学，他一个人要寄宿在学校，不满14岁，生活自理都难。但他为了更好地学到知识，不辜负大人的希望，乖乖地就去了。高中毕业，上大学考试填志愿，他说听父母的，父母做主便可。

学到知识，不辜负大人的希望。乖乖的去上了。高中毕业上大学考试填志愿，他说听父母的。反正父母可以作得主。可是大了，就不什么按分守纪了。我们当时望他考上一个理想的大学。到单位脚踏实地做一个有技术型的人才。后来，确实也取了一个蛮好的大学。天津航空大学。毕业后分到了上海东方航空公司。开始，我们父母也蛮高兴，一个大型国企。加一个班伍佰元到捞小佰元的额外收入。每年我们还可免费坐飞机国内旅游，房租金和福利满满。可我俩还没享受好几年的好福利。他不声不响离职去了个搞房产策划的小公司。工资贰仟伍。可后来实话讲只有每月一仟伍。他毕业后几年，就是跳槽来折腾我俩。几次交流，总是为跳槽吵起来。做他工作，要安心爱岗，爱单位，爱同事。可总被他的话占了上风。后来还是他妈劝导我，小孩大了。他知识也多了。有主见了。不应多去干预他今后的生活了。我们则希望他早点结婚，生子就好了。就这样，双方默认，各自在两地折腾。

没过多久，在他努力下，单位提了副总。经常带队拿标书奔赴各地投标。而且薪水每年再涨。他虽然苦，但总痛带笑容讲他的成绩，说万科，金科，爱家等多个房产开发商经常录取我们的标书。每到一地总给我们讲这个广告词是我写的，这里的标书是我给他们出的。所以看到他的成绩，我大人心里渐渐感到，反对他跳槽，心里有些内可是孩子大了就不怎么安分守己了。我们当时期望他考上一个理想的大学，到单位脚踏实地做一个有技术的人才。后来，他也确实去了一个蛮好的大学，天津的中国民航大学。他毕业后被分配到了上海东方航空公司。开始我们也挺高兴，一个大型国企，工资和福利都很好，每年我们还可以免费坐飞机国内旅游。可我俩还未享受到儿子的福利，他便不声不响离职去了一个搞房产策划的小公司。工资2500元，可后来实话讲只有每月1500元。他毕业后几年，几乎就是用跳槽来折腾我俩。几次交流，总是为跳槽争执。做他工作，要安心爱岗、爱单位、爱同事，可总被他的话占了上风。后来还是他妈妈劝导我，小孩大了，有主见了，不应多去干预他今后的生活了。我们则指望他早点结婚生子就好了。就这样，双方默认，各自在两地拼搏。

没过多久，在不断的努力下，他在单位当了副总，经常带队拿标书，奔赴各地投标，而且薪水每年在涨。他虽然苦，但总面带笑容讲他的成绩，说万科、金科、金地等多个房产开发商经常选用他们的标书。每到一地，总给我们讲这个广告语是他写的，这里的标书是他给他们做的。看到他的成绩，我们大人心里渐渐意识到了当初反对他跳槽的错，心里有点内疚。小孩也和我们说，他时常把我们对他的要求用在工作中，经常用父母在农村夜以继日、拼命赚钱养家供他上大学的行为来鞭策自己。单位的工作积极完成，有时为了完成方案书，经疲。小孩也和我们说，我在工作中，时常把你们对我的要求用在工作中，经常对照父母在农村艰苦劳作，拼命挣钱养家，和赚钱供我上学的行为来鞭策自己。单位的工作快报完成，为了完成案书。经常只有上班时间，没有下班时间，睡在办公桌上是长事。时常为了竞标标，案书做二到三份，好供领导和对方参考。自己严格要求，不求十全十美，但求精益求精。达到自己满意为止。

他也讲起，在我启蒙中，送我到外地学习，也是我受到不少好处。特别江阴南菁高中人材济济，文化知识出类拔萃。那是和他们在一起，促我马不停蹄的提高。低稿的勇气，经常和长辈交流的习惯。不怠父母，不惜一切，进行知识投资。

在出书前，小孩又和我谈起，离职出国游学，要用外语进行系统的，在广告策划方面去充电学习一年。开始，也和我白，你四十岁了，还要学什么？现在不是好好的。各地房子开发商多认可你们单位和夏飞你本人，况且工资，奖金，福利，职位都是可以。怎么工资不挣，还要自己化钱到国学习。但他给我解释，自己大学学的不是房产策划，是修飞机。定里就有我的软肋和弱点，也不趁现在年轻，到国外深造。是跟不上时代的发展。所以，放弃工作，专心再去学习。让国外的先进的，新鲜的吸收后去迎合大众居住的需求，也让我在过去的平台上再上一台阶。

小孩大了，成熟了。路也应该让他自己去走，工作让他自己去拼搏，自己也不能和过去一样去反对他了。毕竟，他们小孩对常只有上班时间，没有下班时间，睡在办公桌上是常事。时常为了拿下项目，提案做 2-3 份，以供领导和对方参考。自己严格要求，不求十全十美，但求精益求精，达到自己看了满意为止。

他也讲起，在他的启蒙中，送他到外地学习，也使他受到不少好处。特别是江阴高中，人才济济，文化知识教育出类拔萃，那时和良师益友在一起，他的写作能力有了明显提高。

在出书前，小孩又和我谈起，想要离职出国留学，进行系统的广告创意和策划方面的继续学习。我开始也不明白：你 40 岁了，还要学什么？现在不是好好的？各地房产开发商多认可你们单位和夏飞你本人，况且工资、奖金、福利、职位都是可以的。怎么工资不要，还要自己花钱出国学习？但他给我解释，自己大学学的不是房产策划，是修飞机，这里就形成了他的软肋和弱点，如不趁现在年轻，到国外深造，就跟不上时代的发展，所以才打算放弃工作，专心再去学习，吸收国外的先进知识，然后再去迎合大众居住的需求，也好让他在广告策划平台上再上一个台阶。

小孩长大了、成熟了，路应该让他自己去走，工作让他自己去拼搏。我也不能和过去一样去反对他了。毕竟，年轻人对今后的时代发展的思考，比我们老的想得多。

今后的时代发展，居民的需求比我们老的懂得多。
　　不为他们操心了。反过来，自己养好身体，不让他们在大城市为我操心。让他们专心工作，专心学习。就是自己最大的帮助吧。也让小孩的书，给那房多筹划小的去世人士有所帮助和教乏吧。

　　　　　　　　　　　　　　　　追忡贤
　　　　　　　　　　　　　　　　2019年10月

不为他们操心了。反过来自己养好身体，不让他们在大城市为我们操心。让他们专心工作、专心学习，就是对他们最大的帮助。也希望孩子的这本书，能对那些房产策划的专业人士有所帮助。

2019年10月

序 二　耳边总有规矩在唠叨

创意的坏习惯

我爱吃肯德基、麦当劳,几乎所有同事亲人都告诉我,这是垃圾食品。其实,我不知道吗?但是这快餐:等候5分钟,狼吞3分钟,一顿饭就搞定了。我反问他们:"这个世界上,你见过比这更方便的三餐解决方案吗?"尤其我是个工作狂外加急性子,项目来了,不解决,我是决然睡不着、吃不香的。尤其原来公司地铁口就是麦当劳,出地铁,五分钟买,三分钟吃,到办公室立刻开始工作,毫不耽误。

方便快餐,让我过去十五年的职业生涯,至少比那些贪图美食的广告人,多"赢"了少说3000小时去思考、解决问题。

我爱方便,但最近几年,我开始痛恨起方便。不是我不爱肯德基、麦当劳了,而是另有他因。

因为做久了传播,总会学到很多捷径、公共知识、行业惯例。我爱这些方法,它们让新人更快捷地熟悉和认知这个行业。我恨这些行业惯例方法,它们几乎禁锢了很多人再认知的好奇心。近几年带团队,和他们开会碰撞,我几乎肯定会否定他们前三轮碰撞的想法,因为前三轮提出来的,不是行业惯性思维,就是经典案例的拷贝粘贴思维。我一直开玩笑戏称自己是:拉广告人出坑的人,而且每次他们还赖在坑里不愿出来。一则惯例方法实在太方便了,拿来直接用,不用动脑;二则他们坚持认为这些方法没错,很正确。

吃饭可以贪图方便。但是做传播绝对不能贪图方便。尤其面对互联网上随处可见的方案、方法、稿子、书籍……更要学会如何判断这些认知方法的相对对错,知道如何就不同城市环境、项目背景、竞争环境辩证地使用,甚至否定某些看起来很成功的案例背后的经验。正如我所说:判断有时候比学习更重要。

2017年年中,在知识付费的风口,同时也因为这些"坑"无所不在,我做了一个"夏不飞创意日报",专门用案例和音频,讨论行业的100个坑,甚至1000个坑。坚持到今天还在继续,因为坑填得越多,发现未填的就越多。没事,我会坚持下去。

而正好在2018年年底,由于种种原因,我离开了工作十年的公司。我突然有种想把过去多年遇到的所谓方法论的坑,一一罗列出来的冲动。这甚至谈不上分享,因为今天不为别人,就为自己写一次。10多年来,我给项目、给甲方写了200多个方案,赢了1亿多元合同,做了100多个项目,我要把这10多年来,那些看起来很方便,其实害人不浅的"行业坏习惯"写出来。

这就是你们现在手里这本书的诞生缘由,也是我把这十四个案例,而不是其他案例写进这本书的原因。当然出于种种考虑,我隐去,或者修改了具体项目名、城市名、开发商名,所有案例都抽象为一个传播品类,以此为蓝本,研究行业充斥的各种创作坏习惯。

譬如,中国地产行业是一个充斥着"一"的行业,可以做不到第"一",但是广告传播里不能出现"二"。对于城市繁华,不是"一"城中心,就是"一"转身即繁华,再差就是"一"步城心。宣传学区的,说"一"流名校、"一"步之距;宣传物业的,说全国"一"等"一"

资质物业，差一点就说"一"应必答，有应必答做不到就说"一"生陪伴……这些，导致广告人"创作一线"这块肌肉超级强大，而后遗症就是真遇到一个江山一线的项目，广告人的"真一线"包装能力却集体偏弱。所以就有了一章，介绍如何在"假一线"都喊一线的环境里，传播一个真的山一线项目。

譬如在学区房竞争中，传播几乎做成了"比步数"游戏：我咫尺学区，你一街之隔名校，最后索性来个"结束送娃时代"的一步学区房。除了比较步数，我们还能做些什么？这就有了学区房传播一章，用真实的"全家都是小祖宗"洞察，打开学区房传播的新思考。

譬如只要靠着高铁的小户型，不是说走就走，就是城市行宫。我三否团队思路，甚至到最后自己都怀疑自己是不是太较真了。但就是这样硬扛着，反行业惯性思维，我们不仅拿下了项目，而且发现其他几家的方案，居然不是"说走就走"，就是"高铁小行宫"。整个行业的创作，都面临惯性思维的诱惑，不只我一人。所以就有了三亚高铁，三否直觉的那一章。

譬如，现在做品牌不是提美好，就是强调赋能。除了时代原因，也是因为广告人被这阵"美好"风限制了品牌想象力。所以就有了一章，谈一个码头出身的地产企业，面对也可以轻松提"美好"的诱惑，勇敢"查族谱"，验"企业基因"，最后做了一个真正对中国当代中产有脑、身、眼、足、嘴诱惑力的品牌主张。

譬如行业内做养老房项目，有个惯例认知：老人都爱安静。真的吗？带着反问，甚至带着否认，我们接触客户，了解产品，反检我们自己父母一辈的生活特性，最后坚决站在了行业惯性的对面，做了一个看起来很"反骨",但是其实真正剖析老人生活的热闹策略。这就是书里葡萄园养老案例的那一章。

当然,有时还有比行业认知更难应付的对象——甲方认知。遇到甲乙双方认知不同,甚至相悖时,我很多时候站在了甲方的对立面。也许我错了,也许甲方错了,甚至为此我丢掉了案子,但我知道,思维就是在不断辩驳和反思里前行的,能反问,敢反对,会反思,才能真正从行业惯例认知里,得到正确的、有效的传播总结。这就是书里,六年三提的佘山大平层那一章。从彼此观念不同,到最后的一致,甲乙双方都在认知进步,都在反思过去。

我甚至愿意把我没拿下的项目,放在书里。因为思维认知的路上,失败有时候比成功更值得阅读。譬如对于城市品牌的认知,行业惯例是大而全的美好体系,但我坚持"什么都说了,就等于什么都没说"。这是一个发声容易,被淹没更容易的品牌时代,所以我想用品牌人格化,但是面对行业惯性的"大而全"思维,我失败了。不过,这阻挡不了我思维前进的路,放进书里,就是上海先生的品牌那一章。读后,你也可以反思一下你的想法。

十四章,哪能罗列得了这个行业思维的很多坑,甚至也许这本书也是个坑,所以,且读、且用、且弃,坚持自己走在与时俱进的反思路上,这才是重要的。

2019.9.29

目 录

序一　来自父亲的寄言　01

序二　耳边总有规矩在唠叨　13

第一章　**小镇的误区**　01
城里人真的爱出城吗？

第二章　**学区房的误区**　35
学区房卖着卖着，都卖成了学校房

第三章　**自然别墅的误区**　63
学会哭笑打闹，才更懂"自然界"

第四章　**热点土地的误区**　91
深呼吸，嗅出一块土地的脾气

第五章　**大盘的误区**　115
客户一伸舌头，就要能尝到甜味

第六章　**集团品牌的误区**　137
查族谱，翻家书，做品牌

第七章	**养老公寓的误区**	*165*
	老人，真的喜欢静静吗？	
第八章	**山林别墅的误区**	*193*
	常年卖假货，突然进了一批真货，咋吆喝？	
第九章	**高铁公寓的误区**	*217*
	哪有那么多说走就走，那都是旅行社的忽悠	
第十章	**环都会圈项目的误区**	*251*
	短的，有时候反而更强大	
第十一章	**城市品牌的误区**	*277*
	来来来，帮我做个城市品牌吧，因为今年我有几个高价项目	
第十二章	**区域品牌的误区**	*303*
	一个大头爸爸，如何带好一群小头儿子	
第十三章	**新品类的误区**	*331*
	今天的洞察，可能明天就没用了，因为土地时刻在发育	
第十四章	**新中式的误区**	*359*
	最好的传播，是干净的翻译，半个标点符号都别加	
后记	**哪有那么多灵光乍现**	*381*

第一章　小镇的误区

城里人真的爱出城吗?

引言　一群假装出城的人

这是一个小镇泛滥的时代，多数小镇品牌形象无非就是"自然、生态、回归、社群"。说直白一点，小镇传播多数都在营造：比动物世界还野的自然，比黑夜还静的环境，比氧气罐还纯净的空气……这真的是小镇吸引城市人出城的终极原因吗？在我的知识星球"夏不飞创意日报"（加入请扫描后勒口二维码），我也不断用音频与文章、案例探讨当下最火的小镇传播背后的思考。

这一切也许都过头了，为啥，看看成熟的 SUV 行业对城市人的研究就知道：城市人看起来都有一颗野的心，但是多数人真要丢了城市，野在大自然，不超过三天就怀念"外卖、快递、约会、纸醉金迷"的生活。所以，SUV 有基础的越野功能，满足这种内心"去野"的需求，但耗油、操纵性、舒适性都按照城市驾驶来设计，满足一年 99% 的日子在城市"撒野"的"假装出城"。SUV 很火，就是由于满足了多数城市人的"假野"心态。

所以现代人，说到底是一群已经被"城市舒适化"彻底征服的动物，也许"出城有个小镇"只是你看到的表象。在多数小镇还不具备超强社群运营的情况下，小镇营销传播的常规入手方式应该是什么呢？这章聊一个我当时做的，基于"城市人都假野"洞察点入手的案例。

案情第 1 步

项目初接触 一个很"撩人"的小镇

第一次接触甲方，甲方开门见山：这是一个很大很大的项目，但是不想只玩出"大"的感觉。项目位于上海的朱家角老镇内，相比乌镇、甪直、西塘等江苏或浙江老镇，我们就在上海境内。一个江南古镇旁的全新开发小镇，除了传统的销售型地产（居住别墅、商住别墅）外，还有大量商业、文化设施。

当然，客户又强调了：除了传统的古镇配套，他们自身拥有强大的"文化资源"，有很多可以合作的文化机构和文化大咖，作为小镇后期全年度艺展、活动运营的一部分。

相比传统贩卖野趣的小镇，第一次接触，就感觉这是一个很文艺"撩人"的小镇。这种"撩"，也许不是传统小镇卖风景、卖江南的传统模式，有种活着的江南的感觉。但是具体"撩"在哪里，一时无法确认，只是脑子里蹦出这个感觉，没有原因，全然直觉。

案情第 2 步

初捋案情 偷懒的诱惑

坦率说，从客户那儿离开，我就开始思考，而从始至终一直有两股力量在纠结：

老派势力的内心涌动：项目位于上海著名的朱家角，一个具有百年文化的江南老镇，良好的水系和建筑保留，而项目也直通著名的江南园林——课植园的后门。"直通"的绝对位置优势，无缝连接江南原生文化的项目状态，可以说几乎是多年操作的那么多文化小镇项目中，最有位置特色的一个。

我去项目实地考察过，课植园的后门几乎就安静地正对着我们的私家别墅，就如拙政园、网师园就枕靠在你家别墅旁。简单的门对门背后，正中广告人下怀，挖掘江南文化，贩卖文化地标旁的院子。

面对这种唾手可得的传播体系，类似"江南一脉相承"的形象，可以让项目不费吹灰之力，迎刃而解，这对任何一个传播策划人，都是一种诱惑。甚至这种"站在江南肩膀上卖江南"的方法，我当时立刻随手就可以写出一大堆：

1. 植在百年园林里的小镇。用"植"这个字，不是"邻""倚"。那种紫藤老石头门，静静隔开私家别墅和千百年江南故事，那种比"邻"更近，更有生命力的融入深植感。

2. 仿效中国地产传播经典案例：后现代城（因在现代城的后面，顺势取了"后现代"这个名，也正好迎合了一个很酷的生活方式"后现代主义"），我想了一个类似思路的案名：课植园李。在景观植被上，每栋别墅院子一颗几十年的李子树，近树而入墅，出树而入园。李谐音"里"，表现项目与江南文化的关系：深入江南深处。

3. 其他类似江南文化的挖掘也很容易，一大堆地产行货的方法，源源不断，在此不赘述。反正认了这道门，传播从案名到 IP 识别，再到传播形象，几乎可以轻而易举地打开传统江南的故事。对于传播人，最大的诱惑是有现成的，不用动脑的，而且做出来也很像模像样的文化捷径。

这门代表的老文化是一股力量，但另外一股新力量也"勾引"着我，就是那天和甲方接触初始，他们滔滔不绝地讲的，关于他们对于文化资源的调用的想法。譬如中影大量杀青电影丢弃的影视作品道具，譬如甲方手中诸多的台湾文旅资源……都可以使用在这个项目上。让这个项目不止是江南传统建筑的寄生，还可以有新的生活基因。

多个方向纠结犹豫时，常规的行业做法，就是开个会，或者决策人直接决定哪个方向。但我一般都会向甲方要足时间（虽然甲方都嚷着时间不够，但其实他们要的永远是"解决方案"，而不仅仅是"方案"），然后不堵死任何一条思路，每一个思路都"深挖一铲子"，然后再决定，简称"一铲子创作法"。

案情第 3 步

打开小镇　四条"破案"线索

不排斥任何传统"老镇"思维，也不扼杀任何"新生思维"的涌动。三天后基于"案情线索"，我梳理了四条完全迥异的"破案"思路。

方向 1 古迹文化

这条思路，就是之前提到的基于"门"的位置优势，延展出来了一个"深挖古迹文化的嫡系生活"。

案名：里的思路，类似课植园李

形象：江南里的江南，朱家角江南古镇里的又一精致江南，承袭这个江南文化所有的脉络、生活节奏、建筑方式的一次再造。

体系：7 平方公里古镇里，一个 70 万方生活修旧如旧的故事。

方向 2　原味生活

即放大项目自然资源，做到极致回归自然的生活营造。也是本章开头谈到的"拙朴野生"。百年的古镇，没有被人破坏的文化根基，这种千百年前的"人造"，经过时代守护也演变成为"自然而然"的一部分。虽为人造，已然天作。依然野朴的感觉，既然项目距离如此之近，可以考虑"借镇卖镇"：

案名：朱家镇，借助江南名镇——朱家角，一个文化深厚、脉络完整的镇，贩卖一个全新的唇齿相依、肌理相通的新文化小镇。或者还有一个案名：朱溪东寻，朱溪谐音朱熹，借宋代理学家朱熹，贴文化感，并用传统中国文化里的地名命名方式：资源+方位。项目位于古镇东，即"溪水东"寻，代表对传统文化的一种再寻找和再造。

形象：相比前一个寄生古镇的方向，真的用镇的思维去创作："古镇里的小镇"。

体系：镇民。镇脉。镇事。镇，就是一群人谱写的原生生活史。彻底回归原生镇的体系、规划、生活方式、视觉表达。按照一座镇人、事、物的三维构成，解说这座"很老很老的新镇"。

参考：后来出现的郡安里、拾野川虽然不是这种"镇里镇事"的格局，但都是回归原本生活状态的楷模。

方向 3　时尚文化

这是一条资深广告人"驾轻就熟"的路，即所谓中西合璧，在中式文化的地方说点西方文化的事。玩起来也很精彩。也是一条不用费吹灰之力的传播路径。

形象：古镇里的摩登故事。譬如借用某些电影文化IP，如《功夫熊猫》（版权是个大问题）；或者自造IP，如很"中国"的熊小熊，一只曾叱咤江湖的熊猫，退休后的小镇续集故事。电影形象的当代时尚故事，退休熊猫的"老英雄小镇日记"：安然别墅，悠然商业，静然院落里，一个英雄的自在归隐事。

我们团队在这个方向提了一句很有意思的话：慢慢老去，依然时尚。

方向4 出城问诊单

这是一个有意思的角度，也许也是最不该出现的角度：不谈镇，也不谈东西文化下的"融"。

和那么多出了上海，高铁当天来回，有点赶的乌镇、西塘、甪直相比，这是一个上海境内的镇，一个可以半日闲的镇：半日出发，半日闲。随时泡镇，随时可以回城的"上海小野镇"。

这是一个看起来没啥浪漫，只考虑时间因素的理性思维，但确实是最写实的小镇洞察。说个可怕的现象，在上海很多得了抑郁症的，都是混得不错的成功人士。甚至越成功，就越有压力，就越容易焦虑与抑郁。有人开玩笑说：焦虑成为融入上海的基本资格，但又有几个这样的人愿意离开这座"让他得了抑郁，患了焦虑"的城市。因为家庭、事业、生活都已习惯这里，离不开了。

城里的镇，喧哗里有宁静，复杂里有简单，才是这个时代，城里人对于"逃避和现实"最好的态度：别太远，别太野，有点静，更有点近。

因为野完、爽完,孩子明天还要上课,得回去。

这是一个 2012 年的项目,在小镇洞察还不深刻的时代,我就开始抛弃风格和自然,多方位地思考小镇与城市的关系。

我做项目,喜欢不轻易否定任何一个思路,每个思路都并行深挖下去,看起来很费事,其实很锻炼自己的全面思考能力。久而久之熟练了,反而效率更快。以上的方向,当时我都没有写下来,但在脑子里都一一打开了,每个方向都有基本的"一级延展",如案名、故事线、传播亮点物料或者事件、客户基本洞察等。这是因为在具备良好的深挖思考下,既能方便接下来的判断,也能锻炼自己的思考深度,即所谓别人做十个案子的深度,不如我做一个的思考度。

不是拍脑袋想出一个方向就可以列为"破案"方向。就我的大量案子而言,你看到的是一个方案,背后我可能已经在这个案子上做了 3—4 套方案,即所谓"一铲子创作法":每个方向,都会挖下去至少一铲子(案名、故事线、传播亮点等)。不到最后一刻,任何一个方向都可以深化,都应该深化!

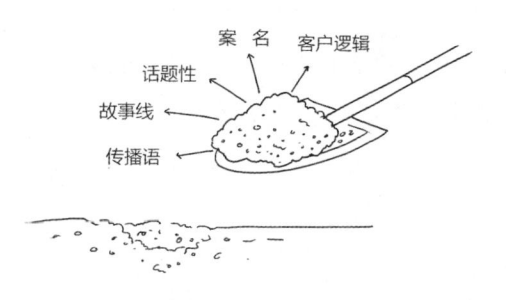

图 1-1 每个初步思考的方向,都别放弃,深挖一铲子再作判断

就如奥运会之前有"奥运会选拔赛",即使选拔赛也有完善的"初选—复赛—决赛"。没有好的选拔,选不出最好的奥运选手,同理,没有好的思考筛选,也找不出最好的入手角度。

案情第 **4** 步

取舍标准　两张雷达图,一条水平线

在基于产品深度总结后,深挖一铲,靠谱的方向有四个,否定哪个,肯定哪个,似乎没有特别客观的方法。

广告世界,没有最佳筛选法。市场是客观存在的,但是判断永远是主观的。就我的经验,常常用两张"雷达图",外加一条"水平线",这章我详述这个标准。其实即使在其他十三章,我不特别提及这个方法,但是我心里都会用这个标准对比、衡量,然后确定最佳方向。尤其是大型的、具有社会影响力的项目。

1. 产品维雷达图

卖啥都别忘了最后是卖产品。广告无论多有情怀,最后贩卖的还是产品。所以该"破案"点是否关联产品,是否具有独特的产品传播主张,是否定它或者肯定它的最重要标准。而任何一个产品主张是否独特,策划人说了不算,盖房子的人说了也不算,只有市场说了算,即竞品对比说了算。

竞品对比,先要对竞品维度归类,有几个竞品维度,就绘制几边形。(注意，是竞品维度，不是竞品数目，譬如周边有 13 个竞品，未必有 13 个竞品维度，都打公园生态牌子的，在竞品维度里算同一维度。）归类完，如果有 5 个竞品维度，那就是一个五边形。

如某新区项目，有十多个竞品，但诉求维度可以归类为 5 类：大型国际社区型、深度精装型、全智能型、公园生态型、社交豪宅型，那竞品雷达图就是五边形。

然后绘制多边形，每个角至中心有 5 个刻度，分别为：相同、有点像、很类似、不一样、完全不同，如图 1-2 所示。

待筛选的方向放在中心，和 5 个角的竞品维度对比，根据相似程度

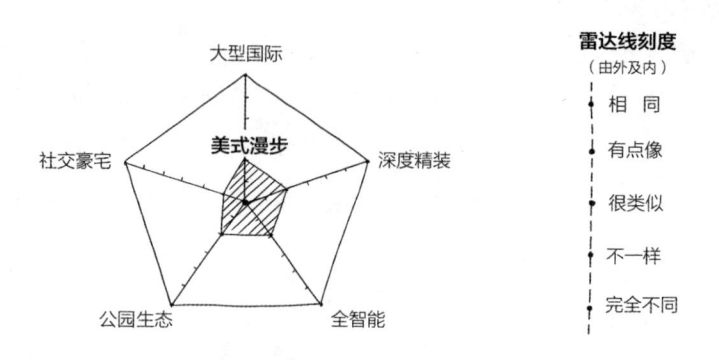

图 1-2 产品维雷达图：基于竞品维度，来判断一个思考方向的爆发力

评级。如思考方向：生态，那就和竞品的公园住区形象基本一致，我就在"很类似"上标个点。最后，点连成线，绘制出的图形越小，表示产品主张就越独特。

如我在无锡的"美式漫步一英里社区",在周边竞品维度的五边形(大型国际社区型、深度精装型、全智能型、公园生态型、社交豪宅型)里,我们和多数竞品主张是完全不同的,连接成的雷达图是最小的,表示它的传播主张是很有差异性的。

2. 客户维雷达图

这个世界,光独特还不能成功。营销不光要独特,还要有客户基础。譬如在一个小户型林立的刚需地段,你做一个600平方米的大平层,肯定很独特,但是如果没有客户基础,那这种独特只能算意淫。

有时候,项目客户是多元化的。有居住的、投资的,甚至还有媒体人、业内人(他们一样是影响传播,引起二次传播的重要节点),综合起来就是"客户维雷达图"。如果只有一类客户,则要将客户需求打开,如学区项目,主要生活需求为:孩子上学及教育、家庭配套一步到位、全家庭生活舒适、多成员丰富生活。

罗列这个区域的客户类型(含可以影响客户的口碑源客户)或生活需求,和产品维雷达图一样,有几类就组成几边形:绘制 N 边形,每个角至中心有 5 个刻度,分别为:超级共鸣、紧密关联、基本关联、无关联、反感。将待筛选的主张放在中心,评价主张对不同客户的关联程度,分别评级标记。

和"产品维雷达图"的唯一不同,是最后评级绘制的图形越大,表示这个传播策略的客户利益关联最强,作为最终"破案点"的概率就越高。如当初我做的某学区房项目,"全家庭"的诉求,在"客户维雷达图"的四边形(孩子上学及教育、生活一步到位、全家庭生活舒适、多成员丰富生活）里，这个"破案点"是雷达图面积最大的，最后证明也是传播最吸引人的，如图 1-3 所示。

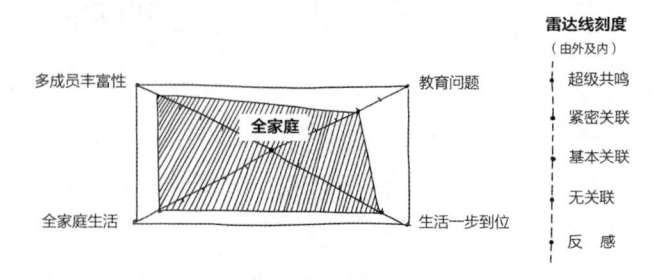

图 1-3 客户维雷达图：基于客户种类或者需求，来判断一个思考方向的贴合度

3．传播涟漪线

强大的产品主张，紧密的客户利益关联，似乎一切都完美了。但现代传播，每个客户都有潜伏需求。如 20 世纪初，第一个提出"北漂"的《新周刊》。如先生的湖的"可不可以不成功"，都属于长期被别人忽视，但是在客观上却大范围存在的真实精神状态，即所谓"潜伏洞察"，属于客户共鸣大话题，是现代传播策略面最高级的洞察。

所以，**好的传播方向，不仅关联产品、客户，还能引起强烈的二次话题反应**，激发涟漪传播。这类超级洞察，我就会给它画一条长长的水平线。如图 1-4，从左到右有四个刻度：烂耳朵了；听起来很普通；哦！有点意思；天啊！出乎意料，我被感动了。根据思考方向的话题程度，进行刻度打分。

这是一个很主观，但是很有意思的广告决策机制：我让我的团队基于市场、产品、客户分析绘制"两个雷达图、一条涟漪线"，然后所有人一起打分，甚至要求"外脑"（你爸、你妈、你前女友，其他同事……）一起来测评这个策略方向。

图1-4 传播涟漪线：一条从左至右分四级、纯粹考量传播爆发力的线

这标准，谈不上多客观，也不完美，但至少让每个广告人一来熟悉了项目竞品和客户需求，二来清晰了否定自己的量化标准，以此建立更完整的洞察思路。

当然，这也能看得出我对地产项目传播方向的评判标准，正好是两个词：异同、冷暖。

- **异同：**与市场的竞品是否同中有异。即基本出发点一致，但诉求角度不同，如这个区域核心都是卖地段，那这个主张是否在同卖地段下，有差异化的角度。

- **冷暖：**和客户沟通是否够暖，够覆盖多数客群，还能挠到客户需求痛点，最好是未出现过的，蕴含爆发力的冷门。即所谓意料之中，情理之外。

案情第 5 步

取舍 是驴子是马，放进雷达线里比比

说完原理，回到项目，该对这四个方向作评判了。

一、绘制雷达图

绘制这个项目的两张雷达图，先说产品维雷达图。

研判当时环上海的小镇市场，竞品不少，但类别不外乎以下三种：

卖酒的：不是这个小镇真卖酒，而是卖所谓的"闲文化"，闲得让你感觉这种项目就是"一壶酒、一碟花生米，一个晌午，无所事事"。整个项目的调性就是"城市繁忙有罪，生来就该在这里闲活一生"。留白的画面，闲适的文案，让你觉得这种项目就是三步一"葛优躺"，十步一酒吧街，人生闲死最潇洒。

卖树的：不是这种项目做林业，而是这种项目不是三千年的水，就是一万年的湖，最差也有三百年的林荫。反正生态超过房子，林木超过住户，完全就是一个超级生态小镇。让你看了广告，都怀疑自己是不是发现了世外桃源。

卖雅的：很多环上海的古镇项目，都有几百年的江南文化沉淀，导致这类产品在没树可卖的情况下，就搜出几行唐诗宋词，挖出几座明清老宅，搬出项目周边几个文化大匠，整个项目就是一段唐宋明清风雅史。

所以，一个策略人可以看到很多竞品，但是更要学会归类竞品，这个项目竞品很多，但对我而言，产品维雷达图只有三个竞争维度：卖酒的、卖树的，最多再加个卖雅的，如图 1-5 所示。

再说客户维雷达图，过往这个区域的客户，无非以下几种：

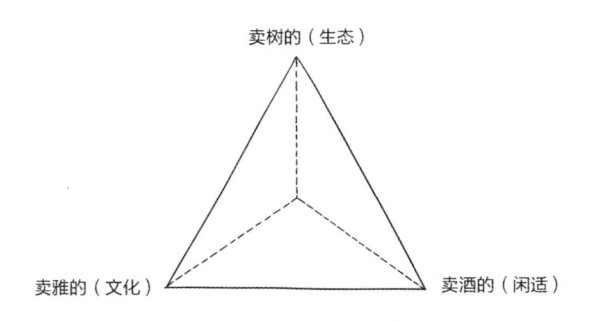

图 1-5 这个小镇项目的产品雷达图底板

1. 老派原住民：认这种镇文化，恋这种老情节，尤其在周边拥有大量新城开发，老城生活越来越可贵的情况下，在价格不贵的前提下，会成为第一批居民。

2. 闲情跳蚤客：在上海的古镇，和上海外的古镇是不一样的。行政上在上海，让它们更有充分的心理暗示优势：可以随时来回的上海古镇。不是乌镇，不是西塘，那种再近但也要出上海，对客户心理的暗示和实际方便程度，是完全不同的。

而且这种人有足够的生活闲情向往，**是愿意为"城外一杯茶"牺牲"城内一饭局"的闲情雅人**。即所谓生活情趣上的精力相对丰富，如跳蚤一样出城入城，乐此不疲的（其实，因为周边配套原因，多数买了就不去了，但是购房前，往往愿意被这种情怀所说服）。

3. 古镇新匠人：这群人量不会多，但本身喜欢在文化里干文化，做个人工作室、第二社交创意房。这类"上创下商"的人群是 IP，应贴钱吸引这部分有质量、有趣的文化 IP。他们的出现会导流大量游客、住客、社会文化客。而这个区域已经聚集了类似谭盾等文化大家，是有这个吸引力的。这种导流客群,很像田子坊早期开画廊的画家,798里早期的李宗盛等。

4. 搜铺投资客: 小镇运营,说到底资金回流是大事。再美,钱不回来,一切都砸了。所以住宅、商铺作为最重要的资金回流商品,对这类产品的客群要了解。

而一个地产小镇,商铺开了,镇的烟火气才来,住宅的价值才会上升。所以"勾引"第一批商铺投资客很重要。小镇商铺天生劣势很多,尤其短期内能否运营起来的不可靠因素太多。但是优势也很多:时代大休闲趋势、古镇的大人流优势……

5. 文青攻略族: 这群人不买房,也不买铺子,是一个小镇的口碑人群:他们来玩了,吃了,口碑好了,这种传播价值,某种程度上超越广告。**小镇前期靠传播,后期靠过路人。** 尤其这群社会最大基数的文青,他们的朋友圈,他们的自拍秀,他们的抖音页面,都是小镇二次形象重要的渠道。

6. 镇事媒体群: 小镇不是几栋房子,说到底是一个社会文化目的地,所以这群人也是目标客群。因为相比传统广告传播,他们更有能力为项目制造社会关注。

当然好的小镇传播主张,要能为媒体撰稿人提供"底料",譬如浙江某小镇的传播主张——"无车小镇",在人人都依赖车行的时代,这本身就是软文最好的入笔点。甚至某种程度上,这就是一篇"10W+"的好软文。所以小镇初期,好的传播主张,要能为媒体创造话题"底料"。

综合以上,就建成了本案的客户维雷达图:

```
           老派原住民        闲情跳蚤客


    搜铺投资客                  古镇新匠人


           文青攻略族        镇事媒体群
```

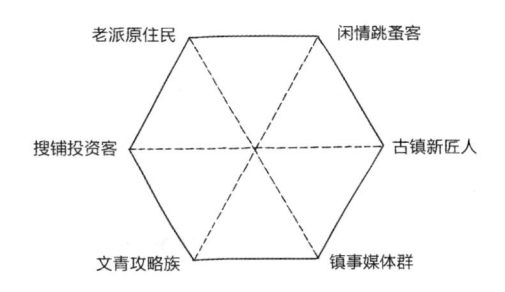

图 1-6 这个小镇项目的客户维雷达图底板

二、取舍

之前的四大"破案"方向,还记得吗?现在到了把"方向"放在"雷达图"里,一一比较了。

方向 1 "古迹文化"的"雷达线"

寄生在再绚烂的文化里,最多也就是世出名门的寄生虫。这个角度最大的亮点就是借力课植园和朱家角老镇。但是就如当初乌镇拒绝做"老舍故居小镇"的寄生虫一样,这个方向几乎丧失了新时代小镇的自我性格和文化标签。就如"刘德华第二""陈奕迅接班人"……出名可以,但是驰名很难。因为人们消费所谓的"第二",永远是因为好奇、好玩,而且好奇来得快也去得快。

而且不是每个 IP,都可以当它是 VIP。坦率地说,课植园和朱家角属于三四公里内有知名度,再走远点就没人知道了。相比乌镇、西塘、丽江等,它的传播力还不够,碰上大 IP,它就不值一提了(无意攻击朱家角,只是比较彼此的造势能力)。

更重要的是,寄生容易,剪断寄生脐带不容易。寄生也许可以让你迅速成名，但是很难让你摆脱影子。就如很多娱乐人物，带着"某某某第二"的光环迅速成名，但是其后的演艺生涯就是在干一件事：摆脱某某某的阴影。对于一个大型地产项目，第一次沟通时，甲方强化的"文化再生"力，显然一旦寄生IP课植园、朱家角后，后期要想再说清楚第二条故事线"文化再生"，就太复杂了。因为快时代，消费者没时间记住你的IP，更何况你有两个IP。

所以综合以上认知，方向1的"雷达线"如图1-7所示。

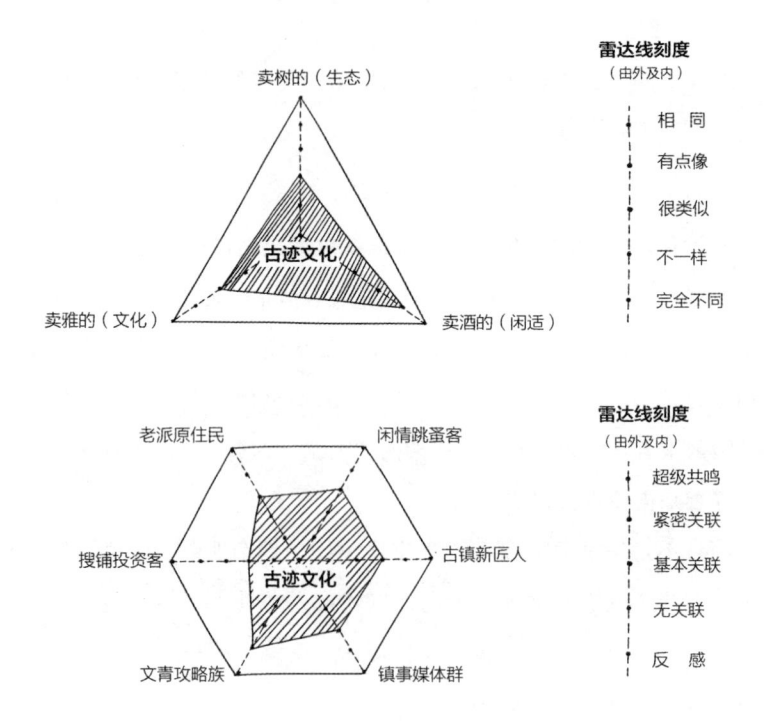

图1-7 方向1的客户维和产品维雷达图评定

"破案"方向1其实和市场卖闲适的主张很雷同,属于老套路,雷同度很高。并且在客户关联度上,虽然讨好生活客群(跳蚤客、新匠人、老住户),但是传播体验峰值,不会超越同类产品(媒体群兴趣度也不会太高,文青更不用说了,传统古镇早腻了),同时商铺概念也不会太强(和多数传统古镇商铺诉求差异不大)。

所以,当标准清晰时,团队所有人对于这个方向的评估几乎是相同的。说明很多时候,**我们在会议室对某个方向难以取舍,是因为取舍标准没有清晰化。**

这个方向的传播主张"市外世,镇里镇",在涟漪线上分析,我们都一致评分为"普通",关键是这个主张的话题力度太一般。

市外世,镇里镇

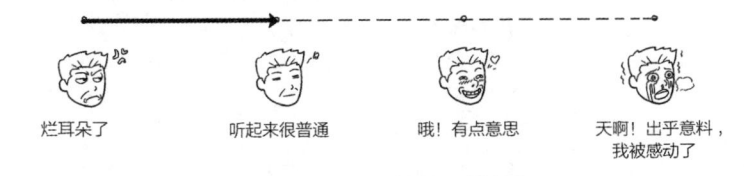

| 烂耳朵了 | 听起来很普通 | 哦!有点意思 | 天啊!出乎意料,我被感动了 |

图1-8 方向1的传播涟漪线评定

方向2 "拙朴原味"的"雷达线"

放在客户维度,这个方向其实看了很多了,**和中国90%的小镇一样,都仿佛是一本生态书:**多数项目都是这样的原味定妆照——"山、海,外加几匹马,几个野趣茶馆,最后几栋大师别墅"。这个角度,无非是在呼唤城市人的"久违的原味",似乎都对,但似乎又太平常。

清晰地记得,当时团队打分的时候,才让他们发现原来一个策略洞察,需要思考那么多角度，而所谓原味，我们想到的，几乎市场都已经发声过了。尤其将这个主张给公司几个热爱周末去周边的文青时，他们几乎反问：你们是在做茶馆推广吗？

局外人，有时候往往看到更多。

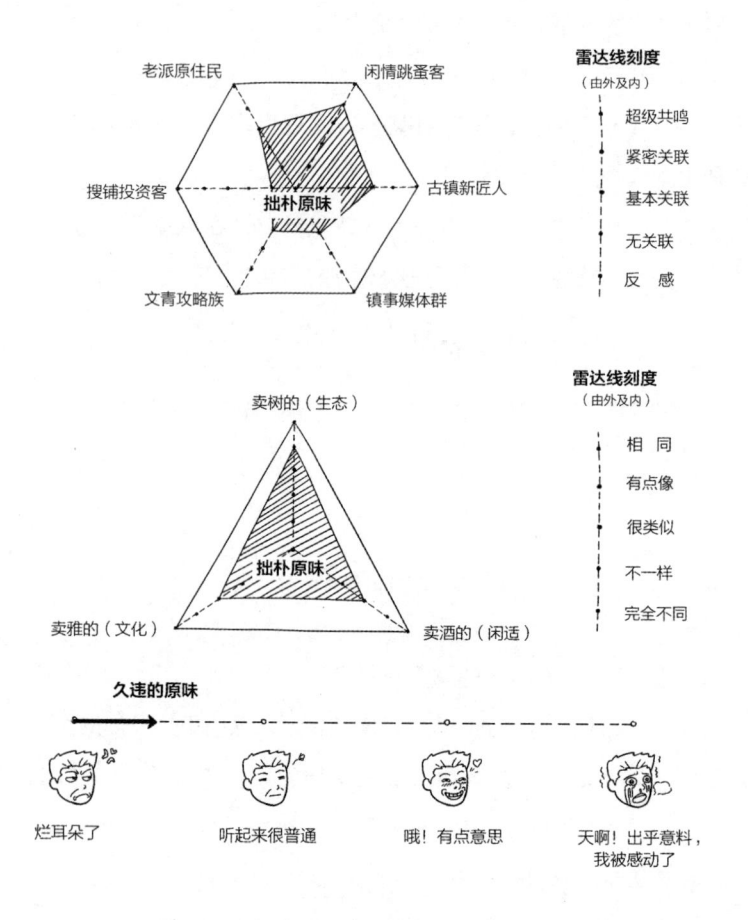

图 1-9　方向 2 的两张雷达图、一条传播线的评定

方向3 "时尚文化"的"雷达线"

多数广告人很难玩转"大概念"。因为大概念涵盖的内涵太大,玩大了太虚,玩小了还不如不用"大概念"。所以,时尚这个概念,传播差异是有的,很吸引局部客群(如文青),但是这种时尚文化存在三个问题:

问题一:落地!甲方的文化再生,落地能真的做到言如其初吗?

问题二:时效!很多大型项目从构想到落地是有时滞的,真落地已经是五六年后,而时尚文化最怕的是"迭代",就如你还设想着一个Wi-Fi小镇时,等你落地,5G都来了,原来设备全部过时了。

问题三:时尚是个大概念,内部有无数小的文化细分,就如同样是文艺,有乌镇的古镇戏剧文艺范,也有阿那亚的吾心归处的文青式的文艺范……所以未来感、幸福感、文艺范这些"中文大词汇"一旦用到策略上,还要再想细分创作。

策略是干啥的,说简单是"清晰方向,降低工作量"的。而"中文大词汇"概念往往看起来很带劲,实际上会带来"文案需要再思考,设计需要再具象,活动执行需要再翻译……"。所以这个方向似乎是打分比前两者要好,但是还差一口气。如图1-10所示。

方向4 "出城问诊单"的"雷达线"

一个冒险的洞察。是的,市场上没有这么干的,多数就是三卖(卖酒、卖树、卖雅)。策略的传播差异度肯定是四个方向里面最酷的。同时主张也是最强大的:别被多数小镇"逃离城市,闲在小镇"忽悠了,多数城市人"痛恨了城市,但是你让他真正放下加薪、孩子、一家老少去野的时候,他们是最早打退堂鼓的"。那些去了西藏,就决定回来辞职的是他们，然后回到公司第一天就"忘了喜马拉雅，忙得呼爹喊妈的"加班的还是他们。所以这个洞察背后塑造的，随时可以回城的"上海小野镇"是有强大的传播爆发力的。如图 1-11 所示。

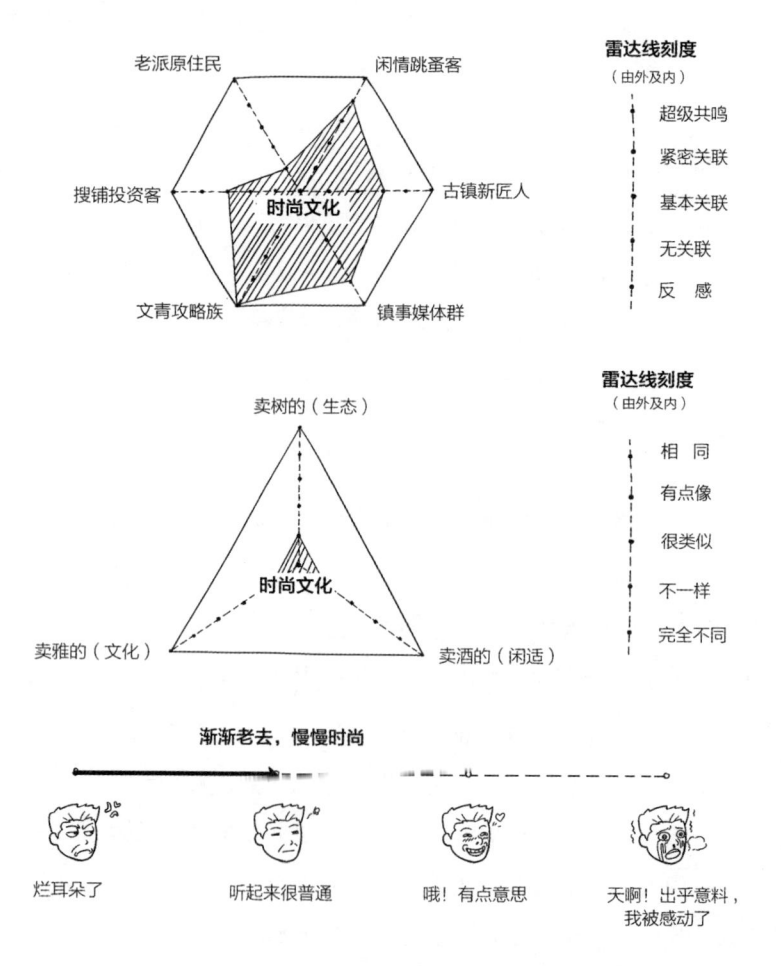

雷达线刻度
（由外及内）
- 超级共鸣
- 紧密关联
- 基本关联
- 无关联
- 反 感

雷达图维度：老派原住民、闲情跳蚤客、古镇新匠人、镇事媒体群、文青攻略族、搜铺投资客（时尚文化）

雷达线刻度
（由外及内）
- 相 同
- 有点像
- 很类似
- 不一样
- 完全不同

三角图维度：卖树的（生态）、卖酒的（闲适）、卖雅的（文化）（时尚文化）

渐渐老去，慢慢时尚

| 烂耳朵了 | 听起来很普通 | 哦！有点意思 | 天啊！出乎意料，我被感动了 |

图 1-10 方向 3 的两张雷达图、一条传播线的评定

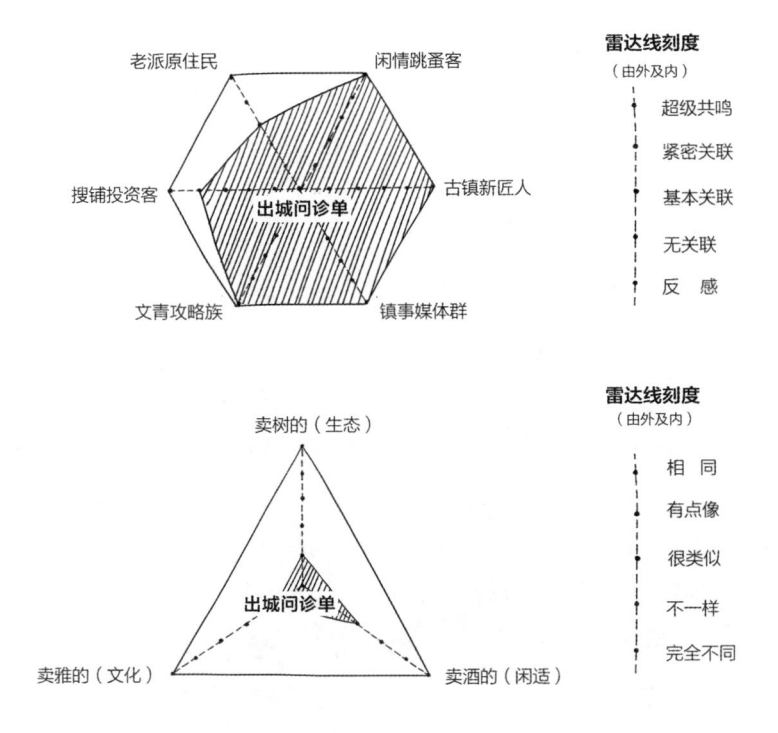

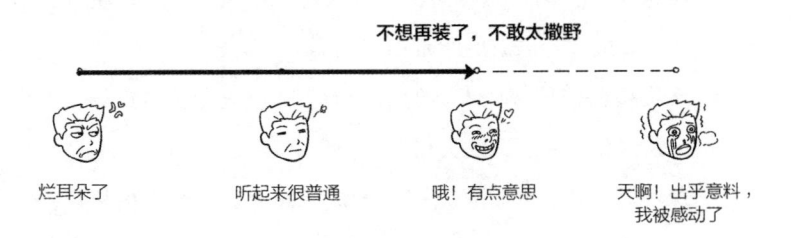

雷达线刻度
（由外及内）
- 超级共鸣
- 紧密关联
- 基本关联
- 无关联
- 反　感

老派原住民　　闲情跳蚤客
搜铺投资客　　　　古镇新匠人
　　　　出城问诊单
文青攻略族　　镇事媒体群

雷达线刻度
（由外及内）
- 相　同
- 有点像
- 很类似
- 不一样
- 完全不同

卖树的（生态）
出城问诊单
卖雅的（文化）　　卖酒的（闲适）

不想再装了，不敢太撒野

烂耳朵了　　听起来很普通　　哦！有点意思　　天啊！出乎意料，我被感动了

图1-11　方向4的两张雷达图、一条传播线的评定

所有"破案"点横向比较后，基本确定"破案"点 4 是最佳入手点。唯一的困惑是"破案"点 4 的产品关联能力。毕竟这是一个超级精神洞察，从产品面上如何入手、如何关联、如何延展……而且"随时回城的上海小野生活"，还需要有一句更凝练、更点睛的广告语（slogan）。

案情第 6 步
回到产品　躺下来的购物中心（SHOPPING MALL）

一个能随时回城的上海小野生活，背后有产品支撑吗？带着这个问题，我们重新发现产品细节：有水穿过项目；项目按照传统古镇的井字格排列；中心有条井字格的十字大道；虽然是井字格纹，但不是现代住区的兵营式排列，很多尊重老镇肌理的深浅巷子……

它的整个肌理很"江南"，我总结为：

- **井字格**：传承中国井字格的兵营式排列，形成了九大业态的井字排列。利用"井"然有序的格子，保证了整个地块的动静融而有隔。

- **腰带水**：中国古镇村落都绕水而建，形成镇围水的格局，项目以街替水，形成最适合居游的腰带街格局。

- **十字街**：依传统四方街的中央十字，形成了区域广场式的中央。且以此形成"北游南居"的大格局，公私有序的板块过渡。

- **深浅巷**：深浅不同的交错，形成了商业肌理最大的特征。消弭了现代商业街的直线规划，增加了步行的乐趣感。

井字格

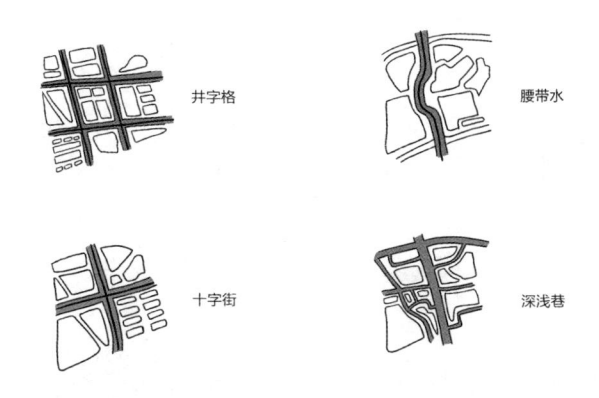

腰带水

十字街

深浅巷

图 1-12　很现代的规划，肌理却很"江南"

肌理很"江南"，但未来生活方式很有趣，我们尝试想象未来场景：很古老的规划背后，未来盖起来的，可能会有中影的电影博物馆；未来穿梭其中的，可能会是没日没夜梦想成为下一代互联网独角兽的"90后"；未来在这儿饮酒作诗的，可能是迷笛音乐的摇滚人、做独立音乐的新文青……老镇有的这里都有，北京国贸、上海徐家汇、南京河西有的，这里也会有。

看到这些，你能想到啥？

如果你还想到"中西合璧"，只有一种可能：你是知识半径太短了。我想到了别的：斯蒂文·霍尔设计的万科深圳总部，一座漂浮在热带花园上空的水平摩天大楼。其长度与纽约帝国大厦高度相近，其业态和都市生活业态相同：企业总部、办公、公寓、酒店、水疗、大型绿地。

我们的理念和它很像，一样让一栋现代城市生活的建筑躺下，无非躺下来的肌理不同，它在大梅沙，我在江南小镇。所以，我最后确定的产品形象——"躺在江南水镇里的 SHOPPING MALL"。对于上海，这栋 shopping mall 可以是太古汇，也可以是国金中心（IFC），反正它的内容是现代人依赖的时尚、文化、餐饮、休闲功能。

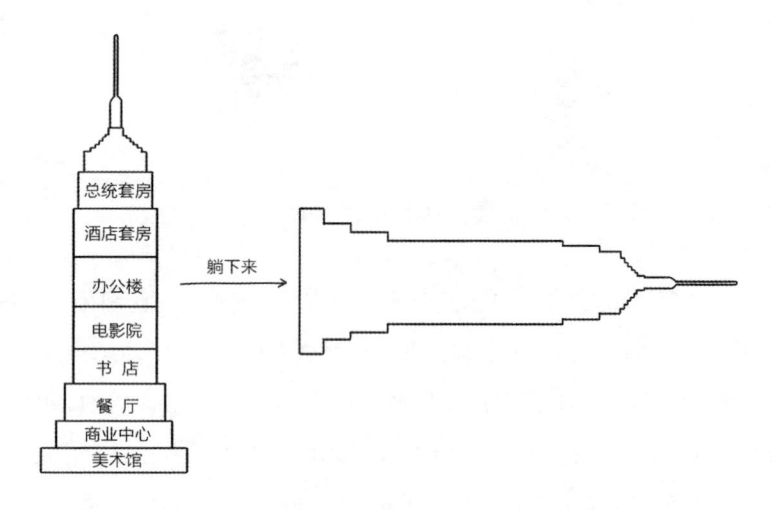

图 1-13 躺在江南水镇里的 SHOPPING MALL

到这里，逻辑才交圈。**城市问诊单背后是一种清晰的治疗态度：**既有对城市病的治疗态度——躺下，放下，静下在江南里；也有对于城市病的清晰认知——没法根治，只能缓解，甚至病人自己已经戒不了城市，所以镇里还有 Wi-Fi、电影、创业、吃喝玩乐的城市化生活瘾配套。

能关联上产品，又能关联到时代痛点，策略的核心就此解决了，接下来就是点睛之笔的推广了。

案情第 7 步

传播 续

案子已经过去多年,很多的传播方式已经落伍,但是当时的几个思维动作,依然可以作为今天小镇传播的借鉴。

一、传播语:一切皆为续

甲方落地很多资源,但是再伟大的时代新生,都抹不去这块土地的江南味道。无非就是一个轮回,当年的诗人雅士,换成了今天的音乐艺术家;当年的沈万三等江南商贾,换成了今天网红潮店的新零售家;当年的手艺匠人,换成了现在互联网的新艺创客;当年的霞客玩人,换成了潮流达人……

当年的江南小镇,放到今天,也是一个潮流、繁华、丰富的综合体。今天的文化再生,放到昨天,其实都有那人、那事、那物的重演。江南是个轮回,不止在三千年前,其实一直延续着。所以我们最后的传播语是:**三千年江南续**。

所有的文化再生,只是三千年前的一个续集,什么都没有说,但欲言又止淡淡地说了"续"一个字。具体是啥,具体能有啥,甚至为啥敢大口气"续"三千年江南。好奇感+话题力,一个大项目的 slogan 就应该这样"酣畅淋漓,却欲言又止"。

而后面的"续"字,给了诸多之前设定的客户,各自一个续集:

- **文人大家**:江南里再续一个杜甫草堂。续江南文雅,续写全新的文创空间。

- **老派原住**：江南里再续一个老日子。水没变、镇没变、慢条斯理的空气没变，只是多了丰满的配套。
- **投资客**：江南里再续一个沈万三。应休闲时代的大势，在江南里赚个盆满钵满。

……

这些供我和团队产生了后续多年的创作输出。甚至换了广告公司，这个开放而封闭的故事，一样可以供后续创作团队绵绵不断地创作。**好的 slogan，就是规范了一切，却又可以放任一切。**

二、视觉故事：阴晴圆缺的续

续，有一个不断变化的动词感。就如在这里，江南在新生，艺术家在你唱罢他登台，创客在从菜鸟变巨鹰，网红潮店在后浪推前浪……

所以我们的视觉，包括标志（logo），也想制造一种"续"的动态感。于是，从中国月相的盈亏灵感里，我们演绎出一幅"静止的 GIF 动图"：从盈至亏，从缺到满的八轮明月式 logo。

而在大量的物料上，不像传统的 VI 延展就是"标准应用的大量贴图"。我们则是根据节日、道具不同，选择不同 logo 组合，即所谓"残缺使用"：任何物料都是这个"八轮明月" logo 的局部应用，但又赋予其有趣的新含义。

- **"四轮满月，一轮月缺"**。面世初的形象，配文案"再美的江南，也值得续写新生"。
- **"一轮满月"**。实景开放的形象，配文案"久久雕琢 终于圆满 静静开放"。

- **"两轮满月"**。与顶级酒店签约的形象，配文案"完美江南与完美奢华终牵手"。
- **"几轮盈亏月相，唯缺满月"**。品牌形象，配文案"我们还不够完美，所以日臻完美"。
- **"三轮满月"**。户型手册的配图，配文案"三代同堂，才为圆满"。
- ……

logo 就是画面，也是一个不断变化的动态。用足"阴晴圆缺"的月，既是对设计资源的聚焦使用（任何设计都是有成本的，做成 logo 就要极致使用），又是对"古镇极致美学主画面"的一次差异传播。

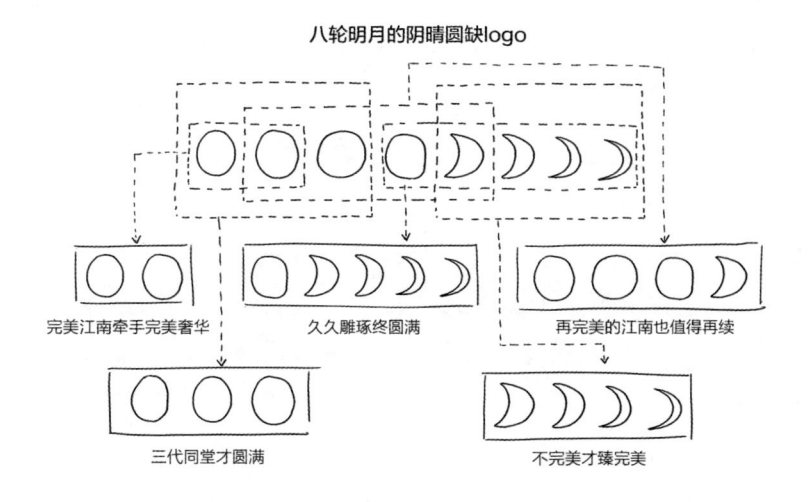

图 1-14 可以"残缺使用"到不同场景里的 logo，创造了传播的符号化使用

三、销售动作：富可敌国的沈万三续

很多动作，关联江南，落地更有痛痒。譬如投资商铺的物料：不忽悠"我一定是最赚钱的商铺"，而是联合上海某银行，做了一份《上海挣钱报告》，对比了同数值货币投资的五大升值方式，研究商铺投资的优劣，公正地呈现它的优势。

同时联合中国的文旅运营机构和某旅行APP，基于他们的数据做了一份《中国"镇"钱报告》，对比了中国各大古镇的商业前景，作了一个横向比较，公正地呈现了项目的优势：大上海消费，大上海空白（市区境内没有好的古镇商业），大"镇"钱机遇（2012年乌镇、西塘、甪直等江南古镇，尚处于爆发前的低谷）。

两本书，同一个外套："当代沈万三挣钱记"，言外之意，挣钱还是要学当年富可敌国的沈万三：粗（全国的）中有细（上海的），动情（文旅未来）、动理（投资市场）。

四、小产品故事：一二三四的江南文章续

用别有江南意境的"一二三四"，谈了四类分产品的江南当代续集故事：

- **一二想：SOHO别墅案名**

第一步想创意，第二步想生意。一个创意和生意并重的"底商上创"型别墅。

- **两忘：联排别墅案名**

江南里，一笑两忘。出自宋代王之道《有荐胡仁叔历阳令者仁叔以诗送知己暇日杨德》，物我两忘，意喻逍遥自在的状态。

- **三生：酒店公寓案名**

坐而闲是一生，醉而卧是一生，乐而仰是一生。一辈子活出三辈子的江南享乐型服务公寓。

- **四水巷：商业街名**

水为财，四方汇。源自规划上模仿中国古代腰带水，串联东西南北四向的江南枕水巷子。

四个案名各有独立含义，但相互之间又组成"一二三四"的一番江南续文章。设计上，自成一体且合成一体的"分合设计"：设计了一滴墨水、两滴墨水、三滴墨水、四滴墨水的 logo 群，分别代表一二想、两忘、三生、四水。

一二想　　　　　　　两忘

三生　　　　　　　　四水

图 1-15　分产品的案名，依然融入了三千年江南续的动态思维

后续传播细节，不再细讲，通过以上思维入口方式的介绍，重在让大家懂得入手一个项目时，在删选、对比、取舍方法上，需要花的力气，千万不可因"一时捷径诱惑"而省去。

小结：一堆创意的坏习惯

1. **创意坏习惯**：面对多个方向时，取舍决策太主观化
   锻炼能力：产品维雷达图、客户维雷达图、传播涟漪线的绘制和思考能力
   案例举例：古迹文化、原味生活、时尚小镇、出城问诊单四个方向的筛选

2. **创意坏习惯**：按数量洞察竞品
   锻炼能力：按维度洞察竞品
   案例举例：13个古镇竞品，无非三个维度：卖树、卖酒、卖雅

3. **创意坏习惯**：有想法就落地
   锻炼能力：一铲子思维
   案例举例：古迹文化、原味生活、时尚小镇、出城问诊单四个维度，都深挖一铲子，再作判断。

4. **创意坏习惯**：创作 slogan 只会追求说满，说全，说透
   锻炼能力：欲言又止式地创作 slogan
   案例举例：三千年江南续

音频小作业：好像没有案名

全篇似乎我都没有提到案名，其实背后的创作故事也很纠结，但我还是继续"出城问诊单"的思路，做了一个很有意思的案名，而背后也

积极触碰这群客户心中那个渴望"可以随时回城,可以小野的镇"的心。

至少这个案名,很有"想来就来,说回就回,想野就野"放肆、放下、放松的心态,为此,我甚至还画了一套人人都可以做的"肢体操"来推导案名。

想完、整理完思路,扫码听我的解题音频——《那个带肢体操的案名》,或者进入喜马拉雅 APP,搜索《创意的坏习惯》专辑,聆听我的答案。

第二章　学区房的误区

学区房卖着卖着，都卖成了学校房

引言　学区房，卖成了学校房

做地产，最喜欢遇到以小孩为卖点的项目。曾经有一个商业街，直接定位为"小祖宗的商业街"，聚焦地吸引视"孩子为唯一"的父母亲们。

我们入行时，业内就有一句很经典的文案"七岁上清华"。后来，又听到一句话"学区在，房价在"。其实创作逻辑是一样的。因为中国家庭一切以孩子为中心，地产传播如果能和孩子关联，那就能让项目迅速价值提升。

我入行以来也是这么做的，长沙某项目，因为其门对门的教育优势，而直接定为私塾住区，到后来的无锡项目，门口即学校，定义为"能目送孩子上学的学区房"。但做多了，传播实战中就会发现两个问题：

1. 学区传播，沦为无聊的比步数

学校常常不是私享的，多个项目同时诉求学区，最后沦为你卖离校43步，我卖上学只要76步的"无聊"距离比拼，但这个距离，步数多少已经无法产生多大客户差异。

2. 学区房，沦为学校房

就如上一点，"学校"这个去化能力极强词语的存在，导致一切的传播都以学校为核心，学区房最后卖成了学校房：诉求的是学校的升学率和来头；攻击对手的是它离学校的距离；销讲内容也是九成说学校，一成说房子……仿佛人生就孩子上学这一件事。

学校这个"点"很高效。但是当一拥而上，从人的信息接收角度而言，过度强调，也就从兴奋点变成了雷同点，最后成为审美疲劳点。

一群项目扎堆在学校周边,每个营销总都知道只说学校是不对的,但是不说学校,能说什么呢?想说点别的,但是又怕不强调学校就会被市场抛弃了。每月月会都要求广告公司寻找"第二卖点",结果卖到最后还是打着"名校旁书香门第"。《广告法》开始禁止明着打学区房后,一群广告人更开始全身痒痒,想说别的,又挤不出来,无比憋屈和痛苦。

类似这种"王炸性卖点"开始同质化后,要不要发现第二卖点,还是重新换个说辞,继续玩"学区房"?这章聊聊这种困境下我的思路,即"重新发明卖点"。

案情第 1 步

项目初接触　一个卡壳的学区房传播

和甲方的接触很明晰,也很困惑。

清晰的是项目现状,一个典型的学区房项目,无非有一些强烈设计风格:

- **学区的**:一个城市学区资源地段,区域内学校很多。
- **竞争激烈的**:17个项目扎堆,甚至门对门,都打学区。
- **风格系的**:强烈的褐石风格,项目有点社区商业配套。
- **断裂的**:之前广告公司没有突破,就是"褐石卖卖、学区喊喊",所以中断了合作。

甲方对出路很困惑。不说学校,肯定不行;再谈学校,你有,别人没有?

客户在沟通的同时，给我们看了大量的项目前期传播物料。因为是个褐石系的项目，又是一个学区房，所以用了强制加法：红色房子＋学校画面。说实话，一直久闻这个褐石产品系，并曾目睹产品系前期在其他城市的传播，可谓派头十足，异域风情浓郁，引得无数城市青年刚需的追捧。

但是产品系就是这样，开始一本正经，贩卖得有模有样，到了最后，落地到各地城市，前期简单复制集团的风格稿子，然后就演变成和竞品激烈的恶战了。这有很多原因，最重要的是区域分公司指标为上，导致这个产品系卖到最后，变成野蛮简单地只卖建筑这张皮。

所以从甲方公司出来，我最大的感觉就是，这个项目不能再强暴而简单地卖一块红砖头。这个产品系，在全国已经沦落为"红砖头的加法"：

- 遇到公园，就是一块红砖头＋公园
- 遇到大江，就是一块红砖头＋江河
- 遇到学校，就是一块红砖头＋学校

其实中国大多数产品系，落到最后都是这个样子。我想破破这个局，不过甲方也提醒我，学区肯定要卖的，只是如何卖是一个问题。

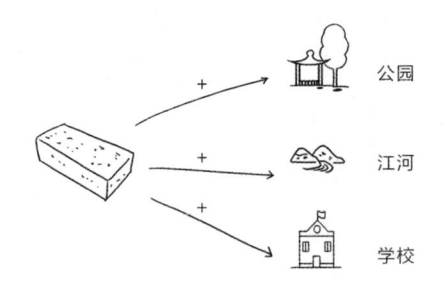

图 2-1 中国很多产品系，到最后就是"产品系特色＋资源特色"的加法营销

案情第 2 步

套路认知　双节棍

头脑风暴开始，我和团队也考虑过这类项目的传统卖法，因为这种项目套路太多了。最简单的就是之前提到的"双节棍式"。

- **两节棍子**

传播两头重——传播前期很美很虚地谈风格，进入销售阶段很实很落地地"卖户型、卖地段、卖精装"。两个重点，就如双节棍的两个棍子一样。

- **相互不联**

前期提美丽风格，后期提柴米油盐酱醋户型，落差很猛，差异太大，两者一虚一实，完全两个项目的感觉。

这个项目也是如此。花了几个月，谈过风格面，谈过褐石代表的美国波士顿精英生活，唯美地用褐石年代的经典人物作过画面。但是一到产品层面，又迅速吆喝"我是学区房，我是精装范儿"。

其实这个项目在另一个城市推广非常好，客户反应非常强烈。但是落到新城市，新水土，照搬原来的帽子，直接套现在的身子，就出现了严重的水土不服。就如我之前所讲，这其实是中国很多产品系项目常有的毛病：总部项目用成熟、完整、周密的推广全套动作，树立了一个可借鉴的传播流程。然后各区域直接野蛮照搬，吆喝一遍，继而强行落地，直接贩卖产品卖点。

图 2-2 双节棍营销，有利有弊，不能一概而论

其间，我和甲方通了无数次电话，甲方也迷茫。我安排同事去当地城市踩盘，拿回的资料，全是打学区房。其实可以理解，周边有多少项目，就有多少"爱恨交加"的心：爱学区房，带来了客流；恨学区房概念，依赖太深导致无法自拔。

我和团队也曾经准备缴械投降，大不了做点更精致的画面，交差算了。但是突然有一天，我反问自己：消费者吃"双节棍"这一套吗？

案情第 3 步

症结解剖 学会"节外生枝"

要知道消费者吃不吃"双节棍"这一套，得分析双节棍式传播的利弊。双节棍式传播最大的优势就是：简单，对广告公司要求低，用集团产品系画面做前期，项目卖点做后期，甲方不要耗损太多资源去招标创作团队，花费在广告创作上的时间精力也少。但是"双节棍"最大的弊病也有：

场景单一。

所谓场景单一，就是只会在一个集团制定的既定场景下设想项目的客户需求。如褐石风格，只有一个场景，即当初集团首个项目使用的美国波士顿的优雅中产阶级，在深浅褐石里优雅的生活；高低院落里，奥黛丽·赫本的绝世风采。和这些要挤地铁的、要买学区房给孩子的客户，关联似乎是断裂的。广告只负责在客户面前造梦，梦有没有客户关联，那就不管了。

图 2-3 风格很强的项目，传播容易最后做成"一场脱离消费者的造梦记"

假如周边竞品不多，项目溢价不大，这种纯粹的造梦式传播，可能有效，反之就有点麻烦了。

对于购买学区房的客户，他的家庭除了给孩子最好的教育以外，还有什么需求？望子成龙，望女成凤之外，这种传播，似乎全然没有提供第二场景的想象。

学术一点说，这种创作叫作"场景单一"；通俗一点说，就是"不会节外生枝"。

思考到这儿，我的团队问我：什么是节外生枝的褐石？

　　我经常被团队问得一时语塞，这次也是，于是我就随便胡扯了一段：好的传播，应该思考褐石建筑除了优雅的外套，生活内容还有什么可以和消费者关联的，至少要讲一个接近人间烟火的褐石故事：中秋节的褐石里，是吃月饼还是披萨；褐石里，住着奥黛丽·赫本，如果她也有个娃，赫本会希望孩子上什么学校，会让她和自己一样步入演艺圈而上艺校吗？赫本老公也是坐地铁上班的吗？她拍戏之余，躲开狗仔队，一家会干什么，不可能一直闷在这学区房里吧。关于产品的有趣场景可能，就是褐石的"节外生枝"。

　　有时候，和团队的胡扯，未必解答得了团队的疑惑，却能让自己茅塞顿开：一个接近人间烟火的褐石故事。就是这句话，让我似乎知道，如何节外生枝地说褐石了。

　　节外生枝的学区房：除了中考、高考前，这里的孩子还会疯狂学习吗？除了让他/她做学霸，家长们还能给孩子什么？后门的那个公园，不是孩子们逃课的天堂吗？一群上名校的孩子，暑寒假真的还愿意待在名校旁的院子里吗？而好的传播，就应该将一块冰冷的红砖头，节外生枝式地在多场景下打开，去和消费者"打情骂俏"，关联消费者生活里尽可能多的痛点。

案情第 4 步

外脑激荡　那些"节外生枝"的案例

我想着想着，就兴奋了，随手给团队举了很经典的中国广告案例，在我看来是节外生枝的好榜样。

这是某葡萄酒的经典文案：

三毫米的旅程，一颗好葡萄要走十年。

三毫米，

瓶壁外面到里面的距离，

一颗葡萄到一瓶好酒之间的距离。

不是每颗葡萄，都有资格踏上这三毫米的旅程。

它必是葡园中的贵族；

占据区区几平方公里的沙烁土地；

坡地的方位像为它精心计量过，刚好能迎上远道而来的季风。

它小时候，没遇到一场霜冻和冷雨；

旺盛的青春期，碰上了十几年最好的太阳；

临近成熟，没有雨水冲淡它酝酿已久的糖分；

甚至山雀也从未打它的主意。

摘了三十五年葡萄的老工人，

耐心地等到糖分和酸度完全平衡的一刻才把它摘下；

酒庄里最德高望重的酿酒师，每个环节都要亲手控制，小心翼翼。

而现在，一切光环都被隔绝在外。

黑暗、潮湿的地窖里，

葡萄要完成最后三毫米的推进。

天堂并非遥不可及，再走十年而已。

原来就是一个简单得不能再简单的葡萄酒故事，如果用传统葡萄酒的炫耀式创作，就是两点一线：从葡萄园到葡萄酒瓶。

但是这个角度的创作，硬是将这两点一线，节外生枝地"走了十年"。它节外生枝地对一颗静止的果实想象出：它幼年幸福吗？晒足了阳光了吗？它成年时代快乐吗？得到了最好的雨水吗？它酿造的路上快活吗？遇到了最好的老工人吗？它的功成名就路，遇到相见恨晚的好酿酒师了吗？几个节外生枝，也就造就了这样一段好文案。

对比这个案例后，我们的团队都知道什么叫作"节外生枝"了。

案情第 5 步

"节外生枝"的技巧 有头有脸

这一步无关这个案子，如果你迫切地想知道后续解决方案，可以跳过，直接阅读第 6 步。但是如果你更想通过案例去获取一种能力，掌握强风格的项目如何处理好风格与理性卖点之间的矛盾，那你不妨放下案子，静下心先读这一段。待继续"破案"时，这里谈的很多技巧，后续都会用到，你读起来也就没有障碍。

强风格的产品故事，最常见的推广手段是：颜值故事、牛人故事。举几个案例，你就知道这两种名词是什么意思：

- **某矿泉水**：颜值故事（N重过滤后的高纯洁"颜值"）
- **某中式项目**：颜值故事（厅堂院落，粉墙黛瓦的"高颜值"）
- **某欧洲技术的纯净水**：牛人故事（某欧洲公主经常喝，世界某长寿村村民毕生所饮）
- **某大都会项目**：牛人故事（全球大师的中国唯一作品）
- **某小镇项目**：颜值故事（大美山水颜值的贩卖）或牛人故事（陶渊明、李白、杜甫的创作、旅居、梦境生活所在地）

颜值故事、牛人故事，这两种手法在地产传播中屡见不鲜，尤其是褐石产品也不能免俗：

- **颜值故事**：大谈特谈红砖褐石的建筑美学。
- **牛人故事**：奥黛丽·赫本等住过褐石建筑的美国名人。

这种讲产品故事的方式未尝不可，但是如之前所讲，它执着造梦，过于脱离客户生活。而节外生枝，就是要去关联客户多元化的真实性格和需求。记住这个词：客户的多元化。我用三类地产案例解释一下，你就明白了：

- **学区房**：过分聚焦客户的学校需求，搞得全家人一年到头只会上课学习似的。同样是学区房，有个带商业设施的学区房项目说得好："在大热闹里长大的孩子，不怯场。"除了学习，还可以关注客户孩子"泛学习"的需求：学历教育之外的能力教育。
- **养老项目**：过度聚焦客户安静养老的需求。其实老人最怕安静，最喜欢热闹。不信看看快过年时的你爸你妈，催你回来，图个啥？图个热闹（具体老人爱热闹的洞察，我在另外一章有详谈）。
- **社群项目**：全国所有社群项目都在强调社群的多元化，组织的丰富化，活动的趣味化。聚焦人的合群需求。其实任何一个人，都有一颗独处的心。

一直想做一个"独处+合群"的社群：让你找到同趣者的同时，还有室外独处空间。几乎所有社群"凡社群，必谈群"，其实一个人的空间，恰恰是社群中所需的最小单位。想象一下：美好的社区读书会，还有几个"一人读"空间可以分时出租；最庞大的悦跑团组织里，居然还设计了一本《一人独跑》手册，涵盖一人跑的安全事宜、线路建议、其他细节等。**遇到同趣者，也遇见内心的自己，这才是社群！**

学会关注理解"人"的多角色，多需求，多元化，你就更能触及购买的痛痒点，也就不会单纯地造梦，不会只说颜值故事和牛人故事了。

而这正是节外生枝的方法核心，"'有头有脸'地洞察客群"：打破对客户某单一脸蛋的聚焦，进行"多人头，多脸蛋的关联"，即所谓"有头有脸法"。

图 2-4 广告人的想象力，有时候就是"多人头，多脸蛋"的创作力

- **多人头**：尝试在项目上，将主人公和其他人关联起来。如某个创业 LOFT 里，尝试关联创业人的女友，形成上面爱巢，下面创业巢的空

间传播角度。甚至关联动物、关联创业人的花鸟宠物,形成上面说鸟语,下面说人话的不乏味的丰富创业生活。

- **多脸蛋**:不聚焦人的唯一一张脸。谁不是有多副面孔、多重角色。就如上文所说的社群传播里,对人"合群人+独处人"两种角色的解剖,养老产品对"好动老人+静养老人"两种需求的满足。

当你能"有头有脸"地对产品和客户洞察,学会"节外生枝"地制造多场景故事,你就能让风格真正关联到人群需求上,而不再是不食人间烟火的牛人故事、颜值故事。

案情第 6 步

项目场景解剖　远赴"美国",闯入"学龄家庭"

知道了如何"有头有脸"地关联客户,创造风格系项目的节外生枝传播,那就到了传播创作中最枯燥,也最有成就感的研究客群和产品分析阶段来了。

对于产品,我们决定"去美国",尝试解读褐石建筑除了兴起于1830年后的纽约、波士顿、费城;除了有厚重墙壁、精致挑高天花板、装饰壁炉,除了实木材料、雕饰门厅的红砖特色;除了是麻省理工和哈佛里的学院派建筑,褐石和我们这群客户家庭到底有何关系。

当然我们没有去美国。但资料是没少查,最后研究深度不亚于去了趟波士顿。我们发现褐石的场景故事还是很丰富的。美国褐石不是一种固定场景下的建筑风格：

- **有学霸派的风格**：哈佛、麻省理工里随处可以见褐石。
- **有吃喝心的风格**：商业繁华区常见褐石，如帕克斯卢普（Park Slope）。
- **有悠闲样的风格**：富人区常见褐石建筑，如后湾（Back Bay）。
- **会玩乐的风格**：百老汇（Broadway）的艺术街区，也随处可见褐石。

如果说，海派风格的场景是市井里弄，美国乡村风格的场景就是乡野，大都会风格的场景就是城市繁华地……相比这些风格总在固定地点，褐石风格却是一种多元化的地点和场景，远远不止在学院里。

所以，我们做了一个既有场景，又有客群吸引价值的项目褐石多场景价值体系。为了装美国范儿，我们特意用7个NO & NO统领，还特意用 Chinese English，以便现场沟通效果更加生动和接地气。最后这些，都成为传播故事里的有意思桥段，重点说几个：

NO No.2 NO No.3

- **产品价值**：零距、零扰的庭院名校住区。
- **销售说法**：不是第二，不是第三，孩子上学安全问题必须是第一。
- **褐石场景**：美国人对孩子上学安全很重视，夸张地说，美国交通只有两种车：校车和非校车。校车上下人时，甚至必须两个方向的车辆都停车（美国总统专车也要停车等待）。在现场场景讲解里，我们还配了一张真实照片：悍马和校车相撞，校车安然无恙。而我们的项目，正好是步行一个街区就到学校，"学校近如你家后庭院"的近距，安全的上学路设计，比美国校车还安全。很美式教育观的"先有上学安全，其次才是名师问题"。

图 2-5 NO No.2 NO No.3 其实是借美式生活的教育观,卖一步学区房

NO daddy NO mummy

- **产品价值**:美式褐石家庭的亲密街区。
- **销售说法**:不是没爹没娘,是这里没有辈分之分,父子亲如兄弟,母女亲如闺蜜的亲密家庭街区。
- **褐石场景**:美国家庭,除非教育孩子,在大量生活场合,孩子可以直呼其父母全名。

而我们项目配套的1万多平方米商业区,采用典型的美式街区设计,业态基于中国人最常需要的柴米油盐酱醋+小情调咖啡和书店,创造现代中国人的父子如兄弟,母女如闺蜜的家庭悄悄话街区。

NO teacher NO order

- **产品价值**:美国学院式景观 课余兴趣式社群。
- **销售说法**:不是"不尊师教",而是创造一个没有权威,只有兴趣的美式学院式景观。
- **褐石场景**:美国教育不同于中国,强调没有权威命令式教育,老师只是兴趣的分享者和引领者。

遵照此条，项目设计的庭院，富有很多美式校园的影子："父子辩论角""家庭演讲花园"……家庭任何成员都是平等的学习探讨者，每个人都是生活的平等问答者。没有填鸭式的、权威式的，从景观设计渗透到社群组织，未来开发商将组织各种暑寒假出国游学，各种兴趣讲座，都遵守"乐得学"的社群宗旨。

NO party NO park

- **产品价值**：派对式家庭后公园。
- **销售说法**：我们是离公园最近的。靠的不是一个大绿化，而是一个湖区派对场。
- **褐石场景**：学龄家庭，不止答题的错与对，还有生活派对的欢与喜。

中国人对于公园最大的关注是面积和距离，而美国人对于公园最大的关注是娱乐的方式，而派对文化影响极深的褐石阶层，在褐石建筑群旁，催生了诸多摇滚爱好者、电影从业者、演讲者聚集的公园派对。我们的项目学习褐石精神，让孩子靠着学校，让家庭靠着篝火派对、野营派对、BBQ派对的湖区公园。生活不止考试，还有疯狂乐的自然天地。

在这个价值体系里，你会发现，小小一个社区，出现了四个区：学区、住区、湖区、商业区。后三个区体量虽不大，但在都吆喝"学区房"的红海里，显示出别具一格的特质。而这本身又关联客户，因为他们可不是只为孩子而来，除了孩子，他们也要生活、娱乐、出行、吃喝玩乐。这样，我们在一个学区竞争里，打开了一条蓝海之路：既关注孩子，更关注全家庭。这很符合客户需求，这点后面有详叙。

这样一来，别人都在争夺学校，而我建立了一个不止学院、不止高考、不止学分、不止为升学剑拔弩张的学院派、全家庭生活区。

褐石家庭四街区

学 区
NO No.2 NO No.3
家庭后院的零距离名校

湖 区
NO party NO park
家庭派对的后湾公园

住 区
NO teacher NO order
兴趣导向的社区教育

NO yard NO brown
高低院落的褐石洋房

NO change NO surprise
多样组合的褐石高层

商业区
NO daddy NO mummy
私家前庭的家庭街区

NO city NO brown
一英里的地铁商业区

图 2-6 褐石四街区，其实是螺蛳壳里做道场，打开一个项目的宽度

打开了四个街区，就打开了和客户家庭的关系。套用"有头有脸"分析法，譬如母亲，不聚焦她一张脸，而是她的多张面孔，多重角色：这是一个"90后"母亲的时代，正如某汽车广告对这群母亲的描述：

- "做好大孩子，才能养好小孩子"，她们会因为孩子分心，但不会放弃待己如"娇柔"小孩子，因为巨婴时代，很多母亲也没有长大。
- 同样，她们有时候甚至没有那么坚强，也想"摔倒了，正好歇歇"。家庭事业一起压得很累，但是玩心依旧，压力来得猛，她们就笑着抱一抱"压力"，因为她们没有上一代那么严肃，更能嬉笑人生。
- 关心孩子，但不是围绕孩子，所以"买包解决不了的问题，背包试试"。捯饬好孩子，也会精修好自己人生的态度，因为她们不会因为降临的孩子，搞乱了人生，她们骨子里开始接受**"孩子，只是能陪你22年的亲密路人而已"**。

我有一个朋友，不让两个孩子叫她"妈妈"，必须叫"姐姐"。心理暗示也罢，真实表达也罢，这一代母亲，不会再有上一代那样的观念：做母亲是她毕生最大的事业。她不介意孩子以昵称称呼她，如"黏糕姐姐"，活脱脱母子如姐弟。她一生就是两个孩子，但不意味着她会做一个传统观念的母亲。

最后我们对于家庭的洞察定位："孩子是第一，但不是唯一。"对于他们的精神需求，我给了一句话，**"22年的无私责任　70年的自私精彩"**，既有中国传统思想的传承认知：生育培养孩子，也有外来文化影响下的新趋势：即使结婚，即使生育，她依然有自己独立精彩的生活。父亲也同样，一群做了父亲，担了责任，但是内心还是孩子的"90后"。

无私地给孩子最好的学校，自私地享受商业、交通、公园、配套的舒适。

这样褐石四街区和客户的需求就"交圈"了，也在一个学区房红海里，呈现了不一样的客户吸引力。

案情第 **7** 步

传播策略确定　褐石里，人人皆"小祖宗"

产品和客群深度的分析后，故事场景也就打开了，我们不用再念叨"学校学校"了，因为我们有了很多客户利益的故事。

所以，当在别人的学区房里，只有孩子一个"小祖宗"时，我们真实学区生活的家庭，人人都是"小祖宗"。并且基于我们打开的"褐石虽小，五脏俱全"的四个街区场景，将"爱玩想要能学"的"小祖宗"放进去后，褐石卖货的故事基本就成了：**孩子的名校　太太的露台　先生的院子　全家的湖**。

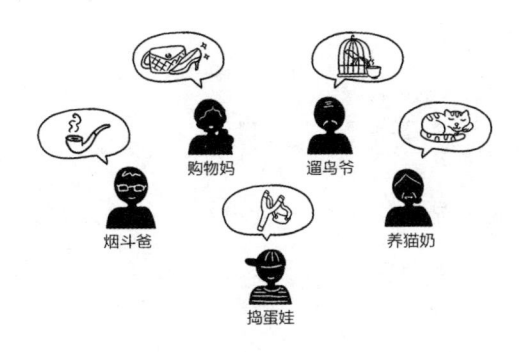

图 2-7　"节外生枝"的褐石，让家庭每个成员都从学区房里得到了利益

它融入了褐石产品细节：学校、露台、院子、湖，也融入了我们倡导的"给孩子最好的 22 年，给自己最精彩的 70 年"：先生有院子，太太有露台，孩子有学校，全家有湖区和街区。和传统单调的学区房形象截然相反：人人都是"小祖宗"，家家都是"高分和快乐风"的双赢。

这时候，我们常说的"双节棍"才终于被连接：不再是先谈一个美丽褐石故事，然后硬着陆野蛮地谈"户型、价格、总价、地段……"。故事不是纯粹为了夸夸其谈。现场实践证明，卖货的销售也可谈褐石四场景故事，这些原本很虚的故事，因为融入消费者需求和场景，也能为其贩卖"户型、价格、总价、地段……"作贡献了；同时贩卖产品时，四个不同场景的故事，也让区域家家基本雷同的销讲，在这儿有了完全不同的体验。

在这个叫嚣"精英教育 22 年"的红海里，你只能想到孩子的学区需求，而所有这一切，只因你缺乏对客群消费趋势的洞察。

案情第 8 步
分场景贩卖　别人的所有，我的 1/4

我们的策略"全学龄，全家庭，美式褐石四街区"，最后能玩出"别人的所有，只是我场景故事里的 1/4"的奇妙营销故事。不信，往下读：

- 营销场景：公众号。
- 常规玩法：一个销售微信，一般主要内容为三大件：企业（品牌背景）、项目（土地内外故事）、活动（销售活动、现场信息）。

- **我们的玩法**：策略是"管理所有与消费者接触界面的沟通标准"。既然我们的策略是"褐石家庭的四街区"，那就不该是"企业+项目+活动"的公众号老三样，我们希望客户进入公众号的第一感觉，就是扑面而来的"三个小祖宗，各得所需，共有所乐"。

所以我们的三个主界面 banner 是：Mr. Brown、Mrs. Brown、Little Brown。形象点说就是：褐石先生、褐石太太、小褐石。形象地显示了一个能"取宠全家人的学区房"。

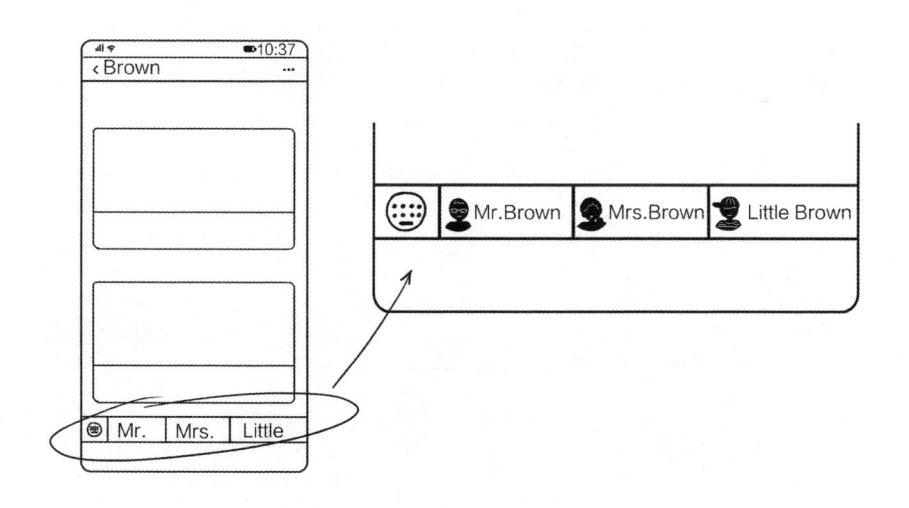

图 2-8 策略决定形式，做有策略感的微信公众号界面

当然形式背后，内容不能错乱，该有的还要有。基于家庭男女老少对于信息感兴趣程度的不同，我们把常规微信号里该有的内容，作了重新归类：

1. 土拍、开盘、区域规划、企业背景……宏大的话题和掏钱的事，我们放在了男人这档。

2. 户型、花园、露台、商业，甚至学校介绍……细节和教育话题，我们放在了太太这档。

3. 周末活动、公园乐趣、暑寒假的学生营地……孩子玩耍的，我们放在了孩子这档。

叫嚷再大声的"褐石家庭全景生活"，不如用生活化的三人式公众号，彰显你的"全家庭"。进入就看到三个人，一人一个栏目，明确无误地传达"全家庭式学区"的形象。

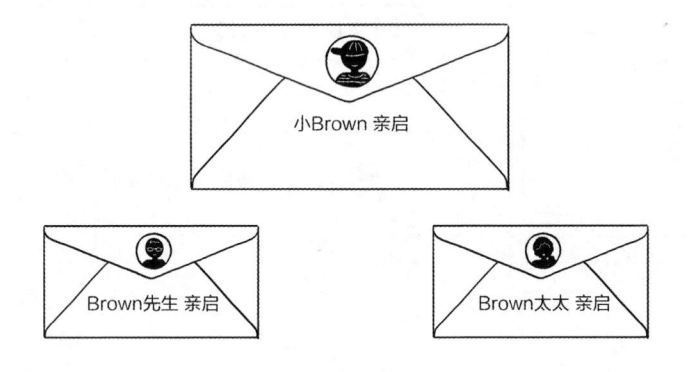

图 2-9 一份 DM 里三封信，体现全家庭的学区房

- **营销场景**：客户点对点的邮箱投递、项目现场 DM 物料。
- **常规玩法**：一份 DM，说地段，讲产品，重点是学区房。
- **我们的玩法**：一份 DM 里藏三小份，一份给孩子的、一份给先生的、一份给太太的，分别聊各人使用院子、露台、湖区、街区的玩耍方法。

男人那份，写的是关于褐石四街区里，胖肚中年男的褐石跑道，湖岸边男人和男人的钩子大赛，街区里男人宴请男人的啤酒故事……反正是"孩子托付名师后"完全不管的潇洒日子。

女人那份，也是一样，浑然一副高考在即，名校志在必得的"三不管"样，因为有公园、露台、园子、商业。

孩子那份，则是一半名校严加管教的优等生，一半湖区街区放肆的捣蛋鬼。

形式设计成"一份家书"，打开，三封信，三口之家一人一封。赤裸裸地炫耀：别人的优质名校，在我这里只算 1/4。

- **营销场景**：售楼处门口（我的门口，也就是对手的对门口）。
- **常规玩法**：竖围墙、列卖点。
- **我们的玩法**：由于七八个项目门对门，围墙广告放弃了原来最初"搔首弄姿，贩卖风情"的打法，改为直接竞争的"战斗工具"。

这种门对门竞争下的营销，很多时候，我们能做的，就是不断让客户看到"别人有的，我全有；我有的，它没有"。

譬如，当你觉得 A 离学校最近时，我和 A 门对门的围墙赫然写着："顾及了孩子，那太太你考虑过吗？"

譬如，当你觉得 B 在区域内总价最经济时，我和 B 门对门的围墙赫然写着:"顾及了贷款压力,但你给全家一套房子外,难道不能多个美式露台吗?"

譬如,当你觉得 C 是区域内阳台最大的,我和 C 门对门的围墙赫然写着:"给了太太最好的阳台,那你给自己呢?"

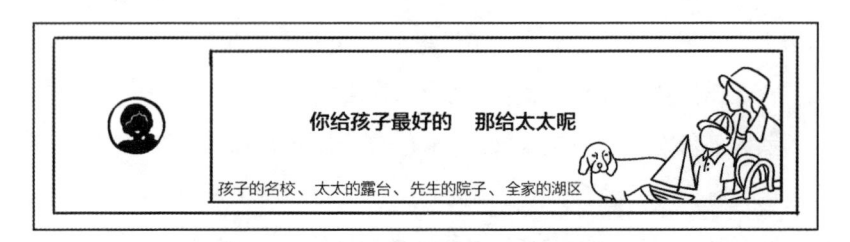

图 2-10 强竞争下,除了防守物料,还要学会做"攻击物料"

所有的围挡都是两块，另外一块写："孩子的名校、太太的露台、先生的院子、全家的湖区"。提醒"家里每个人都是亲人，别疼了这个，忽视了那个"。

强竞争的环境，没有绝对王者的市场，相互之间的厮杀就是要有效利用场景，创造客户的纠结和犹豫。

- **营销场景**：样板房。
- **常规玩法**：很美的空间设计展示，然后，就没有然后了。
- **我们的玩法**：样板房，一般不可能不断更新，所以劣势明显。我们思考做成一个"微更新"的样板，因为如果这里真的住着布朗一家，那么 Mr. Brown 在他 30 岁、40 岁、50 岁，对书房的需求一定是不一样的，需要在样板房里呈现出来；同样，寒假时、暑假时的 Mrs. Brown 肯定有不同的旅行计划，也要在样板房里呈现出来；明天有球赛、明天有大考的 Little Brown，儿童房布置的细节一定是不一样的，同样要在样板房里呈现出来。

所以样板房在我介入后，不再是简单设计几个指示牌，而是设定一个样板房的主题"布朗一家不在时，我们偷偷溜进去瞅一眼"。一种有点像小偷似的角度，但是看到的是真实的有学校，更有家庭生长气息的房子故事，而不是一个设计得很美的样板房。

譬如在周末售楼处有活动的时候，我们在小布朗的房间，更改的是他的照片墙，换成了一张周末活动的海报，标题是"五人制足球赛的召集令"，而床上堆满了各色球衣。一个准备周末跃跃欲试的孩子，跃然眼前。

譬如项目近日有购房送美国行的促销，在客厅墙上，布朗太太贴出了暑期美国行的行程安排式的海报，展现了一个太太对于全家出国旅行事无巨细的安排，还有一个二维码，事关这次活动的详情。

譬如书房里，有一张布朗先生书房设计的手绘图，呈现了他 25 岁时设计的婴儿房、35 岁时想要的儿童房、45 岁时想象的书房、55 岁时的大衣帽间（老了，行动不便了，打通成为主卧大套间）。这既是一次 2+1 房中"1"灵活功能的展示，又是布朗全家生活的一次生动导演。

所有这一切，打通了现场活动、项目促销、空间功能展示等时间轴和空间轴上的变量需求，不断变化的样板房、门对门的围墙、微信公众号、外派的 DM 一起讲透、讲全、讲到底我们的学区全家庭故事："除了学习、学习、再学习的 22 年精英教育，我们还能给精彩、精彩、再精彩的 70 年阖家欢乐"。

而这，是周边所有学区房从来没有讲过的故事。

小结：一堆创意的坏习惯

1. **创意坏习惯**：对于产品包装，只会讲"颜值故事和牛人故事"
   锻炼能力：节外生枝，打开产品的多场景
   案例举例：从褐石学区房，节外生枝为"6 个 NO & NO"的褐石多元故事

2. **创意坏习惯**：客群主张洞察过于单一化

锻炼能力："有头有脸"的客户洞察
案例举例：从学宝家庭，到一个"先生、太太、孩子、人人都是小祖宗的家庭"

3. **创意坏习惯**：样板房的一次性营销能力
锻炼能力：样板房的二次营销能力
案例举例："布朗一家不在时，偷偷溜进去瞅一眼"的微更新，"生长"着的样板房

4. **创意坏习惯**：没有竞争物料意识
锻炼能力：门对门的竞争环境创作
案例举例：门口的"小反问"围墙

音频小作业："三得利"市场下的场景突围传播

好了，听完案例，学会强竞争下的坏习惯修正方法。再举个案例：在一个二线城市的新区，都在卖三个规划热点：通地铁、政府西迁、公园规划。我们的产品也得到这三个规划优势，但没有绝对距离优势，只是三个规划，都在步行舒适距离内。

周边都在强硬地卖这个"三得利"（地铁、政府、公园），作为一个美式立面，产品如何在场景上突围，如何"节外生枝"地给客户全新的购买体验，而项目也能在新场景下，有全新的、接地气的、能与竞品形成差异的痛点主张（就如上个案例里，除了给孩子精英教育22年，还

给家庭精彩的 70 年）。

想完、整理完思路，扫码听我的解题音频——《三得利市场里，一瓶走着喝的啤酒》，或者进入喜马拉雅 APP，搜索《创意的坏习惯》专辑，聆听我的答案。

第三章　自然别墅的误区

学会哭笑打闹，才更懂"自然界"

引言　学会哭笑打闹，才更懂"自然界"

一开始做广告，我觉得一切好传播源于对产品和消费利益的关联洞察，于是相信"洞察至上"；现在，我越来越觉得，虽然一直强调创作要避免主观，学会客观洞察，但到最后还是不可避免掺杂自己的主观喜好，甚至永远无法突破自己生活方式、个人喜好的半径极限。

认知有上限、洞察有主观。也许这是一个消极的观点，不该写进书里，但岂止隔行如隔山，即使在地产行业，隔"类"也如隔山：旅游地产、商业地产、产业地产、综合体、单身公寓、地产品牌运营虽都属地产行业，但买卖需求、营销方式、客户维护、传播渠道都有极大的差异。相对应地，每个广告人其实都有自己独特的创作个性和喜好，这也决定了他/她擅长或不擅长创作。终其一生，人人如此，无论如何认真和努力。原因很简单："人很难，也做不到不用自己的经验和体验做广告。"高手可以更接近客观，更屏蔽个人喜好。但是，也只是"更"。

地产不断闪现新品类和新需求：文旅小镇、长租公寓、互动传播、社群运营。一开始，我也很慌张无措。但近几年，我不再幻想做"无所不能的策略人"。对于不擅长和新兴的地产品类，保持好奇，不断学习，但更多的是主动发展个人擅长、喜欢的品类，做个"明白自己是什么品类"的广告人。帮别人产品定位之前，先给自己定个位，不求"无所不能"。

欢喜是掩饰不了的，遇上天性对位的产品，你的千万细胞皆会被激发。这段话很主观，刚入行，还万事皆好奇的新人，可以先不读这段，否则可能成了"挑案子做"的理由。

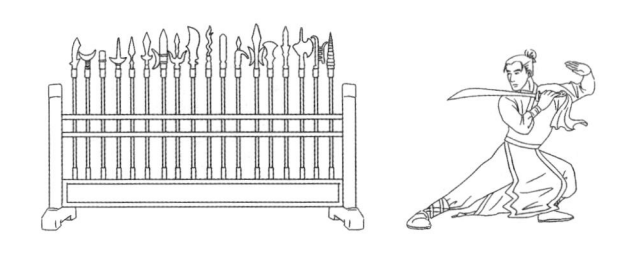

图 3-1 没有十八般兵器样样精通的广告人,找到自己擅长什么很重要

言归正传,自然属性的项目,如小镇、文旅、山野小墅等,人人都可以做,但是那些不掩饰天性,喜怒哀乐感情丰富的广告人,在这个品类上,总能做出一些让我眼前一亮的东西。也许这就是他/她在写自己,创作自己,所以写得真切,做得痛快吧。

大言不惭,我算一个,哈哈。

案情第 1 步

项目初接触　一个"偷来"的项目

甲方很熟,一个电话邀请我过去帮他看看,出点主意。核心就一句话:"来看看吧,老兄,一个有意思的项目,我们从几百亩的林子里'偷了'一点地,盖了点别墅。"

他知道我是个爱用兴趣做项目的人,兴趣来了,感觉就来了。

到了现场,开着小游轮,陪我看了项目里的天然湖,很原生态。他还开着车,陪我们看了林子的大概,很大,一路上遇到各种人,一问才知道是这个林子配备的各种工作人员,护林的、看岛的、养花的……最后,晚上就在林子里吃了饭，据说桌上 80% 的食材都来自林子。

印象最深的事，是见面前，本来约在项目地见，但甲方坚持要开车带我们过去，理由是：你们自己没法找到林子深处的项目。最后，带我们进林子的路上，他自己却迷路了。

在湖里游轮上，我清晰记得甲方打开规划图，粗粗看上去，哪有什么别墅，都是林子，所谓的房子，放在这百亩林子里，几如茫茫苍穹里的几颗孤星。我们开玩笑：这项目，哪有什么自家院子和外面林子的区别，自家的就是林子里的，林子里的都是自家的。

席间，客户和我们强调了，与其他项目不同，这个项目除了拿地，另外还会投入大量资金维护林子。确实，别墅都是见缝插针，"点缀"在林子里。没了林子，别墅的味道就全没了。林掩别墅，墅藏林子，谁分得开谁。

一个很独特的项目，甲方进了项目还会迷路的项目，就如你进了自家门，还会迷路一般滑稽；一个很有个性的项目，房子仿若林子千枝万叶里的寥寥几片枝叶；一个很不地产的项目，红线内管林子的人，可能比管房子的人还多……

案情第 2 步

项目初接触　"现场型选手"的问题

一切独特、有趣、有个性的项目，都会带来甲方对其更高的销售期望和传播要求。

所以，一切与众不同的东西，传播都不好做。而且美妙现场体验背后，可以发现一大堆问题：

譬如，带自然属性的项目，一般离城市都不近。而在长三角，过了城市发展早期对于远郊别墅的神往后，消费开始理性，别墅没有配套，就没了核心价值。这类自然项目，如何创造客户好奇心，说服客户对未来配套有信心，都是关键，虽然甲方已经在思考加入诸多森林配套。

再譬如，项目所在城市是个自然资源超级丰富的城市。虽然项目自然资源很丰富，但是类似山的、江的甚至江山湖皆配的项目，过去10年，这座城市已经见怪不怪了。

这些都只是表象问题，核心问题是在地产传播上有一类项目叫"现场型项目"：

- 产品数据面，没有绝对优势

从数据面、总平面图上看，林子比别人大一点、自然资源比别人多面湖、树种比别人茂盛一点、鸟种比别人多一点……无甚惊喜。

- 现场体验面，无与伦比

但到了现场，体验感十足，震撼力无比强大。这林子，简直堪比国家森林公园；这鸟儿栖息的原生态，在这座城市几乎难觅第二处；这湖光山色，简直就是小西湖。

就如竞技体育，有很多人在训练场表现平平，但是一到竞技场就完全不同，属于有大心脏的现场发挥型选手，靠训练表现来评定他，完全体现不出他的优势。本案就是"现场型选手"，这类项目最大的传播误区是，千万不能用数字来表述它的独特体验，如：千亩原始森林、106种稀有鸟种、千米私有环湖道……

图 3-2 项目如运动员,有些项目天生是现场型的

因为这些数字的描述,背后就会沦落为超级理性乏味的客户体验:

- 1000 亩 > 800 亩的林子,但是绝对传达不出一个可以迷路的林子。
- 2000 米 >600 米的环湖道,但是绝对无法表达出那个几乎可以私家裸泳的密林湖的感觉。
- 106 种 > 有几只鸟的城市公园住区,但永远无法勾勒一种管林子的人多过管房子的超级森林体验……

即所谓"错误的数字化传播":**看起来这个项目的优势源自数据,其实数字描述正在扼杀项目的所有魅力。**

案情第 3 步

传播症结　既然是现场选手,那就给你个现场

就如前文所讲,这种现场型项目,不能拘泥在数字的比较里,越较劲数字的大小,越容易陷入数字比较的恶性循环。

既然是一个"现场型选手",就不该用训练场论高低,就该给他一

个超级现场。

而说到现场，一个经典故事闪现在我眼前，这是一个关于"战争"的故事：

团长已经丢掉了三号阵地，而四连已经节节败退，被对方一个营的兵力穷追不舍。而援兵，则陷在了长途跋涉的沼泽地里，到了恐怕也要三天以后了。最要命的是司令部已经被重重包围，最好的撤离机会正在丧失，最坚固的西城门已经岌岌可危……撤还是不撤，撤就意味着根据地放弃，一切就要重来；不撤，全军覆没。这时候，突然妈妈喊道："小瑞，军棋别下了，吃饭啦！"

对，这是一个被妈催吃饭的孩子而已。但下棋一定要用下棋的角度去描述吗？未必！如果只是从"观棋者"描绘，那这场"岌岌可危的棋局"会完全丢了味道，而更换视角场景，放在"观战者"的角度，故事情绪则发生了剧烈的变化，情节变得无比跌宕起伏。

同理，在做一个山、河泛滥，描述角度雷同的城市项目时，最大的核心问题是：**很牛，但跟风用传统场景（如数字描述）会吃大亏**。再透彻点说，不能再用传统别墅视角来定位它，就如不能再用"观棋者"的角度来描述这盘棋局，否则这种传播效果会大打折扣。

后来和甲方沟通的方案里，我提了一个很有意思的问题：**如何让夏不飞这种老鸟再兴奋一次**。

对，夏不飞是我本人。为什么这样说，其实我作为10多年地产从业者，见过太多别墅，早对数字炫耀式的山水广告厌倦了。而生活在这座城市，已经看了不少山水别墅的这个价位段的客户，也一样已经对"千亩山水"的传播无感了。如何让我兴奋，就能让这些客户对迷路、看林人、从林子里"偷来"的别墅兴奋。

因此,在"消弭客户配套信心缺乏"等具象问题之上,传播最大的任务就是"在不缺山水的城市,让有点腻了的别墅经验客,再关注、兴奋、议论和来一次"。否则再震撼的现场也是白搭。形象点说就是:让夏不飞这群老鸟,再兴奋一次。

> 让夏不飞这群老鸟
> 再兴奋一次

图3-3 好的问题是好的传播思考的开始,也是一个好提报的开始

所以,我们没有把"如何界定一个城市和生态皆备的项目""如何包装一个具有丰富配套的世外桃源""如何寻找当代陶渊明"等要么太虚无,要么太务实的问题作为核心问题。

如何让夏不飞这类老鸟,再兴奋一次?夏不飞是一个代名词,不仅代表那些看过一些别墅,有一定别墅朋友圈子的客户(项目价位决定了这群人肯定具有一定别墅信息认知,甚至别墅居住经验),同时又代表已经习惯"传统别墅视角"的城市业内人士、媒体人士,毕竟这种项目"能在业内起涟漪"是非常重要的一点。

那如何让夏不飞等兴奋?前文讲过,它是现场型项目,既然是现场型,就不能只给它一个训练场,只有竞技场,才能发挥它的最大能量,让它和"观众"都兴奋起来。

那这个"竞技场"是什么呢?

案情第 4 步

方向寻找　别丧失第一直觉的灵性

黄霑给人头马想广告语，写了几百句。最后还是用了第一句：人头马一开，好运自然来。

是的，就是这么奇妙的第一感觉。我们虽然强调通过严谨的调研来认知项目，但有个前辈说过：**营销做的是事实，创意做的是感觉。**你可以收集大量数据，调研大量产品事实，但是千万别埋没你对项目的那种第一感觉。说来有趣，我在本书第九章聊了"如何否定直觉"，看似与这里矛盾，其实是相辅相成的，具体可对比阅读。言归正传，继续谈项目，这种直觉在我职业生涯里帮助过我很多次：

- 就如进入海南博鳌第一刻，我就觉得这个项目应该"反着博鳌"来，才有了最后那一句"博鳌不谈国事"。
- 就如我走入上海新华路那一刻，就觉得这条"不长的马路在某些老上海人心里，却很长很长"，才有了最后那一句"走得出上海，走不出新华路"。
- 就如我做的郑州一个 45 平方米的小公寓项目，楼下什么都有，第一刻感觉也成了最后的推广形象："一个很大很大的小户型"。

深度思考可以锻炼自己的理性思维，也可以练习严谨推导的能力，但是如果你是创意人，永远别丢掉第一直觉的敏感，永远！

回到这个项目，我对它的第一感觉：它天生就不该是个"郊野别墅区"。我进入现场的第一感知是，这个项目未来不该有大门，无论大门造在哪儿都不合适，因为这个项目天生和林子是融在一起的。其他别墅都会强调"边界感"：外面的进不来，里面的看尽，外面的艳羡。但唯独这里不是。这里最大的"炫耀点"就是足以"淹没"别墅的大林子。

当一个别墅区里鸟多过人的数量，那最多是一个森林别墅。但如果森林大到孕育了一个完整的物竞天择的食物链，那再用一片森林界定它就小了。森林对我而言是个数量词：很多很多树木扎堆而已。当我闯入它的那一刻，我觉得这里更应该用一个生物学名词，而非数量词来界定，因为它大到了涵盖万物的状态。就如我们一群人进入这里，感觉都快被淹没了。

常规的别墅区，赫赫有名的是每一栋房子的主人，最大的变化来自这些主人的荣耀与没落。而这里最大的变化是风雨雷电、阴晴圆缺的轮回。人？主人？大人物？他们的得意和失意在这里只算浮云，因为林子太大，自然界的气场远远盖过了这些社会人物的气场。

图 3-4 在这块土地，风雨雷电大于风云驰骋的别墅主人

所以，不该再用"别墅区"来界定这个项目。

- 因为别墅区不会连甲方都迷路，也许用"生态圈"界定它更适合。
- 因为别墅区不会有那么多"拈花惹草"管林子的人，还远远多于管房子的人，也许用"林场"界定它更合适。
- 因为别墅区里最大的角色是人，而在这里人是沧海一粟，主角是密林子，也许用"自然界"来界定它更合适。

生态圈？老林场？自然界？或者其他？到底是哪个不重要，重要的是喜欢琢磨"第一直觉"的我，没有一开始就去寻找创作素材，而是先否定"它是一个别墅区"。因为就如我们之前所讲，再谈密林别墅，就算你是李白、杜甫、齐白石再世，所写所画，在这个城市也早看腻了。

现场型选手，就要换个现场给它。无非这个现场是生态圈，或者老林场，或者自然界。

案情第 5 步

方向确定 一本国家地理杂志的角度

其后，我花了很长时间，思考描述这个项目的角度。最后不是生态圈，也不是老林场，也不是自然界，而是国家地理杂志！

形象地说，我要求创作者站在仿如《中国国家地理》杂志的角度，不再拘泥容积率、独栋别墅、面林靠湖这些常规地产的规划角度，而是换作一个地理杂志编辑看到的，类似：

- 这是一个春季和夏季多雨的雨林区,藏了几个有着城里闻不到的清爽雨滴味的院子。

- 落叶乔木为主,还有很多草本类植物,而同纬度能有这样植物标本保存的区只有 3 个,顺便围绕这些 30 年乔木林子,造了几栋院子别墅而已。

- 夏天多西南季风,冬季反向。因为吹东南偏西北的风,温度比同纬度要高不少,顺着风,造了几百栋清风别墅而已。

我对着创作团队胡诌了这样一段,就希望他们跳出传统地产广告的思维,换成地理杂志编辑的洞察角度。

正如从观战者的角度,会让一盘跌宕起伏的对局,不用亲临现场也可以感受其间险恶。所以,我们在一个江、山贩卖已经腻味的市场,尝试换成地理角度,传达国家地理杂志里才能读到的,那个人间野性与优雅共存的天堂"。就如在"凡广告必牛气哄哄"的美国租车行广告里,突然出现了一个"我是老二,所以必须加倍努力"的谦逊者角度,一股清流唤醒了大家的好奇,从而赢得了市场对 AVIS 的超级关注。

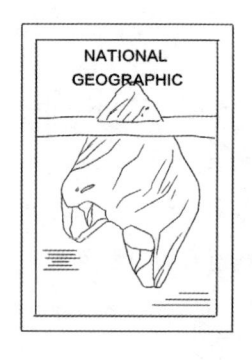

图 3-5
学会更换洞察产品的角度,譬如换成一本地理杂志的角度

好的传播角度可以反哺规划思路。如果站在能入选《中国国家地理》的一块林子的高度，那应该会少了人类野蛮操作的痕迹，多了鬼斧神工的自然妙手的天地融合。

譬如这片密林子未来的配套规划，我们不再采用"别墅区+别墅配套"的加法规划思路，而是**"声音的共鸣"规划**：林子里有风声、雨声、鸟声、林声、水声，与之对应，营造一个声音的共鸣场，即人造的声音，如书声、戏声、笑声、马声、窃窃私语声，和天生的声音珠联璧合，不是闯入，而是共鸣：

- **风声里的书声—清风书店**
- **雨声里的戏声—雨露剧场**
- **水声里的笑声—湖光鱼乐园**
- **林声里的马声—密林马场**
- **鸟声里的窃窃私语声—鸟语餐厅**

人进了林子，做了建设，但没带来格格不入的成功的掌声、失败的叹息声、虚伪的赞美声，而是让所有配套的声音状态，与天性自然的声音相容相生。

如果没有《中国国家地理》的新洞察角度，就没有"共鸣的声音"规划这一灵感。因此，传播定位有时候绝对不是纯粹对成品的包装，而是可以反推上游，拥有重新界定产品思路，调整产品激动场景的"共生能力"。尤其是愿意和我们一起探讨产品的甲方，他们拥有强大的规划能力，我们拥有敏感的市场传播触觉，两者结合，不仅探讨广告传播，更可作为建议者，对规划进行"思维逻辑"上的方向性建议。

声音的共鸣

水声
风声
鸟声
雨声
林声

戏声 — 雨露剧场
笑声 — 湖光鱼乐园
窃窃私语声 — 鸟语餐厅
马声 — 密林马场
书声 — 清风书店

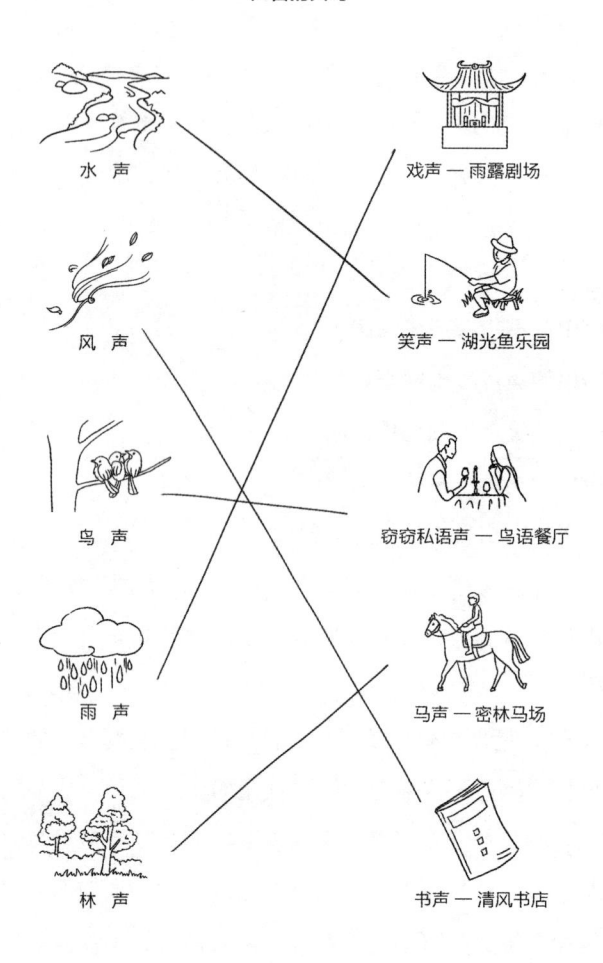

图 3-6 好的策略洞察，可以反哺规划设计，譬如"声音的共鸣"思考

所以，当我的文案给配套一段描述："三千亩林 四五种野趣 六七分纵情 八九样雅致"时，我还是觉得太地产化，我更喜欢"声音的共鸣"。我更愿意这样描述："好的自然规划，是一种态度，拒绝什么，接受什么，欢迎什么。**人进了自然界，但没有闯入自然界；留下来，但不留下足迹**"。很有意思的规划思路。

总之，从"密林别墅"的角度，换成一个自然界的洞察和报道者：国家地理杂志的角度，其实还有一个实践中的原因：一个项目的策略，常常由广告公司最牛的几个人思考制定，而执行常常由底层文案设计去实现。策略角度如果上来就是"油腻而常见的"，文案和设计的创作基本就谈不上激情了，应付作业心态也基本成为必然。

好的策略本身，要能激发基础创作团队的兴趣，即"内部情绪"。又来一个"中心大宅"、又是一个"当代中国别墅"……团队早就词乏语腻了，如我一直说的：油腻常规的策略，必定导致创作出品充满了"浓浓的无奈加班和交付味"。好的策略，首先要让创作团队有兴趣去做，有开电脑加班的兴奋。

"撩"消费者之前，要先"撩"跟你一起创作的设计、文案、AE。

而且更换语境，也将由此创造"稀奇而野性"的新创作语库。新语库是非常重要的，它能维持后续长达至少一年的服务，使之保持在一个高水平。

策略，永远是会议室里的、PPT上的，消费者永远看不到，只有输出动人文案和视觉效果，才是真正意义上的传播达成。而如何能让创作准确无误地传达策略，关键在于策略能否为后续创意创造新的创作词库。看看这座城市早已乏味的输出词汇"低密墅区、百亩森林、城市森呼吸……",一旦更换成国家地理杂志式的新词库"风雨雷电、月圆月缺、风声雨声马啸声……"在未来的传播面上,才会达到我们最初的目的:让夏不飞等老鸟兴奋和议论。

老词库:低密度墅区、百亩森林、城市森呼吸、千亩湖区、森林别墅

新词库:风雨雷电、月圆月缺、风声、雨声、马啸声 / 嬉笑怒骂

图 3-7 好策略,要能给基层创作者提供全新的词库

说了太多更换角度的原因,忘了还有一个重要的事实:自然界,是人类最完美的情绪勾引机。人藏着的、掖着的情绪,城市勾引不出来的,自然界可以。

具体的,下回分解。

案情第 **6** 步

客群洞察　享受，和自然界一样多变的放肆

别墅区，常规正常的广告情绪是：和睦、荣耀、安逸……

而人进入一个充满野性的密林子，就是进入一个无法确定"战果"的战场：森林鱼乐场里，也许你能钓起一条10多斤的大鱼，也许一无所获；小马场，随时会摔下，让你灰头土脸，也可能让你驭马千里，春风得意；森林剧院里，可能让你听一场美妙动人的戏剧，但是也可能突然中途天气突变，让你听到一场风声雨声雷电声……一切变化无常，就能勾引出远超城市的人的情绪变化，那岂是传统的"和谐、家族、荣耀、安逸"的传统别墅区情绪可以涵盖的？

有多少风雨雷电变幻，人就有多少情绪变化的故事。

所以，我们希望放大情绪角度，不止停留于那些传统别墅区的情绪。

我坚信：在一个放下社会角色的密林子里，人的情绪才接近他所有的情绪可能：

- 不再只有正襟危坐的荣耀，而是简单的欢喜。

- 不再只有归隐的深奥，还有简单的开心和不开心。对！不开心可以挂在脸上。

- 不再只有惬意，还有喜形于色的怒，完整的情绪少不了"怒"，这里大自然可以怒放闪电，人也无需藏着掖着。

- 不再只有假装的松弛，自然界会一夜冬雨又一夜春雨。人也应该有"放肆悲欢"的权利，那才是真正的松弛。

中国地产传播，总是喜欢谨慎地给一种品类设定一种情绪：

- 公寓情绪，无非年轻人的欢喜。
- 别墅情绪，无非荣耀和自然。
- 刚需的情绪，无非小确幸和幸福

我谓之**"情绪单人照"**，即产品情绪只有一种、一个面、一个维度。

钻在一个情绪角度里，会小到只有那么15度，甚至更小。显然在我们"野性优雅"的自然界里，15度已经无法描述这番天地的魅力。我想呈现360度的情绪，正如《中国国家地理》杂志里，涵盖着野性的鬼斧神工，也包含着优雅的自然雕琢，360度，缺一度就不是这个世界。

情绪单人照　　　　　　　　情绪合影

图3-8 学会突破情绪单人照，做情绪合影式的创作

打开的情绪角度，不是为了刻意的差异化，是尊重客户进入这个土地后真实状态的情绪变化。就如前段时间热播的《无主之城》：一群人被困在一个荒芜之城里，寻找逃脱之路的故事。人，不再是被困前"只有15度城市压抑情绪"的城市人，因为要求生，而变成一个具有完整人性的"自私、奉献、贪婪、善良"360度情绪的人。剧情令人感动处，就是能在外界刺激下，人的真实情绪得以完整打开。当然，传播在于挖

掘背后"积极而正向"的真实情绪,所以有些负面情绪,就不在讨论范畴。

所以,既然人是一个360度情绪的动物,那我们就想呈现这样一个被城市压抑,在森林里重新打开的360度,最后项目形象定位:**"嬉笑怒骂,密林子"**。

图3-9 slogan背后,其实是在把情绪从15度打开到久违的360度

如《中国国家地理》杂志给城市被压抑的人打开一个"保存优雅,释放天性"的自然世界一样,我们也给这座城市被压抑成只有15度的情绪的人,一个重新打开成完全天性的林子。

任何一个人与产品的关系,永远是多元而综合的。"情绪单人照"式的创作,确实很聚焦,但是往往丧失了产品与客户更多的共鸣角度。突破惯例或行业安全意识,学会勾勒全景情绪,即创造"情绪的合影照",完整呈现产品里客户真实的全景状态,会是地产传播业形象突围的新创作思考。

就如豪车广告,多数只有一种情绪:炫耀巅峰。其实走上巅峰的路,有挫败,有孤独,也有成就的满足感……所以凯迪拉克的广告,一句"出人头地的代价",仿佛成就路上的"情绪合影":所有的辛酸苦辣、所有的成败故事一并来了个合影。这才是豪车方向盘后，那个驾驭者真正的情绪全集。

就如所有创业型的办公产品，多数总是一种情绪：年纪轻轻，志向非凡。但是我曾见过一个创业办公产品的广告："我们，只是你忠诚的合伙人"。所有创过业的都知道，创业就是不断恐惧，不断孤独，不断无畏。而这时候，一个陪你孤独，使你无畏的合伙人是这群创业人最需要的。没有"向往成功情绪的单人照"，而是一个"合伙人"将这个五味杂陈的创业全景真实呈现。

在我创立的"夏不飞创意日报"里，经常有人问："我对我的这个方案创作不满意，但是不知道如何突围。"其实这种状况很多时候就是因为只会拍"情绪单人照"，不会拍传播的合影。

可惜，很多人爱跟着风在"情绪单人照"的路上一起狂奔。我只能说，记得停下来，反省自己，是不是做了过于单维度的"情绪单人照"传播。

案情第 7 步

产品故事　做一本地理杂志，就做到底

既然决定用一本杂志的角度，那就坚持把产品背景故事挖得更深。

在查卷宗资料时，我发现这个城市在十年前，专门制定政策保护了十个林场，作为这个城市自然生态资源的一次集体性保护，这才得以保护出这样几乎十年未曾有外人闯入的城市密林。同时，最早和甲方接触时也了解到未来的开发中，甲方还担当着对林子养护的第二角色，全然

不同于常规规划"林归林,墅归墅"的开发角度。

所以,这个林子的前身今世故事,远超常规土地。我在传播里特意加入一个"产品背景故事",甚至在项目传播早期,就是用这个角度去设定入市故事。就如一本地理杂志对于自然资源的报道一样,完全放弃了别墅区的角度,改而以一个全新自然界方式开启:**"两代林场主的养护故事"**。

说完整点,就是一个地理故事,叫作:**"十年密林子,两代林场主"**。讲述这片丰茂的自然能留存至今,正是因为十年前那一代老林场主的保护;而今天开发商进入,没有砍伐,只是"千亩森林偷一墅",而且每年巨资养护林子,开发商改做"第二代林场主"。

两代林场主,并不认识,但两个素昧平生的人却做了同一件养护的事,才让这片接近原始的林子保存到今日。城市造再多公园,也养不出这样一个不用粉饰的自然界。

图 3-10 有"山海经",更有产品细节的贩卖故事

这样一个入市故事,与传统方式:"低密别墅区 静悄悄入市"相比,

没有孰优孰劣，只是少了很多地产的味道，多了一块原始土地探究的好奇，而且既讲了故事，还巧妙地用"林场主，只是千亩森林偷一墅"讲了产品。这一切，还是因为我坚持：策略既然是"地理杂志的报道角度"，那就从坚持用这个角度去描述项目。

案情第 8 步

传播　嘿，那本地理杂志，请开始你的讲述

最喜欢做到这一步。当苛刻而费力的策略孵化后，这时候的创意工作要轻松很多。一直有个标准"好的策略，让输出变成一项快乐的工作"。

就如一本地理杂志，勾勒一个 360 度情绪的、"嬉笑怒骂"的"野性与优雅"密林子，就可以了。

案名情绪：自然界的节点 > 别墅区名字

之前我还纠结过类似"五溪十六湾"等很地产情绪的案名。但最后决定，既然"做本地理杂志"，那就用这种"纯粹、原本"的地理节点式的名字，而不是人工痕迹很强的名字。

从地理编辑的角度，这只是一片密林子而已，不是什么御府，什么岭域……所以名字很简单，就是**"密林子"**。

甲方拿地后，就称呼它"密林子"项目。就如之前所讲，永远重视第一直觉的灵感。因为很多绕绕转转的创意，反倒丢失了最初的认知。就如我特喜欢"饿了么"最初那句 slogan "饿了么，别找妈，找饿了么"。脱口而出的直接联系，紧密的品牌关联。

人之所以喜欢做创意时绕弯弯，是因为总有一种"仪式感心态"：总想对创作对象加入外界期望的仪式感，如"能不能更自然点""可不可以贵气一点""要不要再包装一下"……这种心态下，有时候确实可以做出更好的东西，但是有时候却丢了最初的项目本质，也可称为**"不自觉的过度包装"**。

广告人的成长，就是投身其中，融入产品和消费者里；但广告的最高境界，却又是让自己抽身其外，客观地感受产品和消费者的真实情绪。用八个字总结，就是：投身其中，置身其外。

图 3-11 投身其中，置身其外，一个传播人洞察项目的"八字经"

别墅故事：物竞天择的故事 > 低容积率、低密度、美式小镇的故事

还是最初的见面，最初的直觉：墅和林的关系，不是容积率的关系，而是墅"偷了"林的地。仿佛物竞天择的自然界里，每种动物都在食物链中努力生存，偷得一份天地一般。

所以，项目的手册名字就叫"偷"。不是肮脏的偷窃，但有"偷窃"里那股子抢夺资源的味道，"林与林争天空，兽与兽夺资源"，线上传播的别墅形象,就是一句话:千亩密林 "偷" 得一墅。地理杂志里才有的 "物竞" 故事,我真的用在了别墅传播里。

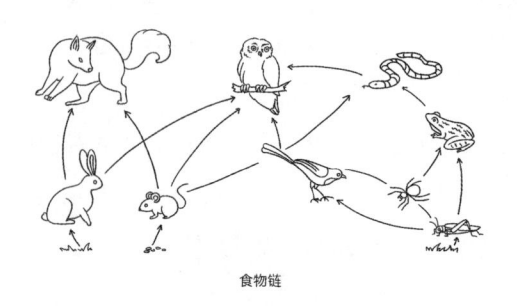

食物链

图 3-12 用自然界的生存法则角度,输出产品故事

而在案场,我们给消费者讲的故事,则是上文提到的:十年密林子,两代林场主。老林经营了这个林场十年,好生维护,用心经营,难得有人闯入;小林先生,接管了林子,没有解雇与别墅无关的人——看林的、管湖的、养鸟的、弄蜂的(事实上,真没有解雇),继续看养这十多年的密林子。

线上线下故事,相呼应,共生趣。

渠道情绪:嬉笑怒骂的渠道 > 漫天撒网的渠道

我们找到了 4S 店,那些卖越野车、SUV 的 4S 店。我们谈好交换资源,但没有硬插广告,而是根据各种车型当年度的传播主题,植入我们的卖点。

譬如在 "不谈人生的高度,谈谈人生的宽度" 的切诺基店里,我们交换主题就是 "要宽,就到这个城市最宽的地方去"。

在奔驰的 4S 店里,我们的主题换成了 "敢嬉笑、敢怒骂,才是敢奔驰的先生"。

……

交换资源并不新鲜，沉入渠道，定制渠道语言沟通也不新鲜。但是核心在于每个场都有自己的情绪，需找到你的产品和这个场的"戏剧冲突"，因为在这个人人都知道"渠道为王"的时代，少有人知道**"渠道情绪为王"**。这种冲突，就是"在嬉笑怒骂的场景里，闹腾出更大的嬉笑怒骂"。

产品手册情绪：360 度 > 15 度

这也许是中国地产传播里，第一次把上不了台面的情绪——"怒和骂"也写进产品故事里的尝试。是的，产品资源手册就叫"嬉笑怒骂"：

- **嬉**：翩翩人生若能活得如林中鸟，那应该是最大的痛快。9000亩林，64 大鸟种，个个皆榜样。
- **笑**：畅快人生啸如奔马，驾驭马匹，才算城市里最大的放肆。百亩马场，骏马呼啸，驾驭的心得，就是一个不受羁绊的故事。
- **怒**：人生多数是忍让与谦卑，但有时候也该向自然界学习，自然生命的怒放，连严寒酷暑都挡不住，声声怒放，就是一场场痛快。
- **骂**：骂是很不优雅的事，但是鱼脱了钩、人摔下马背、戏唱走了调……骂一句也不失风雅，反而活出真我。

图 3-13 项目创作卡壳，很多时候是因为没有找到"产品情绪的合影"

就这样，种种被城市压抑的情绪，在传播里，用一本国家地理杂志的角度，被放逐天性式地360度地打开了。在这座见惯山水的城市里，算一次突破惯有认知的勇敢传播尝试。

小结：一堆创意的坏习惯

1. **创意坏习惯**：用数字思维说自然资源
   锻炼能力：洞察角度的更换
   案例举例：从墅区角度，换到一本地理杂志的编辑角度

2. **创意坏习惯**：过缜密、过严谨的广告思维
   锻炼能力：别丧失第一直觉的灵性
   案例举例："偷"的产品手册

3. **创意坏习惯**：广告人的下游思维
   锻炼能力：反哺规划的策略洞察力
   案例举例：声音共鸣思维，对产品设计的反哺

4. **创意坏习惯**：情绪单人照
   锻炼能力：情绪合影的能力
   案例举例：打开完整的情绪全景，嬉笑怒骂

5. **创意坏习惯**：忽视内部创作情绪
   锻炼能力：好策略，首先能激发基层创作者的创作激情

案例举例：创造全新"自然界"词库，唤醒创作团队新鲜感

6. **创意坏习惯**：不自觉的过度包装

锻炼能力：参考上方对坏习惯 2 的锻炼能力

音频小作业：车展会里的房展会

渠道为王，广告传播最后还是要依赖有效的渠道传播。

但是面对不同的渠道，尤其是情绪相冲的渠道，我不反对强制霸王餐式地直接上产品信息，但这不算高明，高明的会"在冲突里寻找共同情绪"，创造"场景情绪冲突"里的有趣传播，就如本章中 4S 店里的做法。

譬如如果你拿到了在车展里卖房子的机会，你会怎么办？除了直接扛着易拉宝和沙盘进场，还能如何玩？我真干过一次有意思的，别嘲笑它太有创意了，事实证明，不同的场，人的情绪目的不一样，越是硬扛易拉宝进去，越糟糕。通过动脑，易拉宝我也扛进去了，还玩了其他的东西，寻找车展中贩卖房子的良好情绪入口，最后真让看车的人买了房子。

想完、整理完思路，扫码听我的解题音频——《车展里的房展》，或者进入喜马拉雅 APP，搜索《创意的坏习惯》专辑，聆听我的答案。

第四章　　**热点土地的误区**

深呼吸，
嗅出一块土地的脾气

引言　土地的脾气

土地都有自己的性格或者脾气。研究一个项目，不可忽视它的脾气。当然我说的土地脾气，不仅仅是土地规划。

有时候，政府规划会改变一块土地的脾气，譬如因为航空港规划，土地拥有了空港、产业园区、生活区，以及配套的娱乐设施区。其不仅通达全球，它的产业更会吸纳各类人才与企业，包括外籍人士和具有全球视野的国内人才，因此这块土地的脾气可能成为"大度而包容"的。

有时候，建筑规划通过改变城市面貌，最后也可能影响土地的脾气。譬如万科总部，设计方案是"躺下来的摩天大楼"，或者一栋高耸入云的摩天大楼，两种完全不同的建筑方案，会让这块土地呈现不同的面貌与状态，都可能影响这块"微土地"的脾气，甚至让接下来的后期规划也要思考与这种看不到但事实存在的"土地脾气"之间的融合。

但有时候，一块土地的脾气未必完全由"规划、位置、资源"决定。就如"出身艺术世家，未必能决定所有孩子的性格，不一定每个孩子都是烂漫感性的"。就如同样的公园土地，纽约中央公园和炮台山公园，呈现的土地脾气也不一样。

所以，研究土地脾气，不能简单研究"政府规划、项目规划、位置、资源"这些显性加法。

- CBD 的土地，未必永远都是有远见和国际的性格。
- 受到公园厚爱的土地，未必都一定是"自然而然，温文尔雅"的性格。
- 承载总部经济的土地，未必都是"睥睨和高傲"的范儿。

很可惜多数地产传播对土地的研究,基本是"政府报告"加"百度地图"的复制解读。

- 政府报告的复制解读:政府规划的直接复制总结。殊不知很多规划对土地的改变是发酵的。如上海佘山的规划定位是"旅游度假区",而在城市生活角度,它最后发酵的结果是一个"自然富人区";世博对于上海上南区域的改变,不是一次表面的"盛会",而是让世博原址成为上海娱乐、文化的新中心。

- 百度地图的复制解读:靠着高铁枢纽,就一定是全球视野的土地?城市级别不同,二次规划不同,都可能致使土地最后的状态不同。同样的高铁枢纽,在上海虹桥,造就的是一个未来城市总部经济和交通中心;而在南京南站,则因为证大的高山流水规划、万科的多街区规划,在同样有办公,同样有多重交通聚集的情况下,土地的状态没有那么强大的商务局促感,站在住区,你甚至感觉不到这是一块长三角数一数二的枢纽级交通的土地,相信未来随着配套改善,它反而会呈现出更多的都会住区感。

"上帝的视角"　　　　　　　"凡人的体感"

图 4-1 洞察土地需要"上帝的视角",也需要"凡人的体感"

善于嗅出一块土地的脾气，不是简单地查数据、看规划、读报告。因为：土地脾气≠政府规划+资源+地理位置+后期开发规划。一块土地的脾气，可能源自时代级别的规划与资源，也可能源自生活周遭人口导入后潜移默化的发酵。简而言之，做传播的要有"上帝视角"，也要有凡人的眼睛。即所谓土地脾气的洞察＝"上帝角度"+"凡人角度"。

案情第 1 步

跨海电话 一次免费旅行的邀请

动脑行业，有的时候很奇怪，总有"欲速不达"的情况，那些超级大标，你努力争取了机会，努力花了时间，用尽所有团队智慧，反而往往做不出令人眼前一亮的方案。相反，以那种毫无压力，甚至聊胜于无的心态去做，反而得到意外的惊喜。这也许就是脑力行业最大玄妙所在，好的思路与方案，是后天的能力，外加轻松的洞察和放松的心态。这也揭示了这个行业的规律：努力是必需的，但做到最后，比的就是体力、阅历、心态。三者缺一不可。

这里就谈一个超级轻松心态下的项目。必须感谢好的光景，遇上市场好，总有甲方花钱邀请我们去提案。一个盛夏快来之前的5月，接到来自海南的电话，关于博鳌、别墅、论坛核心区。邀请去看看，有笔稿费，6位数。

当时的海南，正在国际旅游岛的风口。但是那时候旅游地产还没有成为多数广告公司的一个业务板块。偶得业务的心态，权当一次免费旅行的心态，让我完全没将它当一次业务，只当成一次丰富阅历、旅游地产学习的免费之旅。

从海口到博鳌,看完项目再一路往南,看遍了几个海南开发最热的湾区。最后到了三亚亚龙湾,狠狠地在海边躺了一天,然后喝着椰汁,回了上海。

轻松的心态,游客的好奇心,其实往往比那些所谓"资深的广告人之眼"更能发现项目的特性。事实证明,最后的方案,几乎没讲完就已经让甲方击掌叫好,而这一切就来自"好奇",放下"旅游地产策划人"的眼光,保持"敬畏"+"无所谓"的心态:

- **敬畏**:不懂,没有做过文旅地产,让我们对所有人、所有事、所有项目都无比敏感。

- **无所谓**:没有做过,就没有禁锢。我们完全不会遵守这块土地的传统打法。

忘了说这个项目:在博鳌论坛岛最好的区域,几乎可以称作核心"静"区。就土地而言,要谈论坛别墅,它也许是最恰当的。

但是,我说轻松的心态,是让自己跳出来思考问题,倒不是为了做些不一样的东西。纯游客的角度让我发现:不该诉求论坛别墅,因为真正的居住者,其实并不需要论坛。当然这是一个大胆的想法,还需要论证。

一旦你用专业的眼光去看这个项目,你会对同行在做什么、竞品在诉求什么很敏感。但是当你是一个路人的时候,你也许依然会去看,但是很难被它影响。因为游客看的是风景,不是项目。所以我一直觉得,做文旅项目最好的踩盘角度,不是一个专业人士,而是一个游侠;能做到如此切换的人太少,能够做到太难,因为经验主义总会不自觉地带你推导结论。

图 4-2 洞察文旅项目传播最好的角度，是游侠，不是专业人士

后来的事实证明，没有人比我更大胆，居然否定了论坛别墅。这吓了甲方一大跳，但也获得一致认同。很简单，我没有用资深文旅传播人的思考，而是和购房者用了同一个角度："我想在博鳌买栋房子。"

人简单了，问题有时候就简单了。

案情第 2 步

区域思考　一线的明星都吃亏

中国人特讲究圈子，凡是挤进去的，都会疯狂打出这个标签。即所谓挤进去的人，就是圈内人；得到的讯息是内部的、绝密的，即所谓圈内事；当然价值也截然不同，即所谓圈内价。

地产传播某种程度上就是一种寻圈入位的游戏和包装：

- **繁华有圈**：城市的环内，规划的中心内。
- **自然有圈**：山的前后左右范围内。海的一二三四五六线内。湖的东南西北岸线内。

- **再找不到圈，就找人群特征的圈**：漂有漂的圈（北漂），牛有牛的圈（企业家圈）。

所以回到上海进行头脑风暴，我就表明态度：坚决不打论坛别墅。因为博鳌和三亚、海口、清水湾、香水湾等其他贩卖城市或自然资源的湾区不同，博鳌是因为论坛这一人为资源的改变，论坛区又有清晰的论坛界线，让这个项目有了海南岛难得一见的圈子感。但这导致了很有意思的**"真狼来了，没人信了"**：作为整个博鳌最核心区域的项目，去过的人都知道，它位于毋庸置疑的"论坛核心"位置。但是"论坛别墅"这个标签，博鳌几乎所有别墅都使用过。我们再用，价值反而显不出来。

就如我家小狗鲁尼也会吼几声，听起来真像狼叫，听多了，真正的狼叫时，反而会被人们误以为是猫叫了。这是一个广告人都知道，却很少去思考的问题。我在另外一章，关于山的一线别墅，也讨论了"真一线"项目的传播，可以看看另一种解决方案。

更何况，我们的总价和单价都高于别人，再用同一标签，项目价值反而被束缚，我们必须找到新的标签。想想也是挺可悲的，真正一线的项目使用"正确的标签"，说真话，却错了。

所以，基于这个"狼来了"现象，我从一开始就反对了以论坛别墅作为创作入口。当然还有深度的居住原因，后面再详解。

否定一个方向是痛快的，但新的方向呢？就如任何一个项目的传播，不能为了和别人不一样而去刻意否定一条路，即我常说的"广告不是打架报复"。否定是因为这个方向禁不起成交逻辑的考量。

那么新的标签是什么呢？

案情第 **3** 步

新标签思考　博鳌魅力真的来自论坛吗？

寻找新的标签，肯定还是要洞察博鳌这块土地真正的"脾气"。就如本章开头所讲，也许我们这块土地的真正魅力，未必是论坛。难以找到这个新标签，其实是因为没有洞察这块"表面看起来是论坛土地"的土地背后真正的消费者利益。

我一直有个认知，能直接给消费者吃到汤圆心的，就绝对不给汤圆皮。所以还要让消费者自己嚼碎了外皮，才能吃到糖心的传播，都是制造沟通障碍。

就如2010年上海世博会前，几乎所有上海三林的土地（近临世博的居住板块）都在打世博概念。而世博只是一个为期半年的世界博览会，对于居住板块而言，世博只是汤圆皮，不是糖心，真正的糖心是它的发酵反应：

1. 因为世博，带来上海大动脉——中环的建设贯通。

2. 因为世博，带来大规模拆迁，例如气贯长虹的世博轴。若没有世博，时代断然不可能有这样的机会去拆迁那么多居民区，一跃将这块土地的肌理从20世纪七八十年代的状态，改变成为21世纪的大都会状态。

3. 世博的性质决定了它是一次集中性盛会，聚集程度甚至超过奥运会。而后期土地会引入大量世界企业总部，这也给这里带来大量的就近居住、生活、消费的中高端人群。

简单而言，世博不过180多天，真正改变土地的是"世博反应"：由世博带来的对这块区域从肌理到人口素质的巨大变化。所以世博是汤圆皮，"世博后，超越上海水平的国际生活综合区"才是汤圆的甜心。不光给客户宏大而模糊的"世博"，还要在某些场合帮他咬开汤圆，给他"世博后，一个比肩上海联洋、碧云的第三大国际住区"，这才是真正"无需消费者咀嚼"的甜心。

世博

联洋、碧云、世博

世博只是汤圆皮　　　　　比肩联洋、碧云，才是汤圆的甜心

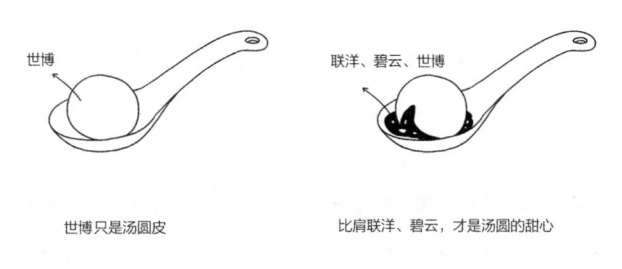

图4-3 世博看起来是汤圆甜心，其实只是汤圆皮而已

同理，博鳌论坛只不过是一年开三四天的盛会，它真正能改变这块土地其他300多天生活的"糖心"是：海南第三大机场；超越小镇级的配套；全新的论坛内景观和肌理再规划。

所以，论坛不过是汤圆皮，不是糖心。论坛时近距离瞅几眼大人物，肯定不是核心购买动因，由论坛带来超越其他海南小镇的丰富配套才是核心，甚至因为论坛期间的各种限制，生活的诸多不便，多数消费者论坛时压根不回博鳌，论坛结束了才回来。

大的土地规划对于土地未来状态的反应堆效应，大致可以分为三种：

▪ **直接反应**：类似上海虹桥，其大型国家级交通枢纽设置对于这块土地的影响，是直接将这块土地改变为"区域辐射中心，总部经济中心"。可以说改变是直接的。

- **间接反应**：非规划中心的土地，有时候因为板块联动，会被"偏心影响"。如刚才谈到的三林板块，就会成为世博后花园，从原来的区域生活区变成城市级生活副中心。甚至会辐射影响其他板块，比邻三林的周浦板块，离城市更远，多年后打出了"三林后花园"的概念。这表明政府规划可以造成连锁反应，引起联动板块的间接变化。

- **连锁反应**：佘山的规划是文化度假区，苏州的工业园区规划是工业园。但是因为城市位置关系、土地开发量关系，佘山在上海扮演着双重角色"高级富人区+文化旅游区"。而苏州工业园区，一开始对标新加坡，加上后续多年城市规划的调整，成为世界上"最不像工业园的工业园"，更像一个人居的湖岸天堂。这正是所谓规划下的多元连锁反应。

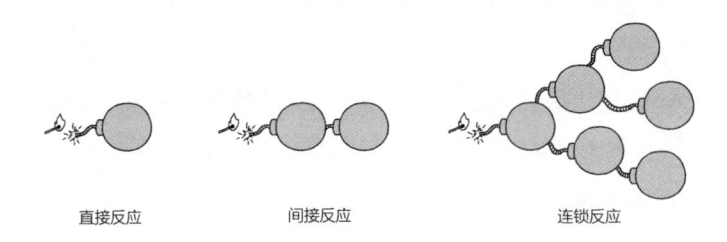

图 4-4 大规划下，三种常见的土地反应

显然，博鳌属于第三个"连锁反应"：看起来是 3 天论坛的光环，其实更多的是其带来的 300 多天论坛小镇生活的改变。广告人在解剖项目时都知道这个道理，但少有人深挖"300 天效应"，而不是盯着"3 天论坛"，这也是我在这个项目传播上最大的角度不同。道理谁都懂，但是真能由此更换角度深挖的永远是少数，有时候是用心的问题，有时候是洞察能力问题。

本节小结：我们总喜欢拿着"汤圆"直接卖，很少有人撕开了，喂给消费者真正的"豆沙馅"（爱吃汤圆皮的另当别论）。好了，下一步怎么做，你应该很清楚了。

案情第 4 步

博鳌的糖心 小镇的声音 小城的声势

当我们确定了深度研究这种"3天盛会规划"对于土地300天的影响后，我就越发清晰地深信，论坛别墅是个绝对错误的方向。

论坛对于这个小镇的影响，可不像世博一样，仅仅是带来了天翻地覆的肌理升级，还有很多"没有变化的东西"，综合起来，塑造了一个"穿越式"的生活环境：

- **小镇的声音**：我永远记得第一次去，连硬币都不让用，据说是怕假币，但是侧面反映了这里还是一个淳朴、闭塞、原生态的小镇。是的，就其原来状态而言，博鳌就是一个三江入海的江海小镇。即使召开了博鳌论坛，也不可能改变其土地根子里的东西。

更何况，博鳌论坛和世博、奥运会这种城市盛会最大的区别，就是其是在寻找一个超级生态的小镇，放松地、安静地、互相辩论地谈论些大事。所以，小镇状态也是当初博鳌被选中的原因。也许未来论坛会更盛大，但不会改变博鳌纯粹的小镇原生态。

博鳌之所以能成为博鳌论坛，就是因为它没有三亚、海口的喧哗，只是个小镇而已。

- **小城的声势**：如果没有论坛，这个小镇永远不可能拥有海南第三个机场，甚至诸多城市级基建永远不可能建设。论坛岛内的生态，也永远不可能进行二次再设计。它永远只能是一个拥有野生态的小镇，尤其是项目内部不可能拥有超越小镇概念的酒店、商业和交通设施。而正是一年3天的论坛，让这个小镇拥有了小城级的配套。

小镇的声音　　　　　　　　　　小城的声势

图 4-5 博鳌的土地脾气，源于拥有两种完全不同的"声"

小镇的林河江海，超越小镇的小城级配套（基本集中在论坛岛核心区内）。小城的生活舒适度，小镇的自然惬意度，这种奇妙的不对称，产生了极其有意思的居住体验。而这不仅仅是一个论坛就能带来的。

当然调研工作远不止这些，我们还论证了这种"小镇的声音，小城的声势"在整个东海岸上，是否是唯一的。审视其他湾区，再对比我们的项目，最后发现：论坛对这块土地的改变，是**"推拿式"**的：如推拿一样，对土地落后的地方进行"打开结节式的推拿精修"，对土地优良的地方进行"抚摸式的养护"。保留天然的资源，升级落后的土地配套。

而其他湾区，要么是"伐木机式"的完全开发，失去野生的味道；要么是"星星点灯式"的点缀开发，自然资源确实一级棒，但是生活配套非常不方便。

这正是本章一开始我一直强调的,传播人要学会摸透"土地的脾气":土地的脾气≠土地的规划。就如博鳌,**三天的论坛,并没有让这块土地彻底"挥斥方遒",现在它更像一块"一年只闹腾3天,其余300多天,享受比天下其他小镇更惬意的沙滩与配套"的土地**。试问,中国有几个小镇有机场的,而有机场的城市又有几个有这份闲静、四季气候和江海自然。此即所谓"小镇的声音,小城的声势"。所以别动不动就是高级的规划语言和蓝图,洞察土地脾气,就是透过规划,说出如此鲜活而动人的语言,诱人购买。

这一切的发现,源自我当时一路向南时,每到一地,就进行"土地的脾气"洞察,最后集合成游客笔记式的手绘图。这让我认知了在整个海南,"小镇声音,小城声势"的别墅理想生活状态就只有这里有。

所以,对于这个大肆叫卖论坛的地方,我反其道传播。3 天的论坛甚至还带来了些许麻烦,而他们真正享受的是,论坛退去,其他 300 多天大江、大海、大财富背后颇有冲突感的小镇、小事、小院、小舒适。

因此,我们的传播形象是:**博鳌,不谈国事**。

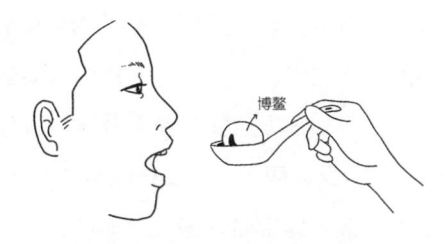

图 4-6 博鳌不谈国事,其实撕开了论坛的汤圆皮,是为谈 300 天的甜心感,起了个悬疑的头

不谈国事，是不是一个好的形象，先不说。我更想说，在都"伪装成论坛核心"的大背景下，这是一个核心项目应该有的状态：雷厉风行的"不"字观点，拥有了截然不同芸芸众生的核心区老大的风范。

反向传播在营销传播里，是一把双刃剑，不能意气用事，为了创意而随意使用，必须放在市场环境里，有成熟的风险考虑。就如我们对这个项目不打论坛，反向传播是有风险考虑的：

- **线下不会损流**：我们很清楚，真来博鳌的购房群，会看遍几乎所有的项目，喊或者不喊"论坛别墅"都会来，所以并不会因为一个反向主张而丢掉流量。

- **线上反而可能增流**：在芸芸众生的海南旅游项目里，再谈论坛，不会增加流量，因为全世界都知道你有什么，过分强调，反而代表你别无他长。相反，这种反向刺激起的好奇心，还可能引起增流。

案情第 5 步

项目的名　不谈国事，还谈啥

海南旅游地产客户分布太广，多数项目不可能在每个城市都狠狠砸钱，最多水上漂似的做一些重点城市巡展。所以要求案名本身就是一个话题传播点。尤其在一句诗和远方就能刺激无数城市人辞职远行的厌城时代，好的名字，即使无法促成购买，也要构成朋友圈议论的话题。

如果在城市传播里，案名即策略，那文旅地产，案名即打折机票，一个好的文旅项目，犹如一张打了超级折扣的机票，你不想去也有买下的冲动，想去更会马上下手。看看最近几年那些好的文旅也罢，民宿也罢，如：拾野川、野马岭、阿那亚……无一例外，听名如见"打折机票"，至少我个人，因为阿那亚的名字，从一开始就积蓄了想去的欲望。正如中国旅游史上，最好的名字是徐志摩对佛罗伦萨的"推广案名"：翡冷翠。高傲、文艺、艳丽。驱动多少人去意大利，就要去见见这座翡冷翠的冷艳。

图 4-7 好的传播名字，就是张超级折扣的机票

当然这张"超级打折机票"，放在高端文旅项目中的名字，除了要有自然、野性的项目基因，还要有价值感。而找到满足这一切需求的案名，我还是从"土地的脾气"入手。对我而言，这块土地除了"小镇的声音，小城的声势"，还有种强大的感觉，就是这块土地有强烈的"个人情绪"。对！"个人情绪"。为什么这么说，原因有几点：

- **物理环境**：这里只有人，没有人群。除了博鳌论坛区，难见人山人海，因为是座小镇，更多的是这样一两个人的场景：一个海鲜店，老板、老板娘外加几个食客。一个沙滩，你和爱人；菠萝海里，除了菠萝，还是菠萝，最多一两个农夫。
- **文化环境**：一个很个人化的镇。这里每年的论坛，国家论坛也罢，商业精英论坛也罢，出现的都是时代的个人英雄，有影响国家走向的，

有造就伟大商业奇迹的，有左右社会观点的……无不具有强大的个人魅力，也让博鳌这块土地，似乎是"充满个人情绪的土地"。

- **微环境**：项目只有寥寥 26 栋。仅仅 26 人和家庭：项目面积和院子都很大，很像一个人的私领域，让土地充溢着浓郁的个人意志。

物理环境　　　　文化环境　　　　微环境

图 4-8 博鳌的大、中、小土地脾气，都很个人化

好案名，是对土地和产品情绪的一次翻译。翻译是什么，翻译就是不过分渲染，也不折损原意，忠实而真切地传播本来。所以既然土地脾气和产品脾气都如此个人化，我毫不犹豫地定了案名最后一个字："人"。然后基于土地价值、项目稀有的体量，三者组合，案名就有了：**博鳌二十六人**。

我个人很喜欢这个名字，3 天论坛的天高地阔，300 多天的轻松惬意，足以让"博鳌"两字有充足的"远方、惬意、自然"的诗词感，而"26"和"人"，则烘托出价值感。这里面，有诗也有远方，还有点贵气。

在这之前，我否定了类似博鳌二十六墅、博鳌二十六岛、博鳌二十六院等名，不仅是为了凸显差异化，更重要的是，这些名字无法翻译出这块土地的脾气：浓郁的个人意志感与惬意感。

所以，最后项目的"传播两大件"：案名、slogan，思考角度都来自土地的脾气。正是土地的脾气，让我确定了项目的形象：博鳌不谈国事；还是土地的脾气，让我找到了点睛之笔的项目名：博鳌二十六人。一切，源自土地的脾气，再说一遍：是土地的脾气，不仅仅是表面的土地规划。

多年以后，再复盘这个项目的两大灵魂："博鳌二十六人"和"博鳌不谈国事"时，我把它们总结为前者是一种"土地即产品"的洞察，后者是一种"产品非土地"的洞察。简单而言，产品的规划逻辑，是顺着论坛精神做的高级个人意志作品；项目的生活精神，则是逆着论坛逻辑做的，一个无关外面世界，我行我素的生活状态。

这种有意思的"矛盾"在很多项目中都出现过，相信在你的职业生涯也碰到很多。但为什么到今天，你读我的书才发现原来可以这么玩，这只是因为传播行业有着天生的做案错误习惯：花大力气去研究土地的规划，很少会张大鼻孔嗅"土地的脾气"，甚至很多公司的创作观念里，就没有"土地的脾气"一说。

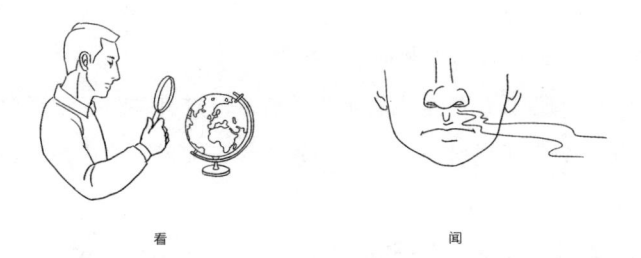

看　　　　　　　闻

图 4-9 项目洞察，除了用眼睛看规划，还要用"鼻子嗅出土地的脾气"

当然你若问我，怎么嗅出土地的脾气，我的答案是：

- **有时候来自基于直觉的理性洞察**。如论坛对博鳌土地"推拿式的影响",就是源自进入博鳌后的第一时间,我的"直觉":像镇又像城,然后以此洞察出"推拿式"的土地改变。
- **有时候就是直觉的感受**。如博鳌这块土地"个人情绪"浓郁,则纯粹是源于我对小镇界面、论坛性格、产品状态的天生敏感。

案情第 6 步

落地故事　不谈国事了,谈啥呢

落到最后的传播运动,国事都不谈了,还谈啥呢?

一、按照土地脾气找人:我们到底为什么待在城市

我至今记得,当时讲解方案一开始我提出的第一个问题:我们为什么那么迷恋城市。这不仅仅是一次提报,其实当时所有在场的甲乙方都是城市人,我们在诱惑别人来这里置业的时候,首先要问自己,除了海(海南都是海),我们凭什么说服他们、说服自己。

说服自己的过程,就是说服别人的说辞。这种项目,如果没有充足的"我营销"思考(说服自己即说服别人),那所有的广告、说辞、现场都是虚的。

我们待在城市的原因,是城市满足了我们三种高级需求:生活、身份、深爱。

- **生活需求**:超级舒适的交通、配套、社区空间满足。

- **身份需求**：城市拥有最强烈的优胜劣汰，造就最过瘾的成就氛围。
- **深爱需求**：城市有最多元的精神文化领域，满足你的精神需求。

但是在城市，这三大功能需求越被满足后，城的软肋就越发凸显：它永远满足不了人的本能需求——身体、身心、身活。我至今记得当时我在方案里说的三句话：

- 世界上，没有一个长寿之乡是靠奢华堆砌起来的。能让身体长寿的地方，多数是大自然里的。
- 世界上最贵的一个词"开心"，靠顶级管家是买不来的。但这个昂贵的词，在海边有时候几乎是免费的。
- 我们过着计划、安排、行程表说了算的日子，有多少人能过上身体说了算的日子：累了躺着，困了睡着，醒了乐着，孤独了聊着。

很可惜，身体、身心、身活，在城里越来越难得到。

图 4-10 做身体要的日子，而不是欲望要的日子，可以成为很多文旅项目的切入角度

基于这个思考，我们当时很想做一批炒作活动，不是炒作博鳌有多美，也不是炒作城市有多差劲，我们只想心平气和地问所有人"你为什么都喜欢挤在城里"。不是攻击城市，只是想和大家一起探讨"曾经被我们

认为是一生之城的城市，真的可以包含我们的一生吗"。接着是一波"你真的恨城市吗"，谈论其实多数人根本离不开繁华与便利，所谓离开城市，只是身处其中，偶尔想深呼吸。在这种矛盾和无奈的城市心态下，我们推出这样一个"小镇的声音，小城的声势"的离城不离城配套的项目。

在海南置业的都是明白了"我们为什么非要挤在城市里"的人。而放弃三亚和海口城市，选择在博鳌小镇置业的人，更是明白了"我们离不开城市，但是需要偶尔暂别城市"。他们若没有暂时不争繁华争宁静的心态，那我怎么打"博鳌不谈国事"都无用。所以，好的传播，知道消费者的软肋是关键。

营销是个效率工作，改变一个无动于衷的人，不是你最大的成功，甚至你是在浪费时间。好的营销，是将有限的时间和金钱，放在诱惑"纠结三亚、博鳌还是海口"的人，积极寻找和鼓动"倦了繁华，但真正喜欢安静"的人，即所谓心中要有清晰的一推一拉一放：

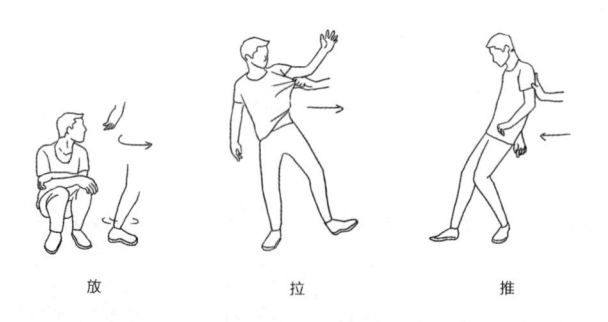

放　　　　　拉　　　　　推

图 4-11 一推一拉一放，海南项目在全国推广的正确"手势"

- **放**：放弃完全需要重新洗脑的人。

- **拉**：拉动纠结犹豫的人。
- **推**：推进对项目有认知和好感的人。

所以，海南项目全国推广，说大了，全国人民都是我们的客户，说小了，其实只有后两者，才值得我们砸钱对其说话。

因此，我启动项目的状态，就是寻找喜欢这块土地脾气的人，3 天热闹后 300 多天的宁静，有人一眼爱上它，更多人看了几眼就转头去三亚买了房。没关系，我们寻找倦了城市繁华的人，更寻找倦了繁华，但真正喜欢安静的人。

若换到今天推广，我会做类似这样一个 H5："讨厌繁华，可你真能和宁静做朋友吗"的一套互动问答。相信多数厌倦城市的人都不及格，"因为你只是讨厌繁华，其实远没耐心和安静做个长久的朋友"。就和厌倦北上广深的，真到了寂寞的新西兰小镇，当天就怀念城市，是一个道理。少数回答及格的人，我们才安静地给他看到项目的信息。

这不是装，海南置业，第一反应永远很难是博鳌，多数是几个著名的湾区。所以从一开始，就要学会筛选人，挑选合适的人。否则你会看到来了不少人，最后转头都去了三亚、海口、清水湾。既然做了土地脾气一样的产品形象，就要做土地脾气一样的传播。否则南辕北辙，前功尽弃。

当然我要补充的是，起势上我们是放出一种"高傲而真诚的拒绝"的状态，在营销上，则完全相反。全员积极对待岛外推广，该圈层的、该大铺面做营销的、该沉入渠道的还是热情地去做，毕竟从渠道而言，我们不可能一眼看出谁是真厌倦繁华的人。渠道上的热情开放，形象上的高傲拒绝，构成了博鳌豪宅项目应该有的营销与传播配合。

二、 按照土地脾气说事：不介意"退步"的人

既然是博鳌不谈国事，我们的传播就真的"避而不谈"国事。就如上一节所讲，既然做了土地脾气一样的产品形象，就要做土地脾气一样的传播。否则南辕北辙，前功尽弃。

所以我们真的花了心思去找那些"偶尔放下大事，难得闲事心态"人。举一两个例子。

海的项目，还是豪宅，多数画面是海景波涛衬托人的成就。我们"否定了一半"，同样做了波涛骇浪，但我们请了中央美院的朋友，用"蜡笔"画，对的，我们用蜡笔去画惊涛。

因为都已经放下一切了，那他应该能有一颗玩耍浪头、戏耍泥土的童心，所以孩子的蜡笔成为我们当时主画面中主要的线条质地。

同样，整个项目的形象动作叫作"退步"：

- **活动退一步**。种花、书法、厨艺这种城里算闲情雅致的活动，这里算成功标准的"海上退步生活集"。

- **空间退一步**。售楼处即退步堂，邀请来的人，很成功，但是唯一要求：不谈成就，谈谈情趣闲情。

- **物料退一步**。楼书叫作"退步"，户型册是26套别墅的名字，根据各自空间不同，建议了26种适合别墅内培养的，优雅但不务正业的"退步型"兴趣爱好。

这是一群真的明白为什么离开城市，并且"寂寞"地在只有海声的院子里，"热闹"地捯饬自己生活的人。却是多数人认为的"退步"，是这些人最大的进步标准。

其他创意，不再详谈，核心是让读者明白：读懂土地脾气的技巧与角度，当脾气摸准了，具体的创意就不难了。

小结：一堆创意的坏习惯

这是一个自始至终我都保持对"土地脾气"敏感的创作。（再说一遍，不是土地规划。）

1. **创意坏习惯**：只重视土地规划
   锻炼能力：保持对土地脾气的敏感
   案例举例：对土地脾气的"大中小"环境进行洞察，创作"人"字案名

2. **创意坏习惯**："我是论坛别墅"的叫嚣传播
   锻炼能力：有"反营销"思考能力，标签用烂后的警觉能力
   案例举例：博鳌不谈国事的反区域形象创作

3. **创意坏习惯**：汤圆皮传播
   锻炼能力：糖心传播，洞察表象规划后的真正客户利益
   案例举例：论坛不是价值，论坛带来"小镇的声音，小城的声势"才是客户价值

音频小作业：中科院旁的 64 栋

说到土地的脾气洞察，如果博鳌论坛是个大环境土地基因创作的故事，那说个小氛围的土地基因创作。

中科院就在我们别墅旁，周边有多个其他开发商的别墅（独栋或者联排），属于城市别墅区。我们的产品类型不占优势（都是别墅），价格还有劣势（因为是独栋，总价偏高），唯一的生活形态优势是中科院这样高级的研究所共生一片林，共享一个大门，给人强烈的相融共生的感觉。

不像传统的大学校区，中科院除了大院士和少数研究学者之外，人比林子和别墅还少。非常棒的状态。这样的土地，这样的少数派 64 栋，若要同样从土地的脾气角度，嗅出项目的状态、性格、主张，你会怎么做整体形象包装？

想完、整理完思路，扫码听我的解题音频——《中科院旁的土地脾气》，或者进入喜马拉雅 APP，搜索《创意的坏习惯》专辑，聆听我的答案。

第五章　　**大盘的误区**

客户一伸舌头，
就要能尝到甜味

引言　城市二次发育的模板

经过最初10多年的开发，一线城市进入成熟土地精修和新区域开发阶段，二三线进行二轮城市拓展，即所谓城市的二次发育。

这种新区域土地最大的问题是供应量极大，土地成熟尚待时日，但产品常常急需用最快速度去化，所以最常见的方式就是"通过类比，来建立消费者购买的土地信心，促进去化"，即寻找"城市发育模板"。

第一轮土地开发，很多区域的发展包装，我们用的都是国际模板。如当初我们推广传播陆家嘴项目，常用全球著名CBD类比；如浦东世纪公园，凡项目必谈纽约中央公园；如上海古北，早期推广都借用全球大都会富人区对比。

这种方式到今天依然是行业惯用手法。在第一轮开发环境中，当时整个社会环境都处于"崇洋媚外"的超级语境里，曾有人统计过全球著名的文化、规划、公园、富人区等几乎都被我们"搬迁"到中国使用过。而且不仅是地产下游的广告业，行业上游的产品规划基本也是"飞跃半个地球，空运一条建筑弧线"的风潮，营销推广自然而然是迎合去"建立全球生活样板"。

而二轮开发的时代，中国人对于全球生活不再绝对稀罕，不再是刘姥姥进大观园的心态。甚至在一线城市，很多建筑自身已经成为全球标本，城市自信已经建立，既然人已非当初人，时代已非当初时代，我们的传播再舍近求远地去寻找全球范本，肯定就不会再有当年的沟通效果。

中国的消费经历过三个阶段：

- **洋崇拜**：外国的就是好的。如洗发水行业，11瓶里10瓶标榜全球品质。

- **中国自信**：一夜之间突然国货盛行，如某些洗发水强调——黑头发，中国货。如家电行业强调——国货，中国造。
- **问题购买**：淡化所谓中西文化的差异，开始真的针对使用问题进行营销。如：洗过头发，你洗过头皮吗？消费者体验营销开始成为主流，而不再是文化自信的炫耀。

以此管中窥豹，中国地产也经历过第一阶段，正进入第二阶段"过度中国自信"：满大街的中式院子、新中式建筑。但我认为，很多一二线城市的消费者，已经进入了第三阶段："问题消费"的阶段，不再拘泥外在风格的优劣，而是追求真正能解决使用需求的产品（可阅读本书第十四章，深聊在苏州这个中式风行的城市，我对新中式的使用需求的思考方案）。

有句话：好的传播就是"胳肢窝里挠痒痒，灵魂深处闹革命"。在十个人中九个没出过国的时代，国外样板确实可能是那个年代最有效的挠"胳肢窝"的方法，但是今天这"胳肢窝"已经变了，挠胳肢窝的"老头乐"，也需要改变了。

图 5-1 寻找适合的"老头乐"，挠消费者的胳肢窝

不盲目地简单寻找"全球模板",找对"土地发育模板",挠中消费者真正的"胳肢窝",是当代地产传播策略因城、因案而变的动态能力。

接下来,聊一个对城市发育"胳肢窝"传播思考的项目。

案情第 1 步

初接触 甲方,如妈妈式的唠叨

这是一个上海的大盘,我们两年前做过。时隔两年,项目重启,又找到我们。

和两年前的纯粹贩卖土地远景不同,时隔两年这块土地的配套基本到位,或者说接近竣工交付,简单而言,城市土地进入了"成熟兑现期"。

这种土地,你接触甲方的时候,最容易被甲方不断唠叨,因为配套逐一兑现,甲方的心态是有点怕厚此薄彼,总喜欢一股脑把所有事都告诉你,于是常常出现这样的场景:

我们项目的配套都会马上实现。夏总,你看这个地铁,你必须深度考虑,是我们的核心,务必在推广中强调;对了,学校已经定了,中小学都是区重点,你一定要关注;对了,还不能忘记,整个商业规划50万方,今明两年陆续开业,这是项目最大亮点;当然,你们一定要高度重视的,这个项目的核心标签,中环,即将贯通,将给项目带来最大的质变……

第一次沟通我们最怕两种场景,一种叫作"空白沟通",什么也没有,让你作为传播机构,自己脑补吧,只告诉你,5天后提报;另一种叫作"妈妈式沟通",什么都说一遍,什么都不能漏掉,如妈妈每次对我们的唠叨:

秋裤要穿，暖宝宝要带，对了手套也不能忘记，还有，内裤也要穿加厚的……

面对后一种场景，多数乙方的反应是：记录好、传达好，甲方说的所有点都塞到方案里。我把这种叫作"传话机式传播"，即甲方说了什么，你忠实传达到创作团队，然后不折不扣地落地。凭我多年的经验，这种方式只能管一半的用，甚至一半都不到，因为"甲方常常压根自己都不知道要什么"。人若清楚重点时，常常是言简意赅的，只有当你不确定重点为何时，才会大篇幅地将所有信息都传达给别人。

所以乙方存在的价值，从来不只是"忠实兑现甲方的所有需求"，因为甲方越一股脑地重复项目所有资源，越可能都不知道自己的核心需求，这种情况乙方谈何"帮他兑现需求"。

这种场景下，我最常用的方法是"刨根问底"+"根子解决"：

- **刨根问底**：客户唠叨那么多，那么多卖点，要洞察背后的本质是什么。如强调多配套，是因为价格偏高，所以需要多卖点支撑，那问题就不是"如何一次性说清所有卖点"，而是"如何做溢价项目的传播"。

- **根子解决**：找到根子，然后解决它，如溢价项目在区域内最核心的解决方案是打学区房，那项目的核心解决方案就是"有地铁，带商场的学堂"。即使一股脑说所有配套，也是有轻、有重、有策略、有广告公司再思考地解决客户需求。

所以你可以看出这种方法的流程：不"跪舔"客户的表面需求，从"客户的唠叨"入手，寻找"营销成交的本质问题"，继而基于问题找解决方案。

不卑不亢，既不屏蔽甲方唠叨（他一定比你更了解项目的成交动因），但又不完全"传话机式地记录甲方需求"（我们的存在，就是因为能比甲方洞察得更多，思考得更深，解决得更巧妙）。

回到这个唠叨了一遍"地铁、商业、中环、学校"的项目，该如何"刨根"，如何"问底"呢？

案情第 2 步
刨根问底　唠叨是对的，但问题是怎么唠叨

其实，放在整个大盘发育成长的完整时间轴里思考这个阶段，才能真正了解这个阶段的痛痒。这个项目作为一个大盘，正处于它的青年期。

传统大盘多在城市的远郊区域，都可能经历三个阶段：

- 少年期，造梦

初期荒芜，无论是打土地规划，还是大盘生活愿景，核心就是造梦。如某大盘，提出 500 米规划法则，造梦大盘里任何一栋楼，500 米内必有商业区、学区、湾流、公园的超舒适的步行生活梦；如某大盘，造梦德国科技小镇的中国版，全 Wi-Fi，全德式恒温、恒湿、恒氧的未来住区。

- 青年期，喂糖

项目进入配套逐渐兑现阶段。但是一般这个时候，甲方的价格期望，相比配套兑现程度，总是超前一步，此时再造梦，就没人信了，要给予客户"山雨欲来风满楼"的真实实现感，就如飞机即将落地，航空港再三通知航班即将到达，引得众人翘首以盼的感觉一样。梦这时不能谈了，没人信了，营造蜜糖就在嘴边的"倒计时幸福感"才是关键。

图 5-2　大盘青年期，要学会给消费者喂糖

- **成年期，超配**

大城到最后几年，只要不太失败，经过5—6年的区域成熟，项目进入了无需证明的阶段。入住率和社群配套较好，一般甲方在这个时候，会通过提升产品档次，配合大盘配套反哺周边区域，建造整个大盘里的高端产品来获得最大利润。所以这个阶段，常常聚焦在营造"超越区域居住体验的生活感"，即"超配"形象。

中国大盘只要做得不太失败的，差不多都经历过这三个阶段，落到推广上，大盘三个阶段的基本任务即：

- 寻找符合土地气质的梦故事
- 描绘即将真实入嘴的甜味
- 塑造超配区域的优越体验感

回归到项目，这个项目就处于"营造即将真实入嘴的甜味"阶段，所以它的传播要求就两点：真实的、甜的：

- **真实的**

不能再造梦，这个阶段购房最大的消费需求：给予最真实的明天（后天都太远了），类似"学校将落成、商业要开张"等真实落地利好是最能促动购买的。所以，甲方爱在这个阶段唠叨一遍又一遍近期落地配套，其背后深层次原因就在这里。

- **甜的**

但是甲方不知道，唠叨也罢，一言概之也罢，最核心的是让客户清晰地感受到"舌头已经舔到，鼻子已经闻到那股熟悉的甜味"。对！熟悉的场景，不是陌生的，不用消费者猜测，不让客户费劲，熟悉到直接促进消费者快速地向往和购买。因为在人人不相信广告的今天，熟悉会带来安全感，更容易越过消费者的戒备防线。

所以，放在大盘时间轴上，放在大盘消费心理学里，我们都应该明白大盘青年期，配套一一落地时，甲方为何唠叨了。但是多数还不知道，如何有技巧地对消费者煽情，即所谓营造熟悉的到嘴甜味。

什么是熟悉的甜味？举个案例，镇江某大盘，基于镇江比邻南京，更多镇江人对于繁华生活的向往是南京，所以项目早期造梦，不用纽约、巴黎、旧金山而借镇江人人熟悉的繁华样板——南京新街口，造了一个熟悉的甜味"五年，给镇江人一个新街口"。熟悉的甜味，身边的故事，给予客户真实的向往感。外加一个真切的时间概念"五年"，让这股子熟悉的味道，具有真实的即刻到嘴感。

同样，上海五角场，在规划早期给城市的一个梦是：北上海，再造一个新徐家汇。徐家汇，上海人皆知的商业和文化地标。五角场用上海语境内最熟悉的语汇，而不是什么硅谷、曼哈顿等陌生的全球坐标，来描述未来规划，也是这个思路。

这是两个起势期的案例，但清晰解释了"熟悉的甜味，比陌生的甜味更有效"。

所以任何甲方让你讨厌也罢，喜欢也罢的表面现象背后，我们要学会刨根问底，而不是轻易表示言听计从或者断然反对。就如本案，我们听其"地铁＋商业＋学校＋……"的唠叨，但刨根问底地反问"唠叨的深层次原因"，最后得到对待甲方唠叨的专业态度：引导甲方，一起将这些配套浓缩成目标客户熟悉的、真实的、向往的甜蜜场景。

甲乙方合作，别陷入表象的喜好和厌恶，我们都有各自的立场：甲方熟悉成交动因和项目背景，乙方了解传播的技巧和煽情方法。站在专业互换的角度，跳过"你很烦，你好苛刻，你好体贴我们"这些表象情绪，找到真正能合作和解决问题的态度和方法，才是正道。

回到项目，在镇江，熟悉的甜味是南京新街口，那在我们这里呢？

刨根后，开始找底。

案情第 3 步

土地的本质　一块越级的土地

上节聊到"喂糖，喂你熟悉的甜味"，一般行业到这个时候，有两种"喂法"。一种叫满天星，一种叫"外国月亮"，我们先分析这两种做法背后的优劣：

■ 满天星，简单明了地罗列卖点，铺满物料，有多少配套就罗列多少。这种简单粗暴的罗列，客户感受往往既直接又廉价，对高性价比项目有效，但对溢价项目的支撑就有限了。而且行业传播都喜欢撒满天星："建了学校，开了商场，通了地铁，造了公园"。满天星多了，消费者感受就会疲劳化。所以满天星轰炸的效果，在现代传播中日益减弱。这就是传播手法为什么要不断变革，因为人的信息疲劳阈值也在不断提高。

- 外国月亮，寻找遥远而完美的国外场景。如国际学校＋商业街区的住宅项目，告诉你这是"波士顿精英街区"；如大公园的项目，在中国曾有一段时间，不是"伦敦海德公园"就是"纽约中央公园"；如果是大学城＋产业规划，就说这是"这座城市的硅谷住区"。

坦率地说，这种挂外国月亮的做法，我们都干过，也如满天星，从早期的很有效，到最后仅仅聊胜于无而已。

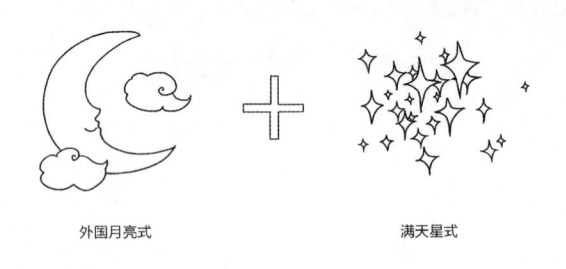

外国月亮式　　　　满天星式

图 5-3　传统配套传播的两种方式，越来越低效化

很多人从未反思过这种"高挂外国月亮"的打法越来越低效的背后，除了手法被用烂了，还有其他原因。就如本章一开始所讲，消费者的消费崇拜心理已经减弱，体验主义抬头，而且在一二线城市，很多城市生活标准已经不亚于国外，国外样板已经失去了早期的"超级光环"。而在城市第二轮发育中，新区域人的向往榜样，有时反而变成了第一轮发育中的成熟区域。如镇江人心中的"五年后，给你一个新街口"，身边事，耳边音更能真实地煽动大家对未来的想象，这时候再谈走下神坛的纽约

时代广场们,太远,太高,缺乏客户体验感。

上海早期,是个公园项目就谈纽约中央公园,直到有个案子叫作"叶上海",塑造了今天浓荫守护,未来生活不逊"城市中心夜上海"的项目故事,用**城里的月亮,而不是国外的月亮,作为项目甜头来传播**,激发了我深深的思考。

时代在变,传播人手里的方法论要不断升级。就如我不断啰唆的,城市第一轮开发时,大家缺乏对繁华的、国际的、超舒适生活的体验,不得不使用"国外月亮"来做对标。第二轮建设,消费者心理榜样更换了,有了全新的目标,再谈国外月亮,当然低效了!

所以上文的"熟悉的到嘴甜味",不是我平白无故的突发奇想,是多年传播实操撞南墙后,我的二次思考中想到的。

考虑到上海这座城市的眼界,对外国月亮就更挑剔了,而满天星的卖点简单罗列似乎对我们这类项目效果欠佳(因为类似宣扬配套全规划的项目,似乎上海比比皆是,而且我们的项目还有一定溢价)。所以分析到这里,我坚信效法"叶上海",寻找一个能挠到上海消费者"胳肢窝"的本地痒痒,会更有效。

那什么是这个项目的本地痒痒?重新审视这块土地,它最大的城市标签是:中环。中环从名字即可知,大于内环,小于外环,是上海配合城市发育的一条建成于2015年的封闭环线。

中环各段发展不均匀,界面也完全不同,既有长风这种配套建设较早的成熟商务区,也有上海南站这种交通+生活区,甚至还有新农村生活的典范,具有非常明显的参差不齐感。中环这个标签,上海很多项目打,但中环这个标签的城市感是超级模糊的,因为它是很大一个环线,没有具体方位感，发展也很不均匀。

我思考过再打中环概念，但横向比较就会发现：整个中环沿线，没有这样3条地铁线路汇合、50万平方米商业商务区规划、2座区重点中学环绕的超舒适生活区。中环标签，不仅很模糊，甚至耽误了整个项目的价值感，拖了项目的后腿。

中环概念不能再用，因为我们的土地资质显然是"超越中环配置的中环"。这句话有点拗口，放到地产上，用这个格式描述这块土地，就是"单价6万元级别生活区里，仅售3万元的房子"。

我直觉：内环级别配套的中环，这句话就说出了"6万地段里仅售3万房子"的感觉，而且还有上海人都熟悉的甜味——内环，但"广告不是纯粹喊口号"，任何的传播口号背后，都要有让客户相信的数据或事实，用今天流行的语言来说，叫作"项目故事线"。是否为内环级的中环，需要论证。

于是我做了一个非常有意思的数据论证，或者说数字实验：我把2座区重点、3条地铁线交汇、50万平方米商业"搬进"了内环，来一比高下：

▪ 3：商业区一定要分新旧，50万平方米商业区，在上海内环不少，但是能在未来三年中，一公里内新建50万平方米商业区的，内环内也只有3个地块。

▪ 5：上海地铁已经名列世界前茅，但是就算如此，内环内3条地铁线交汇的枢纽站，当时也不过5个。

▪ 0：最好的教育资源都在内环，可是就算如此，上海内环任何一块土地方圆500米内能涵盖区重点小学、初中、高中的，不查不知道，一查吓一跳：0。

放在上海最精华的内环线内，也不过有个位数级别的同级别土地，这是一个多具有说服力的传播故事，而且还用了上海人耳熟能详的故事标签"内环，中环"，即我一直追求的"熟悉的甜味"。

我们一直听甲方唠叨"我们这个配套，在中环绝对是一流的"，但是有几个传播人想到如何量化"一流"；我们一直听甲方唠叨"这个配套，放在内环也是稀有的"，可是有几个传播人想到如何界定"内环里也稀有"；我们总听甲方唠叨"要关注这个项目的所有配套故事"，但是有几个传播人想到"如何讲一个上海人都懂的配套故事"。

即使内环内稀有，但几乎没有一个传播人曾想到：将配套放入内环做数字比较。因为我们**广告人都患上了"口号崇拜症"，口号足够美丽、足够响就可以，口号的说服逻辑可有可无，甚至喊久了，自己都不信了**，自然就没了放进内环比较的勇气。这是这个行业一直存在的一个大病症。

口号的产生是为了说服，相比美丽口号，消费者现在越来越相信的是"口号背后的说服力故事"，所以我们有特炫的口号：内环级的中环生活区。但是我们更配备了一个"3/5/0"的口号说服力故事，一个有趣的把中环土地和内环比较，并且配套完胜的故事。

当然，最后落地出街，肯定没用内环级（审核过不了），换了一个内环级的典型场景说法，但这个"3/5/0"故事创作本身，可以成为一个新配套落地过程中的项目。贩卖思路的借鉴：

- **学会城市口语传播**：熟悉的城市场景更有煽动力。外国月亮未必个个圆，城内的月亮处理得好，尤其在一二线城市是很有效的身边营销，如上海人熟悉的内环。

- **学会有口号故事**：喊口号没错，但口号背后一定要有说服力故事，才是传播最重要的一环。如内环级中环背后，还有一个 3/5/0 的内环故事。

图 5-4 传播不能光有口号，一定要有口号故事

案情第 4 步

小沙粒传播　城里的月亮，看得到摸得着

即使到了传播输出层面，对于优秀配套的包装，传统的传播还是将力气用在"美好场景营销"。如对地铁 3 条线交汇，一般是强化"地铁数量的惊人"，外加场景化"地铁交汇的枢纽繁华感"。

可是，若你真的是使用者，其实更关心地铁的使用方式：真的地铁生活者，很清楚不同的地铁长度不同、间隔时间不同，使用的舒适度也是截然不同的：

- 不同节数车厢的地铁，决定了早晚班的拥挤程度。
- 间隔时间越长的体验越差，如上海早期 6 号线间隔时间超长，乘坐极不方便。

- 运营时间长短不同,很多非动脉线结束很早,对于加班族只能算半地铁房。而这些,有几个地铁项目,真正在推广上会去思考与讲解?多数一句"3铁交汇,未来城市中心"应付了。

体验经济时代,其实很多项目还在做着"自我感觉良好"的传播。

我们将这种无换位思考的传播称为"沙滩思维":给你一片沙滩,不站在游客的角度讲解早中晚各有什么美景,涨潮了玩什么,退潮了玩什么;只站在沙滩规划角度讲长度、宽度、面积。味同嚼蜡,毫无体验感可言。

好的推广,不是给你一个沙滩就完了,而是讲解沙滩上九九八十一种玩法,清晰的颗粒度,细若亲身体验的传播细节度,使人仿佛身临其境,沙粒就在脚尖,我把它称为"小沙粒思维"。

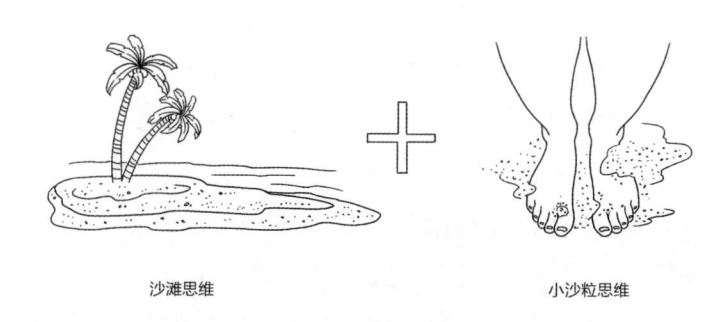

沙滩思维　　　　　　　　小沙粒思维

图 5-5 少用沙滩思维,学会用小沙粒思维

本节借这个项目,说说"小沙粒思维"如何使用。

一、地铁小沙粒

先谈刚才聊过的地铁。我们也谈"三条地铁交汇",但是更多时候,我们是站在消费者使用角度的创作。

譬如，我们没有炫耀自己是什么繁华中心，而是做了一本《上海地铁 ABC》，不止赠给我们的来访客户，甚至大量派发给所有城市人。大都会的地铁也分金银铜铁。人们会关注好的地铁车厢至少多少节；作为上班族，附近地铁的运营时间至少要多少才算适合上班族的地铁房；以及好的地铁在上海的早高峰，要达到多短的间隔时间才是最好的。

好的传播，不是强硬地告诉消费者我的优势，而是站在消费者的角度，去分享产品使用方法。从这个角度而言，开发商不是强卖货的人，是一个想分享丰富生活经验的人。

同时，地铁车厢再长、间隔再短、运营时间再长，依然有优劣之分。因为每条地铁途径路线不同，就意味着对于不同生活路径和半径的人，每一条地铁的吸引度是不同的。横穿城市三个商圈的地铁，对于一个吃货和一个宅男，有完全不同的吸引度；一条穿过城市多个公交枢纽或始发站的地铁，对于老人和上班族，有无比强大的诱惑力；而对于一个金融人士，途径陆家嘴的地铁，往往具有更大的吸引力。

所以，我们再次分析了这三条地铁，而不是以"沙滩式思路"就给你三条地铁。

- 一条文武线：横穿上海交大和安亭 F1，沿途有很多大都会生活体验点。
- 一条吃货线：横穿淮海路、江苏路、新天地三大城市商圈。
- 一条动脉线：和 6 号线组成"十字轴"，浦东重要的城市节点基本直达或换乘一次 6 号线即可到达。

是的，每条地铁有它的性格，有的是吃货线，有的是文青线……在我见过的地铁房贩卖里，没有一个项目传播做到这种"颗粒度"的，但是问题在于，消费者就需要这种细节的信息。

图 5-6 真正具有体验力的地铁使用者式的传播

所以只会叫嚷着"三条地铁共交汇"的广告人，没有资格抱怨"项目找不到差异"。就如一个只会粗枝大叶卖沙滩故事的人，当然没法卖出夏威夷的沙滩和上海金山沙滩的差异。

二、中环小沙粒

就如我之前所讲，中环是个圈，沿线发展超级不均匀。有些是顶级CBD，有些是中国新农村典范。因为我们的项目比邻中环，会导入全市客群，尤其还拥有超越中环的学校、商业、地铁配套，这就意味着不能再进行"沙滩传播"，粗糙地打上"中环国际生活城"标签。那是对项目未来生活能量的一次超级低估。

所以，我们"一粒粒沙子"似的把中环打开了。

对于满中环找房子的白领消费者，一群长期工作在CBD里的人，我们告诉他们：同样"活在中环，日子差异也很大"，有起早贪黑上班的长风商务区的"忙人"，也有靠近中环的虹桥高尔夫里，一群为果岭几洞，悠哉消磨几小时的"闲人"。

70公里的上海中环，差异很大，至少在中环有个位置，人活得可以像在果岭上一样悠闲。

中环闲人　　　　　　　　中环忙人

图 5-7　小沙粒传播中，对白领的针对式传播

对于有生活品质追求，从陆家嘴等导入的一些高知客群，我们告诉他们："中环上的生活范儿，差异很大"，有人挤人的上海南站，也有人不见人的富人区——虹桥别墅区。70公里的中环，差异很大。

至少在中环有个位置，可以住在公寓，却活得像住别墅区一样有范儿。

人不见人的中环　　　　　　　　人挤人的中环

图 5-8　小沙粒传播中，对陆家嘴客户的针对性传播

针对很多竞品也打中环，而我们售价高于他们，我们做了一波中环黄金生活区的诉求，告诉客户：中环不都是生活高配区。譬如中环既有中国最早的国际涉外住区——古北，也有中国最好的新农村典范——孙桥。涉外住区，新农村典范，都在中环，说明仅看中环一个标签，不能界定项目的生活舒适度。

至少中环有个位置，能让你住在中环，却活出内环的生活腔调。

中环涉外区　　　　　　　　　中环农村

图5-9 小沙粒传播中，对中环竞品的针对性传播

是的，就是一条中环我们也打细颗粒度，基于上海人对于中环不同的固有认知，进行"小沙粒"式传播。还是那句话：若你是靠着中环，贩卖中环均价，你可以拼了老命叫喊中环就够了；若你是中环高价产品，则需要更换角度，巧妙地"借着中环卖内环式生活"。

三、竞品小沙粒

多配套的项目，常常会遇到某一配套优势特别强的竞品，分流客户。譬如某个比你地铁更近的、学校档次比你更高的。"小沙粒思维"在这个时候，再次发挥作用。

生活天生就是一门"综合学问"：要出行，也要吃喝拉撒，更要名师名校……所以面对单优势超强的项目，我们利用它的节点（开盘、促销、活动等）进行有的放矢的一对一传播。

譬如面对一地铁上盖项目，我们的地铁优势没它那么强大，但我们的学校级别有优势，所以我们"坦诚我们的弱势，顺便强调我们的优势"：**一个每年有 1/3 考生进市重点线的学校，让您少操的心，和一样临靠地铁，但只是劳您多走五六步，您认为在您的生活里，要怎么取舍？**

譬如面对学校数量比我们多，但学校质量和地铁优势没我们那么强大的竞品，我们"坦诚我们的弱势，顺便强调我们的优势"：**是给孩子一个学校，还是给孩子一个名校？是走 500 米到地铁的房？还是下雨不用撑伞的地铁"口"房？人生那么多一字之差，品质却差之千里，您认为在生活里，愿意忽略这些"一字之差"吗？**

当然，除了沙粒度极细的竞品一对一说辞传播，在渠道上我们也一一盯住：竞品开盘，我单页拦截；竞品活动，我就近拦截；竞品样板开放，我活动拦截……以此争夺每个竞品的客户，而不是一句"内环级中环"，然后高枕无忧。

强竞争的地产时代，"小沙粒思维"，基于竞品沉下去做一对一诉求的渠道营销，是未来的趋势。偷不得这个懒，你可以不做，但是等竞争对手认识到，并行动时，可能你就晚了。

小结：一堆创意的坏习惯

城市二次发育的时代，面对多配套的大盘项目，我们要学会有效地判断土地榜样故事，正确地决定是继续挂"外国的月亮"还是卖"城里的月亮"。没有绝对的正确与错误之说，只是基于不同城市规划发展、土地现状、城市消费和文化水平等你要有多角度的思考，最终将多卖点融合成消费者最容易感动的榜样场景。

同时在落地传播时，不能再有"沙滩思维"，学会"小沙粒思维"，沉入渠道，细分客群，紧贴竞品。

1. **创意坏习惯**：过度迷信外国月亮
   锻炼能力：贩卖"城里月光"的能力
   案例举例：上海语境里的"内环级的中环"

2. **创意坏习惯**："跪舔"甲方或者抗拒甲方
   锻炼能力：刨根问底 + 根子回答
   案例举例：洞察甲方唠叨的底层逻辑——塑造"舌头已经舔到，鼻子已经闻到，那股熟悉的甜味"

3. **创意坏习惯**：沙滩传播思维
   锻炼能力：小沙粒思维
   案例举例：地铁贩卖 ABC，分地铁的使用手册式贩卖

4. **创意坏习惯**：只会大口号传播
   锻炼能力：口号传播背后的说服力故事
   案例举例：内环级中环背后的"3/5/0"故事

音频小作业：两个月亮的天空

城市发育，要基于不同城市环境，创造好的"土地故事"。没有绝对的"国外月亮"和"城内月亮"孰优孰劣的说法，甚至有时候"国外月亮和中国月亮是一起卖的"。

当时在某二线城市，有一个大都会系产品，位于城市未来新的都会核心。深究产品配套，主要是大都会系的典型资源：城市新规划公园（之于纽约就是中央公园），城市商业中心（之于纽约就是第五大道），城市最好的交通系统（之于纽约就是核心区域的交通配置），还有城市最好的学校。

原则上这种项目，在二线城市讲一个国外大都会的故事太适合了，但是我并没有。显然，这个故事离当地人太远了，但是我也没有绝对放弃纽约大都会这个"外国月亮"，而是思考怎么"国外月亮和中国月亮一起卖"。

想完、整理完思路，扫码听我的解题音频——《中国月亮和外国月亮，一起高悬空中》，或者进入喜马拉雅APP，搜索《创意的坏习惯》专辑，聆听我的答案。

第六章 集团品牌的误区

查族谱，翻家书，做品牌

引言　品牌性格线的演变

　　一个大盘十几年贩卖期内，土地的演变会有强烈的轨迹线可循，类似一条清晰的产品和土地性格裂变线：远郊规划贩卖期→核心交通开通导流期→配套兑现溢价期→大盘入住丰满期→成熟大盘反哺区域期。

　　而做地产品牌的时候，或因为地产品牌影响因素多元化，或因为拓展经历的不同，品牌发展无法有统一规律可循。所以我们做地产品牌的时候，很少有创意人提出"品牌性格演变线"的说法。多数地产创作人眼里，品牌更多的是产品线性格、开发性格、社群性格特色……

　　另一方面，我接触的地产前一百强企业，在终端开发能力上有差异，但是还没有绝对的差异化（尤其前五十强），导致现在品牌输出面，你谈的"美好社群运营商"，他谈的"城市美好生活梦想家"，很雷同。发生这种现象，一则是因为众所周知的原因，所有企业都希望和这个主流价值关联，二则还是因为其实很多品牌人对待百亿元、千亿元企业时，往往容易放下敏感力，拿起宏观洞察力。因为百亿元千亿元企业对多数人而言是一台缜密工作、按部就班的机器，早已脱离了感性故事范畴，就如一艘超级远洋轮和"船长"早已没了绝对关系，它就是一个理性的、有既定计划的远洋航程，所以容易激发广告人的大局观式创作，动辄不是时代运营商，就是美好赋能者。

　　这个做法没错，尤其在中国地产前 N 强，确实早已脱离早期创始人的个人愿景和成长规划，特别是经过几轮咨询机构的定位，已然如超级航母按既定目标前行。

但这只是前 N 强的状态，我曾遇到很多其他企业，依然会有创始人意志、早期从事产业性格、企业发展背景、出生城市环境等"身世基因"的影响。

在我操作品牌的早期，也有一道方法论的分界线：

- 前五十强左右的企业（也不绝对），已经成为脱离早期"身世基因"的企业，更多的是遵循集团的企业规划，进行有条不紊的发展。这种品牌的洞察，更多是从企业愿景、开发能力、布局模式、开发品类等理性因子入手，如研究一台"美好的机器"一般思考品牌的形象。

- 另外一些企业，甚至在全国性发展中，依然有或强或弱的"身世基因"影响，我会换一套偏感性的"身世洞察"来界定它昨天、今天、明天的品牌发展。这一章讲的就是这类企业。

但后来的实际操作发现，很多伟大的超级地产企业，放在机器角度分析完都差不多。慢慢我发现，再伟大的企业也不会只是机器。好的品牌，天生应该蕴含着两种基因——野心和谦虚心。

- 野心十足，敢对世界说出我能做、想做、未做、未来一定要做到的。
- 谦逊满满，坦诚自己的聚焦、真诚企业的有限半径，承认每一步的平凡和不易。

说得形象点，好的品牌形象犹如一份孩子的认错书，也是一位已经征服半山，再启程的企业家的野心书。前者，是未曾被世界污染的孩子写出的毫无防备心的一份检讨，发自内心地认错，动人得没有半点刻意。后者，如站在别人成就的巅峰，自己的半山，向峰顶进发前发出的成熟而傲慢的未来登顶书。

低头的孩子　　　　　　　抬头的骑士

图 6-1 品牌的两种状态：孩子的认错书、野心家的征服宣言

好的品牌主张，是孩子，外加野心家。一个很独特的角度，我想行业内应该从没人这样提出过。

所以我越来越爱用"身世基因"的洞察法，去洞察大型地产企业。中国地产企业发展水平参差不齐，并非一个"美好"可以界定，也并非一种大一统的品牌洞察论可以一刀切。即使是还受着"身世基因"影响的企业，也不意味着它小，它们也有做到几百亿的。只是"身世故事"往往可以洞察出这个企业的"本质初心"，而这是在都做了大容量的收纳、都有带微笑的物业、都倡导美好社群的运营理念里，看不出的企业差异。

当然好的品牌的"身世基因"，远不止是企业出身故事，背后还包括将"出身故事"演绎成"初心故事"，为未来几十年的企业行为规范续航。简单而言，即使是千亿级企业，有时候敢于正视自身感性的成长故事：它的出身，它的发展基因，它的成长轨迹，反而能塑造千百亿元企业的独特性格和更宏伟的发展愿景。

说到底，很多人对待百亿、千亿级企业，爱用企业使命、社会责任、产品系特色、开发逻辑、社群能力等相对冰冷的角度去分析。我爱用有血有肉的"溯源"分析法，去思考这个企业的行业差异：其为何能走到今天，为何会深耕这些城市，为何会做出这样而不是那样的产品。否则在近十年里，多数企业放在一起，想靠"使命、责任、产品开发能力、运营能力"分出绝对的企业差异，几乎可以说很难。

案情第 1 步
两份作业　一个双细胞的品牌

如多数企业的品牌一样，这是一个做了多年地产开发，突然发现市场纷纷在做品牌，于是产生了对企业形象有需求的企业，此前它已经有了一句放之四海而皆准的类似"美好生活企业"的企业 slogan。我们服务了它几年的项目，由此也成为品牌创作的参与方之一。

与一般项目不同，该甲方提出对于品牌的需求之前，有个附加作业：企业有大量的贸易港为核心的产业地产，但是也有大量的传统住宅地产。这两者，作为品牌如何统一？还有统一之后，住宅地产的形象是什么？

坦率地说，现在多数开发商的运营内容都是多元化的，即使在地产内涉及全产业链的也司空见惯。但是像这样业务集中在纯粹两块，一块是总部的贸易港口，一块是全国的住宅地产，在我看来是"偏科"很厉害的。原则上，贸易港口就单独一块撇出去算了，方便建立住宅地产的独立、清晰的品牌形象。

但是随着和甲方的沟通，我发现我错了。就业务板块而言，这是两个不同生意逻辑、开发能力的业务。如果脱离港口业务的背景，住宅业务的特色、愿景、背景故事放在整个市场上，就丧失了它的性格，原因后文细讲。

它不是 MINI 之于宝马，可以完全切开，作为宝马其他车型之外一个特立独行的品牌，甚至是独立品牌。就如我之前所讲：

- 切，则所剩部分住宅无特色可言。
- 不切，和人们讲一个"贸易港出身，码头大师做的好房子"？似乎毫无必要。

这种食之无味，弃之可惜的状态，我们苦恼了很久。但万万没想到，这恰恰是最后我们突破传统地产品牌形象的洞察入口。这是后话，反正在接触前期，我们的思维认知定格在：一个双细胞的品牌，要给一个单细胞的形象。

案情第 2 步

洞察品牌　分不分，先看身世

后来，我们和甲方的沟通中，了解到之前他们邀请的其他创意机构的方案，其实很典型地反映了行业对地产品牌进行包装的常规做法——**编童话剧**。

- 做城市住宅开发的，升级成城市生活运营商，包装成"栖息城市的美好运营商"。
- 做多业务发展的，升级成城市发展运营商，包装成"城市美好生活综合服务商"。

- 做产业的,升级成城市动力的启动者,包装成"城市动力的美好赋能者"。

宛若童话里的公主、王子、白马,在这种包装下,每个开发商都纯洁无瑕,能力无比强大,都是城市驱动的超级力量。要么有白马一样的赋能力,要么有公主一样的美好力,要么有王子一样的未来改变力。

我没做童话不是因为"特立独行",一则因为童话之所以有人读,是因为现实生活总有无奈,童话才能显得足以疗伤,但如果消费者的目光所及,地产品牌个个都是童话世界的话,完美天天见,也就不再那么迷人了。二则因为,就如我前面所提到的,在人人都完美的房间里,突然闯进一个"说真话"的人,反而有跳出来的可能。何况任何时代,构造童话都不是企业品牌的核心,真诚的能力展现与沟通才是立足的关键,否则纯粹是"做个品牌求个心安"。

所以我随时提醒自己:真实地塑造品牌形象。因为这个行业不缺吹牛的。

"破案"伊始我并没有立刻决定是完全抛弃产业地产,还是两者一并考虑。我和团队做了一个基本作业:先将其自成立以来,所有的历程、节点、重要作品的关系捋顺,建立一条"企业基因的发展线"。

通过几天的基本调研和与甲方沟通,我们发现其有几个基本的企业特色:

1. 宝岛:贸易产业的核心特色是两岸贸易,其甚至是国内第一批从事宝岛与大陆贸易的企业之一。

2. 融合:贸易特色并非绝对和地产孤立,在几个城市,有贸易城和住区相互融合的项目。

3. 小细节：开发作品没有绝对的个性特色，但是产品细节上做得不错，勉强算个小优势。

4. 深耕：分布全国三个区域，但是每个区域都集中在一个城市，在同级别开发商里，还算精耕型开发。

放在这个角度，我们捋出了它的企业发展线：某港口发展起家→逐渐具备港口贸易及免税区建设能力→两岸贸易最早的参与企业→逐步投入地产发展→拓展全国多城，同时在某些城市建设贸易和居住的综合生活城。

从这条线，我们可以看到，这是一家虽然实力雄厚，但是发展线相对较短，而且"贸易保税港"的基因甚至融入了其住宅开发的逻辑里的企业，属于我一直说的：典型的壮大后却还受到"身世基因"影响的企业。

尤其在总部走访，访问企业内部架构，参观企业品牌展示，了解企业文化后发现，贸易港口对于其的影响，可谓根深蒂固。

这时，我还是没有任何结论，但是大概知道了"破案"的两个工作：

1. 不能分：双胞胎何止出身相同，成长轨迹上还在彼此影响，分开后得到的，是一个残缺的品牌。

2. 查基因：港口贸易对于住宅的影响，到底在这个企业里起到什么作用？不是简单的"一个做港口的做了地产"。

一番"抄家底"的调研后，我们聚焦在研究"一个做了港口的后来做了地产"这一点，对于其住宅地产的影响。尤其是从"企业基因"角度分析它关注小细节、扩张全国但深耕一城，和"贸易港基因"之间有没有必然联系。

案情第 **3** 步

本质界定法　第一步：什么是港湾？

这个问题，原本看起来和品牌毫无关系。但是，我坚持认为：传播卡壳，有时候，就是对本质追问得不够。就如本书中诸多案例。譬如第四章案例中搞不清楚"博鳌是什么"，就不会有"博鳌不谈国事"；譬如第三章谈到的，不追问到"大自然是什么"，就不会有后来的"嬉笑怒骂，好一个密林子"；再譬如第一章讨论的，不追问出"小镇是个啥"，就不会有"三千年江南续"的理解。

其实诸多著名的全球品牌，都是在用本质洞察法做定位。尤其企业已成超级航母，业务错综复杂，如何让大集团的品牌站在全局高度。一言以括之，很多时候，就是用了"本质洞察法"。

譬如巴斯夫（BASF），涵盖六大业务的全球型"超复杂"公司：

- **保健和营养品**：制药，植物保护产品
- **涂料和染料**：各种染料、颜料、涂料
- **化学品**：基础化学品，工业化学品，中间体
- **塑料和纤维**：聚烯烃，工程塑料，苯乙
- **石油**：原油生产及销售，石油炼制
- **其他化工及能源业务**

这六大业务，甚至可以用"风马牛不相及"形容。你每天脸上涂的化妆品，到你一辈子可能都不会接触的工程塑料，光从业务跨度上来说，怎么可能找到一个能"统帅全局"的品牌精神呢？

BASF 解决这个问题的方法就是本质洞察，无论是塑料纤维，还是营

养保健品，或化妆品的制造，它的核心都没有离开"化学行业"：或者是让皮肤发生美妙的"化学反应"（哈哈，说得有点瘆得慌，但是化妆品本质就是如此）；或者是利用各种"化学反应"创造人类所需的新化学品。制造化学反应，永远是 BASF 这家公司的业务本质，无非多年以来，从"狭义的化学反应"转换为"新化学反应"。

所以，最后 BASF 的品牌口号是"发生新化学作用"。这么大的全球企业，都可以用本质洞察法，何况我们这才发展了几十年的地产企业。因此，打碎到最小颗粒度的本质追问，是一种好的创意突破方法，尤其是对于这家"深受贸易港影响的地产企业"。

因此，我们先定义企业的最初性质：一家运营港湾的，代表政府施政运营码头贸易产业。接着打开世界地图，站在地理角度反问"什么是港湾"。

我发现：海洋与大陆接壤的区域很多很广，但是能称为港湾的全球据说不到 10%。因为最初港湾需要具备"避风停泊"的基本要求，而就这点，就需要"水深、屏障造就的常年无风浪区"的地理要求。随着全球一体化的发展，现代港湾更延伸出更高的功能需求，即"资本贸易"，而它又对港湾有了新的要求：

1. **物流港**：优良的水深、泊位数、码头线长度、陆域高程。
2. **免税贸易区**：地理位置、国家政策下造就的消除国界的壁垒，涉及服务贸易、投资、政府采购、知识产权保护、标准化的自由区。

由此可见，现代港湾，既有天然条件的苛刻要求，也有国家政策、区域经济条件的人为要求，可谓"无天时地利人和，无港湾"。

在这种背景下，最后成为全球优秀港湾的，背后都透出一种浓烈的"港

湾精神",我把它概括为"两个0",细分则是"四个0":

1. 0风浪

让驶入港湾的船只"0后顾之忧",停泊期间享受到"0冷漠的配给补养服务"。

2. 0壁垒

创造"0阻力的货币、人才、物流流通政策",从而享受"0国界的自由贸易环境"。

分析到这里,我突然发现就如BASF的"六大业务、一个本质"一样。这家企业无论是它的贸易港业务,还是它的住宅业务,本质都是一个"优质的港湾":

1. 贸易港业务:创造一个具有政策优势的、港湾式的0壁垒、0国界、0阻力的贸易、企业孵化、金融运筹的"资本的世界级港湾"。

2. 居住业务:创造具有0风浪、0后顾之忧的"城市栖居舒适港湾"。

两大业务,本质都是创造美好港湾。

到这里,企业品牌的社会使命跃然纸上。如BASF基于"化学反应"做了二次延展,成为"发生新化学作用"。这家企业也是从"港湾"做了二次延展,成为"资本港,生活湾"。而背后,也清晰地反映了企业的昨天、今天、未来:

1. 出生:做港湾的。

2. 现在:做港口、盖房子。

3. 未来:即使已经成为中国地产百强,但骨子里还是保留着最初码头出身的作业标准。做港口,创造"0壁垒"的世界级港湾;做房子,建造"0风浪"的家园。

好的企业社会价值定位，应当如企业的"人生简历"。这6个字，正说明了从它出生到长大"成人"的一切故事。

资本港　　　　　　　　　生活湾

图 6-2　以企业"本质"，定义其两大核心业务

以上是"企业本质界定法"的上半部分，主要用于归纳企业诞生以来所有的行为。这更多的是一种总结。但是关于什么是品牌，不仅是企业行为的总结，更是对未来企业发展的界定，即所谓"企业品牌愿景"：你想成为什么，你希望能做什么，企业能为这个时代提供什么样的服务。

所以，界定了"资本港，生活湾"的企业行为后，更要界定它的未来愿景。

案情第 **4** 步

本质界定法　第二步：港湾出身的，未来想给社会带来啥？

在开始思考第二步前，我做了一个小分析，即对"做港湾"做了社会价值方面的分析：它是大陆地区最早开展两岸贸易的企业，而在那个开放的初期,也是通过"我国台湾地区接触到亚洲地区,如日本、韩国等国家和区域先进的生活方式"。至少在人们还对高级水果没有认知的年代,它就率先让大陆享受到了别样的"台湾味道";在大陆仅仅以"罗马柱""欧陆风"为美的年代,让少数人接触到了"台湾的设计美学";也在 GDP 为唯一的时代,让大陆最早了解了台湾有诸多"沉下去做事"的企业,现在管这个叫"匠心"……

永远不要忽视这种"开先河、领时代"的行为,它对时代,对企业本身的影响,远超过一筐水果、一集装箱的货。这和它后来坚持"深耕 1 城""执着 1 细节""不求规模,只求 1 作品"的企业行为,有着说不清道不明的内在关系。甚至我采访其企业决策人时,也隐约感受到"做港口贸易"的人总能最先"听到"世界的潮流声,这对企业是有着潜移默化的影响的。

而它接触的文化,可以具象地定义为"亚洲生活方式",是一种既结合当代全球生活品质,但又"别于全球品质"的适合东方人的生活方式。

所以在得到企业愿景之前,我们先做了一个深度的社会洞察,我简称其为"全身体检",基于当代国人对欧美文化的盲目崇拜结束后,全身上下"从脑袋到脚"生活方式上的各种趋势研究:

1. 脑

LV 式大 LOGO 的时代结束了,国民,尤其是一二线城市的人们开始转向"MUJI+LV"的"简约、自然、富质感"的生活哲学,从 MUJI 变成一二线城市 SHOPPING MALL 标配便可感知一二。性冷淡设计开始和"富豪奢"分庭抗礼。而这些文化的发源地,除了北欧之外,就是日本、中国台湾地区等亚洲国家或地区。大量 NO-BRAND 产品也随之诞生，"IKEA+MUJI"成为中国 25—45 岁客群生活品质的新典型 logo。

2. 眼

中国周末的电视屏幕，开始被日韩原型的综艺节目所占领，从《爸爸去哪儿》到《奔跑吧，兄弟》，从《我是歌手》到《花儿与少年》。

究其原因，这些节目内容创作的基本关系，是亚洲人更熟悉和有共鸣的父子、兄弟、朋友关系，相近的文化和思维方式，使之相比欧美综艺节目，更容易被迅速接受。

3. 嘴

环顾一二线城市的咖啡市场，从早先的欧美品牌独大，到现在欧美品牌和韩国品牌的分庭抗礼，星巴克、太平洋咖啡 vs ZOO、Mann、Caffe Bene。韩国作为一颗咖啡豆都不种植的国家，能在中国咖啡零售行业成为后起之秀，是因为它贴近亚洲饮食习惯的咖啡口味，烹制快捷简单的华夫饼、土司、三文治配餐；同时，韩式咖啡店"家的设计"使其空间更像一个家一样，而不是一个商业场所，所以渐渐赢得当代中国人的休闲认可。

4. 肤

化妆品市场，更亲亚洲人肌肤的日韩用品也开始风生水起。核心是他们的设计有适合亚洲人身体的考量，又有国际范儿的基因，所以赢得了国人中日益挑剔的品质客户的青睐。而这群人，也是我们品牌的购房中坚力量。

5. 足

国人的足迹，即旅行目的地，也是国人生活方式趋势的洞察标。旅行大数据显示：日韩和我国台湾地区，成为欧美之后的新热点，除了旅费和距离之外，其与大陆较小的文化差异也是一种最重要的原因。很多人去台湾地区看台北故宫，去日本京都看唐文化，均是因为文化的熟悉与共鸣。

图6-3 通过对国人的"全身体检"，洞察消费趋势

基于这场社会消费趋势的"全身体检"，我们发现在趋于理性国际化的新时代，"亚洲细节"正在餐饮、旅行、娱乐等消费观念上多方面改变国人。作为一家最早接触"亚洲生活方式"的企业，其"深耕1城""执着1细节""不求规模，只求1作品"的做法，其实正是由于这种亚洲文化里的细节化态度影响了它吧。

好的品牌洞察，不是无中生有，是发现企业人早已存在的做法背后

的驱动因。

分析到这儿,企业的品牌核心就出来了:**"亚洲幸福细节"**。三点理由:

- 这是一个国际盲潮渐渐退去,适我型消费正抬头的新时代,亚洲细节正是未来品质的趋势。
- 在这个企业品牌动不动就放出大承诺:大口号的时代里追求差异化,做好小承诺,雕好小细节。
- 既然你生在"亚洲贸易"里,发力于"亚洲式细节",事实如此,那形象就当如此,品牌不是浮夸,是一张"淡妆"的真实面孔。生如此,那型就当如此。

到这里,可以小结一下。对"受出身基因影响很重"的企业,最好的两步洞察法,一步是"本质即身世",借企业诞生故事,洞察企业的社会本质。如本案中企业的本质洞察:企业港,生活湾。第二步,"身世即愿景",借企业本质故事,界定未来企业的发展轨迹。如本案里,顺中国当代生活方式而为,提出适我型生活的亚洲幸福细节。

简单而言,用身世本质,界定企业品牌本质;用本质趋势,界定企业未来发展形象。

所以,这不是简单的6个字:"亚洲幸福细节"。它将牵引出一系列的企业动作、产品方式、社群运营等方面的企业行为方式,未来做什么,不做什么。即所谓"6个字,管你10年"。

案情第 5 步

企业行为界定　6个字，管你10年

品牌愿景，不仅是个面子问题，还是个内部问题。尤其是需清楚要面对消费者的产品，应当如何做。企业的愿景，对产品应该有清晰的管理能力。

回到"亚洲幸福细节"，6个字背后是基于企业能力规划和企业产品研发趋势，建立的一套"有亚洲幸福细节基因"的10年产品观。具体如下：

1. 规划系统

- **社会痛点**：二十年来，纯粹的拿来主义依旧盛行。但真正能"住"下来的，常常是所谓最没风格，但有真正生活细节考量的东西。

- **亚洲榜样**：基于国情的适我设计，如资源紧张的日本，原研哉对于西方卷筒纸的适我型改良：将圆筒改为方筒，减少浪费，恰恰是基于环境的最好设计。包括中日韩各国，基于各自国度的饮食习惯，对筷子进行的各自国家的细节再设计：中国筷，长而厚，擅夹油腻食物；而日本筷，改为小而尖，擅拨开鱼肉，夹取寿司……这就是亚洲设计的精髓。

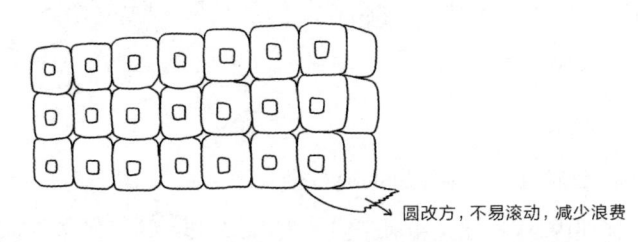

图6-4　更适合国情的卷筒纸改良，给了品牌区域细耕很大的灵感

- **企业落地**："幸福纬度计划"，基于现在企业深耕的三个区域（长三角、四川、福建）正好在三个不同纬度，进行国际化生活的适地小改良，具体分为：新江南制造、新巴蜀制造、新闽南制造。如江南防霾防潮的精装改良，放置雨具的门口 1/2 玄关设计。

2. 配套系统

- **社会痛点**：社区配套，常常是说三年，等三年，最后落地开张再三年。
- **亚洲榜样**：日本和我国香港、台湾两地区对于便捷店的极致研究。中国前十强便利店，60%来自我国台湾地区和日本，譬如7-11几近魔鬼细节的对于"方寸空间—全能配套"的极致研究，光一个吃，就有将近10多种花样：
  - 重量杯（Big Gulp）分为大、中、小细杯
  - 大亨堡（Big Bite）热狗通常有3至4种口味，店内提供7种酱料
  - Coffee-to-go（与台湾的 City Café 略有不同）
  - 思乐冰（Slurpee），一种冷冻为冰沙状的碳酸饮料
- **企业落地**：社区商业品牌——"海岛7号"，源自台湾地区电影《海角7号》。岛，意喻在独立住区里，创造一个配套丰富的生活岛，也与生活湾的企业定位相匹配。7，意喻"柴米油盐酱醋茶"7件事的新时代社区解决方案。

3. 户型系统

- **社会痛点**：中国家庭的成员会突增突减。中国家庭围绕孩子，在全生命周期内，人口变化相对于国外更大，尤其在孩子抚养期的波峰时间。

- **亚洲榜样**：日本的集合户型的设计细节，可变空间的多元设计，以及软装加配定制。如保证孩子隐私的"微加高床沿"设计，如 0—18 岁的双子魔术房。
- **企业动作**："2433 国人户型"设计。中国全生命周期家庭结构是 2-4-3-3（小夫妻 2 人，到生娃后至少一个老人来照顾的 4 人家庭，到 3 口家庭的常态，再到小孩长大远行，还会留个房间给孩子的准 3 人家庭），相比西方全生命周期家庭结构 2-3-2，做更适应中国式家庭变化的亚洲户型细节。

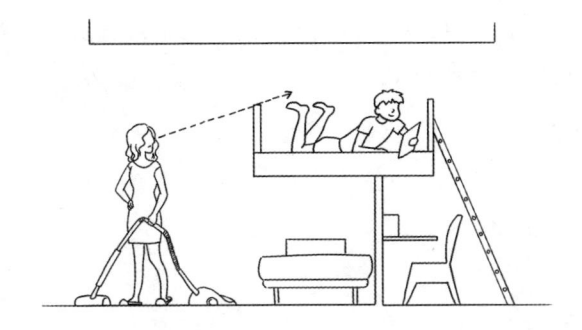

图 6-5 细节有时候只要几厘米，譬如尊重孩子隐私的户型软装定制

4. 景观系统

- **社会痛点**：中国社区场地多数是 1+1 的设计思路，即家长看着孩子玩、爷奶看着孙子孙女玩，少有大人可以参与的、共成长的设施。
- **亚洲榜样**：新时代"父子如兄弟，母女如闺蜜，隔代如玩伴"的新家庭关系趋势。

- **企业动作**："三个孩子"景观系统。俩大人也是孩子，小孩更是快乐孩子。全龄家庭可参与，非儿童家庭也可以参与的互动型社区景观。如父子滑梯等。

5. 物业系统

- **社会痛点**：中国人多数不信上帝，但是服务行业却喊着"客户就是上帝"。中国人做事积极性最高的还是"自家事"，多数中国物业思维还是停留在"你的事，我服务你"。

- **亚洲榜样**：西方对于好服务的理解是"上帝"。而亚洲，一个女性姓氏不会因婚嫁而更改的区域，对于好服务的理解是"如家人般"，反映出这个区域对于家的理解，是一种根、一种永远的呵护。

- **企业动作**："JIA"物业。理念是如同家一般温馨，如家人般自然而然亲情以待。譬如物业APP的名字，就叫"家事"。

FAMILY

图6-6 用更符合亚洲人的"家"思维，作为物业服务思想

亚洲幸福细节充分考虑了"亚洲榜样"或者"亚洲特性"，然后作为产品设计的指导思想。它做了具象的做法理念规范，差异的亚洲细节

包装,从而形成了这家企业独有的产品温度设计:幸福纬度的"规划系统";海岛7号的"配套系统";2433的"户型系统";三个孩子式的"景观系统";一家人的"物业系统"。

研究企业出身,界定企业身世本质,核心是让这个企业的过去与未来发生联系。企业当初"做好一个避风港湾"的初心,不会随着企业发展而落伍,而要让它有再续100年的新生命力,即所谓"初心式的品牌"包装。这样的品牌设计,既有企业独有的品牌故事,又具备与市场所有品牌同高度,但不同个性的野心蓝图。

如一个孩子的检讨书,冷静认知自己的斤两,清晰反思自己的行为。从而坦诚地认知自己在行业内的竞争优劣势;清晰地反思企业发展的"必定争"和"避锋芒"。所以才有了"资本港、幸福湾"的企业本质,"亚洲幸福细节"的企业愿景和产品设计准则。

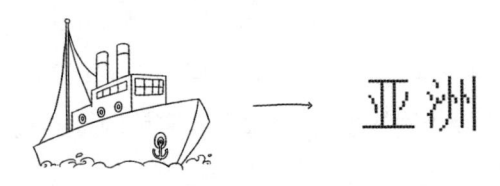

从港湾到亚洲幸福细节

图6-7 用企业初心设计品牌的未来野心

所以,接下来的品牌的传播就是一场"初心戏",将当年开亚洲贸易之门,敢为时代先的初心,化为敢为时代需,造当代生活趋势的新承诺、新目标。

案情第6步

品牌输出 几场初心戏

一、视觉的初心戏

如果问我什么视觉符号可以代表"亚洲幸福细节",我想到了亚洲的刺绣。既有传统苏州的刺绣走线,也有当下流行的十字绣;既有毛线的温暖感,又有手工的细节讲究。所以,亚洲幸福细节定下来,我们的视觉符号也就定下来:建港造房的初心,如匠人走线的用心。

于是我们用"点和长线"构成了最早的基本视觉符号。但是总觉得这更多像个符号,不像视觉域。对,我喜欢用"域"这个词形容品牌符号,它本身不仅是一个点,更如一个面。这样在品牌应用的多场景里,它就不是藏在某个角落,而是"弥漫"在所有品牌物料里。简单地说,它最好是个背景域,不是个符号。

我们在"点"和"线"的基础上,加上了"针线孔"。每个品牌物料,就都是一个认真走线的艺术品底板,而这种方式,就能比"点式符号"更强大地标识企业品牌特征了。无论应用在哪儿,都仿佛能看到"用心匠人"做手工活的那种场景。

走线底纹孔　　十字走线　　　　　亚洲幸福细节Ⅵ

图 6-8 以亚洲针线的细节设计的"毛线"Ⅵ(视觉识别系统)

我还曾想过做个话题传播:"谁说你的生活,关我毛线"的品牌视觉网上发布会,用网络话题的形式,说像妈妈手织的毛线衣一样呵护你,而不是"你的事,关我毛线事",来推出这套毛线视觉。

二、品牌礼物的初心戏

送什么礼物,是品牌主张"亚洲幸福细节"最典型的表征。没多想,就是东亚人的筷子。研究了西方餐具,几十个国家几乎完全是相同的刀子、叉子。而东亚主要的3个国家:中国、日本、韩国,居然一双筷子截然不同。

于是我们在礼物的随文里写道:
将美食送进嘴里这件事上,全球多用刀叉
只有东方几国,调动拇指、中指、无名指的协作
两根竹木,轻轻用力
五谷颗粒,都能轻松送到舌尖
单就如此,仍旧有细节差异
中国筷,长而厚,擅夹油腻食物
韩国筷,细而扁,擅夹豆子,撕泡菜
日本筷,小而尖,擅拨开鱼肉,夹取寿司
……
这就是亚洲人特有的细腻,独到的幸福细节

所以,当别人用泛泛的国际化主张做品牌时
我们用"更适合我们"的"亚洲幸福细节"
为那些正值最美年华的人,筑家,筑幸福

我们送了三双筷子,用我们设计"亚洲幸福细节"最初的灵感故事,

表征我们做好这件事的初心，就那么简单。

中国筷　　　　韩国筷　　　　日本筷

长而厚　　　　细而扁　　　　小而尖
擅夹油腻食物　擅夹豆子、撕泡菜　擅拨开鱼肉，夹取寿司

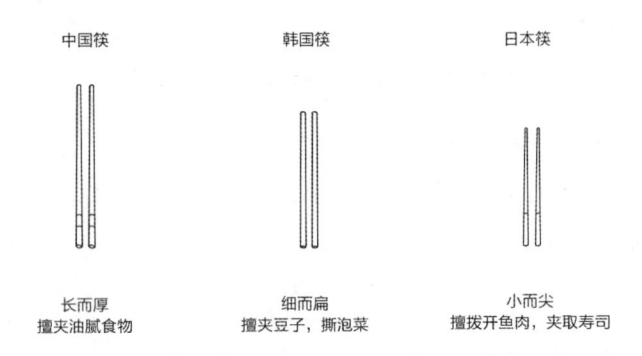

图 6-9　同用一双筷子，但三国细节迥异，恰说明亚洲人对细节的讲究

三、精装修的初心戏

其实这个时代，没人不谈细节，但与其他企业关注科技趋势（如某些恒温恒湿恒氧见长的）、空间设计技巧（如某些收纳空间设计见长的）、社群人情细节（某些社群运营见长的）相比，亚洲幸福细节，更多指的是一种"简单的、原本的、痛快的"人性细节的原来故事。

当研究表明"5 岁之前的孩子，想象力如绘画大师"，而成长就是"折损"想象力的过程时，我们建议不过度比拼科技、收纳、精装品质等细节，这不是该企业所擅长。相反，我们在所有儿童房都赠送一面涂鸦墙板，只为表征一颗初心：保持这个孩子的快乐能力，保持这个家庭幸福的想象力。

类似不让客户花多少钱，为所有儿童房都赠送一面涂鸦墙的行为，这是一个企业宏大野心的一次真实落地，更是一个企业让所有孩子都永

远保持想象力的伟大野心的尝试。也许后期很多家庭会拆掉，或者交房选配时拒绝加装，但是这种行为本身就是一个企业品牌初心在消费者面前纯粹的表达，这比任何大口号都来得更具传播力。

最后插一句，中国现在的地产品牌界定就如上文所讲的"童话世界"，品牌形象过于完美，导致企业常常难为自己，在后续的企业产品设计、社会传播上，品牌并不能帮企业清晰界定做什么，不做什么，或者说做什么似乎都可以，做什么又都没个性特征。

这种时候，应当先反问品牌底层设计，你的基本设计逻辑是什么。若品牌无法回答或者界定，就是品牌设计的问题了。同理，若企业制定了"亚洲幸福细节"，当你在进行户型和精装设计时，亚洲幸福细节就能清晰界定出东方人"过日子，就是过孩子"。那你在户型设计方面，自然会想到诸如"孩子想象力的画板"等符合品牌行为的设计，也符合我上文所讲的"国人户型"的设计理念。而坦率地说，当下的一大堆模糊的"美好"品牌主张，是没有能力界定"企业设计思路"的。

所以，一个初心明晰，并主张边界清晰的"品牌形象"，是可以降低传播诸多思考量，知道自己做什么，不做什么的。以上几个动作，就是在证明上文一直强调的：好的品牌，是一份"孩子的认错书 + 企业家的野心书"：有清晰的自我认知，有适己的能力愿景。永远，永远，别无视企业本质，别只会喊大口号。

做品牌，有时候就是洞察初始故事，延展并界定成差异化的初心故事。

小结：一堆创意的坏习惯

1. **创意坏习惯**：做品牌，就是做童话世界
   锻炼能力：身世洞察
   案例举例：0 风险、0 阻碍的港湾本质。资本港、幸福湾的企业定位

2. **创意坏习惯**：凡品牌必美好
   锻炼能力：洞察野心与优雅（一份野心书、一份检讨书）
   案例举例：亚洲幸福细节，有未来规划的野心，更有清晰认知自己能力的界定

3. **创意坏习惯**：只会做品牌视觉符号
   锻炼能力：品牌视觉域
   案例举例：走线孔 + 刺绣线组成的"域"

4. **创意坏习惯**：大口号的传播
   锻炼能力：反问品牌初心，做有清晰边界感的品牌主张
   案例举例：符合品牌主张感的，三双亚洲筷子的礼物

音频小作业：霸道而温柔的招呼

和港湾出身的上一家不同，这一家做航空的国企，什么都是大手笔，最小的产品也是战斗机。衍生产业做地产，进入沈阳，占据沈阳唯一城市大河——浑河，最好的位置。作为品牌入市，它的第一声招呼，是 say hello，显示问候之心，还是说东北方言，显示融入？皆不是。这些一来

诸多开发商都玩过，二来不符合这样一个霸气型企业进入城市的说话方式。

但是你也不能一副高傲的样子，容易拒人千里。品牌的第一步要保持霸道，又要深度融入沈阳这个曾经的工业重城。一切还是老办法，研究企业身世，找到航空与沈阳的关系，做一个既霸道，又温柔的入城第一声。如果是你，你如何做？

想完、整理完思路，扫码听我的解题音频——《天生的嗓音》，或者进入喜马拉雅APP，搜索《创意的坏习惯》专辑，聆听我的答案。

第七章　养老公寓的误区

老人，真的喜欢静静吗？

引言　老年人最爱安静？

　　任何行业，都会有一些惯性错误。在这个有将近三十年历史的地产传播行业，那就更不例外了。这些看起来正确，其实错误的认知，有很多曾经是对的，有的是局部正确，有的索性天生就是错的。

　　有些认知曾经对的，现在慢慢变成错的了。

　　譬如行业常认为："地产品牌进入新的城市，说声你好，打个招呼"是最好的方式，这个我在另外一章也有提到。也许在地产业发展早年，品牌较少，品牌入城招呼，确实能赢得市场最强势的关注，但是在现在的一二线城市，甚至局部发达的三四线城市，云集了全国大量开发商，在大家进城都会打个招呼的情况下，再来一个"品牌入城招呼"，譬如再做一次"你好，苏州"的品牌入城运动，消费者早就"招呼疲劳"了，这种按部就班的传播，效果就会大打折扣。相反，很多项目我都提出"带产品信息的招呼＝最好的入城招呼"。地产属于贵重物行业，作为动辄几百万元的产品，消费者不会为一个陌生品牌的陌生招呼而突然感动。理性产品加温暖招呼，才符合这种高价产品的关注力逻辑。入城即为比拼，招呼早腻了，相反，宜用更多心力去认清客户群思维变化，而少将精力放在"低效呐喊"上。因为时代变了，品牌多了，纯打招呼低效了，带"产品感"的招呼反而更有效。

　　有些认知则天生是错误的。

　　譬如"大盘优势＝大"。其实项目越大，产生的管理成本越大，人流复杂度越高，纯粹私密性越低。没人喜欢大盘，人们只是喜欢大盘带来的"大配套"而已。但是，我们总能看到类似"200万方大城"这样的定位。

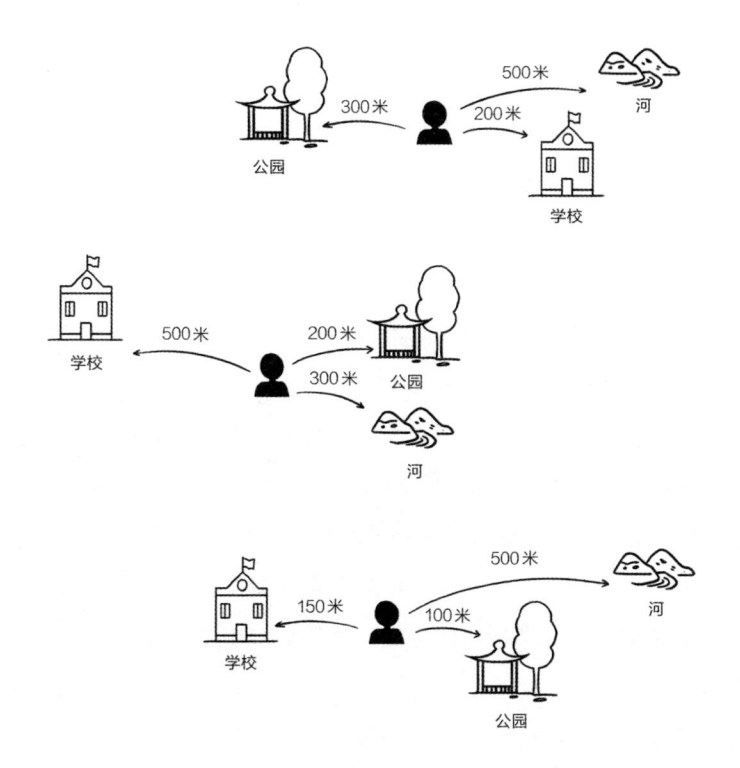

图 7-1 500 米规划法则，买点式传播大盘的配套

一个百万平方米项目，有河、有学校、有会所的大盘，早期曾想提出"百万大城"，我接手后提出了"500米规划法则"，即"在项目的任何地方，走500米必有或社区商业，或湾流，或会所，或学校"。大盘是规划语言，大盘的生活舒适才是购买语言。只有认识"大盘不是卖点，大盘大配套才是购买点"这句"准确的废话"，才能重新认知大盘传播到中期的传播要点。可惜，这种"行业惯性错误"每天都在发生。包括"高铁枢纽的核心优势＝高铁"这种想当然的认知，几乎每个有枢纽的城市

都存在。本章最后的音频作业，我说的就是这种错误，可以认真地聆听。

还有一种认知则是局部错误。最典型的就是"老人天生爱安静"。那些每天充斥着"山清水静，颐养天年"的环都会养老项目推广，就是这个思路。问问你爸，问问你妈，他们真的爱"无人无事无声，一人一书一茶"的全天孤独吗？

其实你不爱，他们也不爱。鲜活的广场舞伴、茶友、麻友等，才能给他们带来最大的快乐。

心电图检查有个普通心电图，简单几分钟，看心脏的心率、节律、传导时间、波形、振幅，还有一种24小时心电图，长时间（24-72小时）监测，提供对心脏更准确的诊断依据。显然，"老人天生爱安静"是"短时心电图"得出的片面结论。真放在老人真实而完整的老年生活里，热闹才是他们最好的排除孤独感的方式。静静的、小热闹的老年生活，才是完整的幸福定义。否则为什么有"老人知道这人是骗他买保险的，但还是愿意被骗，因为只有他们愿意陪他聊，陪他排挤孤独"。

普通心电图　　　vs　　　24小时心电图

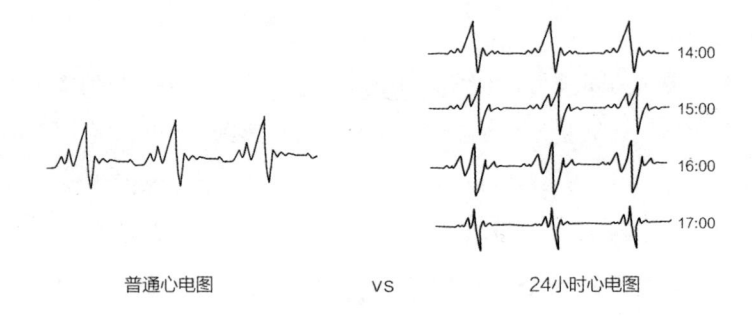

图7-2 不轻易下结论，如"24小时心电图"，先尝试打开洞察的宽度

好的传播，有时候就是排除"普通心电图"的干扰，站在"24小时心电图"的完整洞察里，发现客户的真实产品状态。为此，我下定决心用了两年时间，在我的知识音频平台"夏不飞创意日报"沉淀了100个地产传播的误区音频，讲解那些地产传播里惯性错误的案例和纠正方法。

当然说起来容易，做起来难。这一章，就谈个打破传统惯性误区的养老传播案例。

案情第 1 步

初接触　硬伤的葡萄园

这是一个硬伤明显的项目，处于都市近郊乡村味十足，盛产葡萄的小镇里。它是在一个工厂原址上改造而成，有浓厚的艺术工场的气息，用作养老公寓。由于葡萄园的田地优势，可以送每个老人一分地。但是产品没有产权，只有使用权，这是比较大的硬伤。

土地肥沃的地方，往往是山水故事里最有意思的，因为那里有最有趣的"生长"故事。看那葡萄的名字：巨峰、夏黑、醉金香、巨玫瑰、金手指、黄蜜等就感受得到这块土地每天都在生长和变化。

参观项目，硬核的工业风，后期改造的艺术气质，外加精致的茶文化售楼处，实在很适合老人的颐养。尤其在城市近郊，这样拂去城市复杂的关系，结识几个朋友，私有几分田地的状态，既有仙人不理烦事的灵气，又有凡人"吃喝拉撒患难老友"过晚年的真意。

就如我之前所讲，所有仙人式的好山好水好地，一般最后都是好孤独。

看起来很美，但现在的养老客群，纯粹山水静养往往最后大多情况下都难说服他们。

同时甲方不断强调的无产权的核心问题，也是传播中必需考虑的。

案情第 2 步
硬伤的错误态度　　遮羞布有用吗？

硬伤项目在地产传播里很常见。多数甲方在介绍方案时，总会问一个问题："你们对硬伤的解决方案是什么？"

对，在多数营销人眼里，对硬伤必须有应对的方案，才算方案。曾操盘一个"周边老破小"的高端项目，甲方最关注的是"如何向客户解释周边的老破小"；同样，类似遇到机场、高架噪声的项目，客户判断方案好坏甚至是依据"你的方案能消噪吗"；高压线旁的项目，"你对高压线难道没有说辞吗"是最多被问及的问题……

其实，只要"老破小"搬不走，机场停不了，高压线拆不了，这个问题就永远存在。所谓"久觅的硬伤良药"，从传播本质上看，只是"防守传播"的一部分，它的存在不能完全逃避，甚至根本不可能消弭劣势影响。

而传播，站在硬伤项目的推广角度，分两类动作：

- **进攻传播**：卖点的主动包装。如靠公园，又靠垃圾场的项目，主动说公园，叫作进攻传播。

- **防守传播**：劣势的对应说辞。如上述项目，找到垃圾场的应对说辞,叫作防守传播。

就传播而言,两者皆不可缺。进攻是用卖点攻占消费者心智;防守则是在主动进攻之外,在消费者问到、顾到、纠结到的时候,有对策、有说辞。

譬如垃圾场会三年内搬;高铁站的噪声,其实除了72班次列车出入站对你一天只影响100多分钟外,其他时候,比传统大都会还安静;高压线对于人体辐射超过多少米,递减多少……这些都属于防守对应说辞。

但是不是所有硬伤都能有说辞的,即使有,它的说服效果也多数被证明是"卖点没有征服消费者后,他的纠结和反抗"。最核心的还是在于"卖点的征服"。因为放在商品交易的角度,没有商品是完美的,也没有必要创造"完美的商品"。购买的本质就是"购买商品的物理或精神满足感"。只要"满足感"足够强大,甚至可以无视"缺陷"。

所有对商品硬伤的纠结,都是因为"卖点还不够强大"。就如跑车,永远不会把营销重点放在防守营销,解答"跑车空间为何只有两个座,为何空间那么狭小?"甚至无需有所谓"防守营销",他们只会把重点放在进攻营销上:外形感够酷、推背感够强、驾驭感够拉风。所有的纠结都是源自消费者对"三感"需求不够强烈,或者你的"三感"比对手做得差。

所以,对于"使用权"的问题,我们当然会设计防守说辞:用计算器证明"使用费用平均到20年,远远低于租赁该城养老公寓的费用",还能有田有地做"小地主"。但这不是重点,营销最忌讳"犹犹豫豫,瞻前顾后",这会导致"平衡营销":面面俱到的说辞,处处有对策的营销。

面面俱到就是"项目没特色"。**对于硬伤项目，没特色"诱惑"客户，反而是最大的传播忌讳！**

案情第 3 步
硬伤的正确态度　进攻营销

再成功的防守营销，实质上都是让客户不激动不纠结，从而"心静如水"。但营销最重要的是让客户"心花怒放"，而不是"心静如水"。所以，不要纠结无产权的伤，而是寻找足以攻占客户心智的"矛"。

所谓的矛，其实就是养老客户到底要什么。传统的思考，放在这样一个山青水净、土肥田沃的葡萄园旁，传统策划就自然而然想到了：炊烟袅袅，几分私地，几杯独醉。正如章首谈到的，老人爱静静，此地又是那么远离城嚣的静，而且可以高端养老，200多套房子，地多人少，葡萄比人还多，不谈静，谈什么。葡萄园旁再酿几瓶葡萄酒，这传播场景就交圈了！

但细究项目购买的高端养老客群，很多人年轻时候，获得财富的过程就是获得掌声的历程，过去十几年，习惯了被承认、被掌声的生活，退休生活就是"抵抗失落"的生活，抵抗没了掌声，没了参与感，没了认同的孤独。就算没有事业成就，房子属于小辈为其购买的颐养居，从人性角度，这个都会旁的田野公寓，客户多是在大都会里过了一辈子的老人，城市烦嚣里建立了固定而丰富的老友圈子，习惯了热闹生活的味道。很多这样的老人突然进入远郊田野，都不太适应，因为少了社交圈，没了烟火味。安静不是他们最大的购买欲望，寻找热闹的归属感，才是核心。

当然这只是初步的判断，我们访问了多个意向客户，发现退休后：

- **老人最大的得到**：时间多了。
- **最大的失去**：也是时间多了，孤独多了，往日的成就没了。

尤其是往日在工作上被日程安排得满满的，突然大量时间放在眼前，他们不知所措。简单而言，退休给他们带来的不止快乐，还有"价值失落"的伤害——习惯了三四十年的被认同感突然没了。这次访谈，验证了我们之前的判断：老人未必爱静静。

传统养老提供的是丰盛的医疗和看护措施，甚至强调"强大的临终服务"。这种资源，我们没有，但是不意味着就彻底失去老人的青睐。研究中国老人发现，多数人在60岁前后，会抗拒过分强调"临终""一对一看护"，他们有强大的"不服老"意识。甚至我们遇到过有老人买了带医疗资源的养老居后，听了朋友一句"你有那么老了吗"，第二天就来退房了。心理暗示，外加环境影响，所以很多医养地产过分强调医疗会适得其反，这也许是中国社会当代养老心态的典型缩影吧。

我们没有医疗优势，某种程度上，是劣势也是机遇，因为就如之前所言，"人生价值落差"背后，给了我们"填补落差"的可能，而这些不用医疗资源：

- 再"**就业**"：看起来给的是土地，其实给的是"第二份职业"，投入其间，炊烟袅袅，几分私地，几杯独醉，几个新老朋友，唤醒从前的人生成就感。
- **200人**：仅仅200套，而且"无医疗纯乡村"的特色，反而会汇聚大量精力充沛的"动手派"老人：动嘴唱戏的、动手种地的、动手动脚舞蹈的三类人。有兴趣，就有能者，有能者就有师徒，有师徒就能满足师傅的再听掌声的愿望，唤醒徒弟们的圈子认同感。

所以，我们的本质不是在卖 200 套房子，是找回 200 个老人"丢了的认同感"，建立种地、唱歌、文艺的"再掌声"俱乐部：一群习惯掌声的老人，重新找回往日的成就感和参与感。

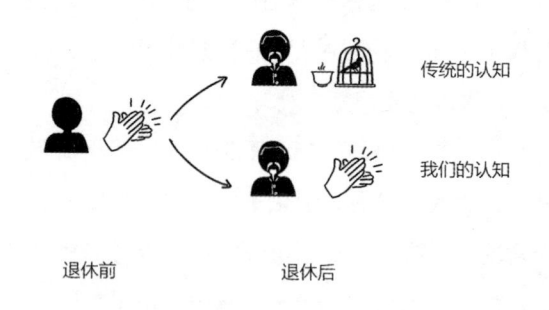

图 7-3 再听掌声有时候比医疗设备，更被某些老人渴望

当认同感被找回，50 年产权就不再是要命的劣势了。就如之前所讲，营销的核心是"用卖点激发购买激情，而不是填坑保持消费平静"。而这，恰恰能激发一群精力充沛老人的激情。因此，"再掌声"俱乐部的思路定了，破题的口子就被撕开了。

案情第 4 步

产品功能定位　在土地里，找到"再掌声"

那从哪儿寻找掌声？回答有点怪怪的：泥土里。没错，就是泥土。三个原因：

- **有啥卖啥**
- **借土找人**
- **泥土不土**

1. 有啥卖啥

地产就是"靠地吃饭"，好的地产传播更是"就地取材"：说你有的，不忽悠你未来没的。通过研究，我们发现这个城市小镇最大的资产就是泥土。2008年全镇土地总面积为2428.36公顷；耕地面积为1710.03公顷，占土地总面积的58.12%，而且还在逐年增加.。

土地是这个项目最大的特色。这是传播没得选，也必须认知的点。

2. 借土找人

上文谈了一个没有医疗资源的养老项目，不能以卵击石和其他医疗型竞品抗争。一个项目从拿地一开始，就决定了客群的粗轮廓。最好的自我定位，是基于客群轮廓做产品痛点。

我们希望借助泥土，找到"乐土一方"的精力旺盛派，甚至明确拒绝"暮气沉沉，寡欲静养"的老年人：爱扎堆、好泥土、乐户外、喜讨教、能搭群的。甚至后来我们基于泥土，细分建立了三个"泥土俱乐部"：种地的、唱戏的、旅行的。200套房子，不做虚而不实的"美好颐养"宣传，具象化这三种"精力充沛者"的圈子，反而足够建立"再掌声"项目的内容。

一个好的项目，不是人人都爱。好的项目，尤其高端小众产品，一定是"爱憎分明"的，有清晰的"接纳和拒绝感"。

暮气养老　　　　　　爱耍、能逗、爱圈子的老人

图 7-4　一个好的项目传播，要具有"拒绝感"

当然，具象化圈子，也易于后期渠道深入，如高级旅行社中的大量老人，就是我们的目标客群。

3. 泥土不土

作为一个高价的养老俱乐部，从社会趋势而言，卖"泥土"，不仅竞品没有做过，容易跳出来；而且放在国内国外来说，还有诸多为你卖高价做背书的案例：

■ 等不到王位的查尔斯王子，开始创办有机农场，而且还成立他自己的慈善信托，并且这些地方成为他社交会晤的高级场所。

■ 在杭州和上海城市群中的莫干山里，诞生了以"裸心谷"为代表的高级乡村、高级度假地，野奢非洲部落的设计，并延伸出钓鱼、骑马、山地越野等泥土上的高级玩法。节假日动辄上万的房费，证明城市群高端消费里，基于泥土的生活方式做得好，是有市场的。

因此，纯靠泥土一样可以做出"动人心扉"的高级颐养地。无非冠以国际化的称谓，如名字上不谈"农村"，改谈"乡村俱乐部"。所以我们最后做了这样一个定位：高级乡村式密友颐养俱乐部。200多套，前期聚焦"一群精力旺盛，爱玩泥土"的圈子老人，然后驱动圈外购买，从而建立起小众养老俱乐部。

当然，这是具象目的。就大方向而言，我们就想"避开医疗劣势，利用泥土优势"创造一个"小热闹的养老圈子"，给那群真实存在，而且"静静的颐养"无法满足其需求的客户，一个"爱耍、能逗、有圈的再掌声俱乐部"。

高级的小热闹是核心。接下来，传播动作清晰，且变得有意思起来。

案情第 5 步

传播的思路　化妆化全套

定位是"高级乡村式密友颐养俱乐部"。核心状态是"密友"。意味着所有的传播都会有"密友感"。但多数地产传播，经常是定位说定位的，执行玩执行的，即所谓"面具营销"：戴着国际大盘的策略面具，却举行着广场舞的活动。不是我认为活动不可以做广场舞，而是为何不从策略就定位清晰？哪怕是"能跳广场舞的国际社区"，策略清晰地界定符合自己能力的形象和传播内容，而不是为了有策略而有策略。

策略是控制传播系统的那套"门禁"：什么可以进，什么不可以进。可惜，多数执行基本是脱钩的。你可以回答我：老夏，你没有考虑很多三四线城市，策略是为了高大上，活动是为了接地气。

但其实策略制定时，就应该综合考虑"高举和低打"的结合。所有为了"挂个面具，拉高形象，不考虑执行"的策略，反而加大了执行难度：策略有跟没有一个样，每次活动，每次落地包装，每次对外巡展，还要归零思考。而好的策略，在你不知道怎么做活动的时候，能清晰告诉你：怎么做，做什么，什么不做。

譬如，当年一个有山有海的旅游地产项目，我的策略是"打架"：海是给惊涛骇浪的，山是给沉默不语的，似乎这个项目是给两种完全不同的客群定制的。线上，海说海的好，山说山的好，然后突然告诉你这里"有山有海"，让你有"一份价钱买了两份货"的感觉。

就是这个策略，给了现场包装清晰的方向。当时后期创作时，我的文案设计们不知所措，甚至想看其他海边项目的创作，不知道该不该抄袭，如何抄袭。我就告诉他们：回到策略，问问策略，现场导视就知道应该怎么做。

问一问就能从策略知道：现场一样"打架"。对！进山进海的分叉口，一个分叉导视。指向海的写道："出海去，给天生波澜壮阔的人"，指向山的写道："进静山，给天生三思而行的你"。山海在抢客，让购房的人看后，平添一种"一栋楼，买下两个世界"的感觉。

同样，你不知道活动怎么做，还是问策略：策略，策略，推广活动应该怎么做？稍微思考，就能从策略知道：活动一样"打架"。譬如异地推广，活动是"两种日子"，让某些茶馆和文化组织，谈山上精读的静养生活；让深海潜水员、冒险大人，讲解海滩畅快的小冒险方式。

好的策略，不仅是"规范"你的传播输出，什么能出，什么不能出，更能降低执行再思考的难度,任何执行卡壳时,回到策略,归零思考。如果还是想不出来,只有两个原因,要么策略不对,要么你的思考链接能力不行。多年来,我屡试不爽,真出问题,也就这两类问题。

```
                    打架的礼物:海货 PK 山货
           ↗
           → 打架的现场:山海抢客
   打架 →
           → 打架的活动:两种日子
           ↘
                    打架的文案:山说山的,海说海的
```

图 7-5 策略,必须能给传播动作清晰的指导

再举一个例子,本书中另外一个案例,全家庭褐石四街区的策略定位下,因为策略是针对全家庭,客户反问我,DM 怎么做。

我反问他:"你说呢,策略是啥?"

客户回答我:"学龄全家庭的四街区。"

我说:"那答案不就出来了吗?"

客户说:"难道做一封家书?打开三份小信件,一封给父亲谈土地价值,一封给母亲谈户型和商业配套,一封给孩子谈公园玩乐和学校配套。"

我回答说:"对。"

所以,好的策略,一旦制定,就能降低再思考的难度,让甲方也知道广告的做法。

策略如化妆，你若决定化妆，就麻烦化到底。就如一次完整的女生化妆流程：护肤—防晒—妆前乳—遮瑕—定妆粉—眉—眼—鼻—高光—腮红—唇—定妆喷雾，一步不能少，否则这美都会打折扣。若总是"挂着国际的策略，跳着乡村的舞"，浪费你广告公司的脑细胞，也加大你执行团队每次的执行难度，那顶多是给项目挂了个面具，还是个"一碰就坏，一跳就掉"的面具。

回到项目定位，核心是"密友"，密友是什么，无非四点：

- 无所不谈的，甚至认识彼此家人
- 相互往来的，访友如回自家一样亲密
- 相谈甚欢，无所拘束
- 相识相知，彼此分享

对的，根据这四个"密友特征"，就能完成一个养老项目四个营销核心的传播创作：

- 圈子营销怎么做
- 现场动线怎么设计
- 产品规划怎么包装
- 小成本营销怎么玩

我一直说，策略不是仅仅用来装高大上的，还是解决实际销售动作问题的钥匙。不信，看我如何就用"密友"，不费脑瓜，还格外有意思地设计全销售动作。

案情第 **6** 步

密友传播　农夫的 300 万元

一开始，我们正是基于策略在思考传播的路径，很传统，线上如何区域覆盖，线下如何主动出击，尤其在传统中国老人注重的节日。但是，客户突然的交底让我们彻底"歇菜"：他们可能只有 300 万元。几亿元的货值，而客户群体又分布在全市各个圈子，用传统渠道投放的方式，可能未见浪花，钱已花光。

即使节约地用，300 万元均摊两三个渠道，可能一个月也就花完了，一定要集中在某单一渠道上做到极致。而所有单一渠道里，户外、活动、互联网等传统用法几乎无法确定费效比，而且现在那点钱几乎肯定只能放弃线上，只够线下。

而在线下渠道里，唯一在养老地产里可以发酵，本身成为传播话题的，只有样板房。因为我同时在操盘的另一个项目，最后连样板房客户都指定要加价买，提醒了我们：能不能大胆一点，样板不是设计样板，样板本身可以当作话题营销去做，还有可能将花出去的营销费也赚回来。

尤其老人这个圈子，说泛，确实太泛，泛布全市。但是要找到他们，也不是很难，找到这群人的精神偶像，那就很容易找到这个客群。

那他们的偶像会是谁？具象到五六十岁，有 200 万元支付力，且活力充沛，有一点戏剧、歌唱、种地爱好的长三角客群，这个偶像就很容易得出了。

我们确定的一个思路是：做密友样板

是的，样板设计的最大卖点是，邀请这群老人的偶像做样板房。钱不多，请得来，甚至我们就把钱砸在这一人身上，用现在流行的网络用语说，他／她具有强大的"带货能力"。

我们给了甲方和自己一个苛刻的要求，两年做三套样板，但是第一套样板房不卖掉，不做第二套。这意味着我们可以心无旁骛地做好一个 IP 的包装，也聚焦挖掘此人的带货能力包装。我们最后确定的一个 IP 人物，是这个城市著名的女性戏剧艺术家，粉丝年龄段集中在 50 岁以上，而且其本人又是一个极其精致的女性。

针对其性格，我们这套样板没有用"温馨、宁静、颐养天年的老人家"，因为我们的主题是"乡村密友俱乐部"，策略背后是一群"旺盛的活跃派老人"。所以，我们将其定位成"60 岁的精致小女人"，用现在的年轻词汇来定义，就是"作"。是的，只有这种不服老的女人，年轻时在舞台上风光无数，年老时依然爱美、爱唱、爱社交、爱设计自己的人生。没点"作"还真不能形容这种"不老的 60 老人"。

而基于此，整套样板也不会特怡静、特老派。反而是"用女人感动女人"，活泼鲜艳的适老设计，用"小作"的鲜活性格，打动另外一群"依然想有掌声，依然想玩得精彩"的同龄人。我们当时给予设计方和戏剧大师的要求："戏剧大师设计的样板房，不谈戏剧，不谈造诣，而是想办法，让女人感动女人。既然台上动人万分，那对美的追求自然不逊色于 18 岁少女；既然戏中细腻无比，那台下也要是恩宠万千的公主。"

样板主题很快出来了——"三宠"，放下衰老，完全是一套年轻贵太太的生活感觉。设计亮点里，我现在还记得很多：

- **衣宠**：爱美，是某些女人一辈子的事业，即使人至 60 岁。样板衣柜是敞开的，衣柜里显目位置，挂着最显眼的少女、中年、老年 3 件旗袍，花色不同，腰身尺寸却同样纤瘦。从妙龄少女到人过中年，再到黄昏时分，不是每个老人都能保持对腰线的追求，但是每个老人都希望邻居也罢、圈子也罢，能有几个这等"腰线自律"的老人，那么圈子的活力和焦点人物就都有了。因为美是可以感染环境的，也许自己做不到，但是谁不愿意自己的老年生活里，住着几个对生活还有追求的邻居，如果她骨子里也是向往"小作"的女人。

■ 粉宠：如衣宠。老人一样有自己的化妆台，可以不浓妆艳抹。但是3个面霜、4瓶香水、3款护肤精油，6格18盒，柜式梳妆台，该有的还是要有一点。依据客户反馈，我们甚至调整妆品桌上的生活感，放上葡萄园里种植的四季盆景，在艳丽和自然之间取得平衡，设计出一个"懂得窗外三千自然美，偶尔点缀几抹粉妆美"的隔壁邻居。

■ 爱宠：其实身材、颜值都是浮云，人到黄昏最大的幸福是"还有小情小调"的老夫妻情感。当时，艺术家和她丈夫两人相加有120岁，但我们觉得女人越老越要宠。餐桌是双人对望式。客厅再大，沙发却是两人情侣沙发。拖鞋也是一粉一黑。甚至连浴室拖鞋，也是粉粉的小女人色。老人若丢了爱，那才是真正的衰老，老人所谓的密友，最重要的还是自己的另一半。

我们去过很多养老样板房，见过100项适老设计，10多项紧急呼救设计。我们也会采用一些，但是我们更明白我们的优劣势在哪儿，我们可以感动的老人又是何人。样板房故事本身就充满了话题，乃至争议，甚至有些老人不喜欢。这就对了，硬伤够大的非刚需项目，营销目的就是"感动一群人，招惹另一群人的不爱"，因为它本身不完美，不必，也不可能取宠天下老人。但是能吸引一些喜欢社交，不服老，希望重听掌声的老人,我们的项目传播就赢了。

紧随样板,我们挖掘了大 IP 人物的"30-300-3000 带货能力":

- **30 密友**:这种大 V 都有自己的密友。针对这群人,我们特意设计了项目晚宴。不刻意介绍项目,但是作为大 V 设计的样板,邀请大家做客,主题为"30 年艺术生涯的晚宴",进行第一个圈子的攻击营销。
- **300 朋友**:任何人除了密友圈,还有朋友圈。我们基于其好友,定制邀请函,作为生活派对邀请,进行利用好友效应的二次"杀客"。
- **3000"粉丝"**:利用其"粉丝"效应,实现邀约千人看样板。让那些一直仰望偶像在台上的样子的人,看看她的戏外生活和养老故事。

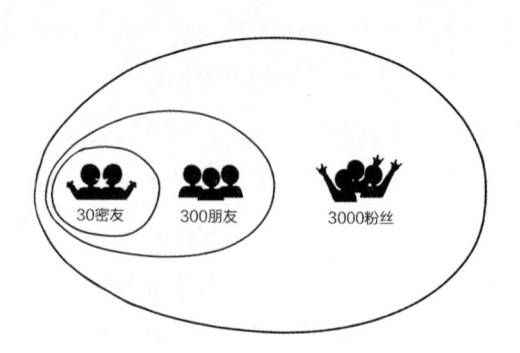

图 7-6 基于人与人的关系,进行大 V 的三个不同"密友圈子"的传播

当然,这个房子的核心客户,远不止其"粉丝"。基于区域特征的周边政府、商会、高级旅行社也是核心购买客群的集中地。如果上面是"50+""60+"营销,那我们在养老营销发现,还有一类营销叫"40+"营销:不是要把房子卖给 40 岁的人,而是这群人作为家中小辈,常常是购买的第二决策人,甚至在有些家庭是共同决策人,因为涉及遗产等问题。

所以养老营销除关注老人，还要关注第二决策人：老人的子女。

我们做了戏剧大V的专场，但是邀请函除了发给老人外，还针对政府、商会的"40+"人群。正如邀请函所讲：你有你的青春偶像，难得陪你父母，看一场他们的青春偶像专场演出，顺便选一处能让他们和偶像做邻居的颐养居。

当时设定入场票是现场领取，这样就获得了对准客户——老人的子女做一次现场沟通营销的、先入为主的机会。

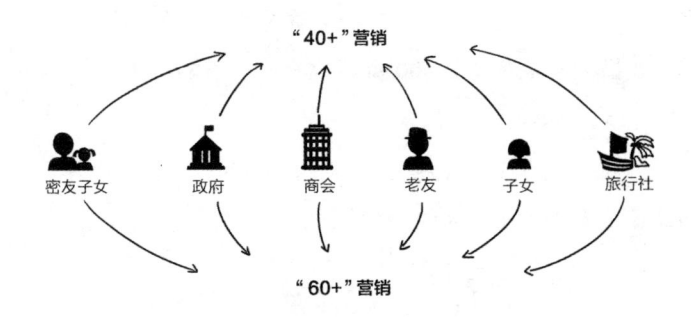

"40+"营销

密友子女　政府　商会　老友　子女　旅行社

"60+"营销

图 7-7　养老地产，有时候不纯粹是对老人的传播

重金大V样板，然后是小成本的邀约互动。做"40+""60+"人群沟通。一条线是"让女人感动女人"的密友营销，一条线做"作为孩子，给父母和偶像一起老去的机会"的准密友营销。

同时，在产品形象上，我们也延续了"密友间的热闹"。就那几栋田野上的房子，换个角度思考，还真有热闹的密圈感：

产品设计的传播：密友们的热闹房子

原来这个房子是一个艺术工坊，鸟瞰下去，很粗犷的几条横竖线条，很不同于传统的养老房。至少，艺术工坊高挑的梁柱，通透的空间，超长的工厂车间式设计，确实与众不同。

因为我们设定"客群是热闹的老年密友"，产品形象是"热闹的乡村高级密友圈"，如果房子本身是安静的，那就大煞风景了。所以，最后我们用四个字重设修正出一个"热闹的养老居"：

- **横**，百米横廊式，阳光长庭式颐养居
- **撇**，撇不下的圈子，密友式的乡村俱乐部
- **竖**，跨越 50 岁、60 岁、70 岁的全龄垂直一揽子健康管理系统
- **捺**，如横撇竖捺的捺，500 亩葡萄园，一番酣畅淋漓的高级乡村写意

最后的产品小册子叫"横撇竖捺"，谈硬件软件上都活力无比、献给想再听掌声的老年人的作品。

百米横廊　　　全龄健康管理　　　撇不下的圈子　　　捺一番乡村乐子

图 7-8　策略决定产品形象，活力养老决定产品也有"横撇竖捺"的活力

不止房子因为策略而重包装。策略如门禁，界定着什么能进（讲），什么不能进（讲）。而在这个"热闹"的策略下，我们的销售动线和售楼处主题，也随之做了改变：

现场动线故事：密友串门

我们预估，未来上门量不会太大，属于精致客户，可以做到认真的一对一接待，详细地带看流程。所以，我们在设定上就放弃了"沙盘、洽谈、样板"这种传统"售卖感"很强的空间装置。既然是"密友圈子"，来访的也必然是"老友"。

所以"老友串门"的流程，就弱化了营销卖楼的氛围，强化了"串门看看老朋友的养老居"的感觉：

1. 迎友：既然老友串门，就要有老友串门的味道。换鞋，看起来繁琐，换下皮鞋，换上拖鞋，但是一下子消弭了对"卖你房"的销售防备感，有种回老友家的亲切感。

2. 家酿：只有售楼处才有茶水单。都串门了，那肯定是亲切地给老友推荐自己的家酿，尤其作为一个艺术村落里的葡萄园子，我们的葡萄酒是自家酿的，其他咖啡、茶饮则是邀请隔壁艺术村十个艺术家推荐的（养老公寓对门就是艺术家村落），单子上清晰地写着"梅子酒，对门403音乐工作者潘旭婷推荐""自酿黑加仑香槟，对门607艺术工作者张小瑞推荐"……这些文字在强调"密友感"：艺术家不再是高高在上的人物，你若住进来了，他们就是你未来的邻居，甚至密友。所以，还是那句话：好的策略，是可以左右所有传播物料的钥匙。

3. 唠嗑：串门就没有"销讲"，而是"唠嗑"，所以沙盘就取消了，区域图变成了上茶上咖啡的那个杯垫。一张茶垫，就是项目总平面图，喝茶间，手指点点，不经意中将项目介绍完。

4. 相别：传统的接待流程，在这里软化成温馨的密友串门接待流程。甚至客户临走时我们给的除了《横撇竖捺》，还有一份不贵，但很有密友感的礼物：泥土书和一瓶土。

- **泥土书**：三本种植葡萄的高人秘籍（美人指、巨玫瑰、翠峰）。
- **一瓶土**：一瓶当地上等的沃土，瓶子上写了一句话"问这座城，有几人老来能有一亩三分地"。

图 7-9 密友串门式的现场销讲动线

策略，就这样渗透在每个环节，而不是摆在台面上看看而已，甚至在最后老带新的客户营销里，我们也有更深刻的"密友营销"认知。

老带新的动作：密友间的妒忌故事

广告人都知道口碑营销，但是多数人使用口碑营销就是"赞美的口碑"，除此之外几乎没有认识到还有其他情感的口碑营销。而老人之间，最有效的口碑传播情感常常是"妒忌"：老人间洋溢着小攀比，而这种攀比甚至可以延展为"老人子女间"的。我儿子给我买了什么，通过老人的炫耀，很快就能传遍老人圈子甚至小辈圈子，之间夹着"嫉妒、炫耀、夸赞"等多种情感。特迅速，特有效。

我们发现诸多购买老人，都认识其老友的孩子，甚至对相互间的家庭也很熟悉。于是我们利用"老友给老友""老友给老友孩子"等多种方式，做更真实情感的口碑营销：

- **老友给老友**：入住的老人，给他的老友寄送这里练歌的录音，带一句："连很少来看我的外孙，现在也常来，昨天，我这个五音不全的，还和孙子一起进了次录音房，录了一段。"鼓励老人微信自愿发送，老人也十分积极（一来是炫耀，二来是老人也希望老友同住）。甚至连入住后平时的体检单，也是发到老人的手机端，鼓励老人在朋友圈发出身体健康的体检表格，因为这是最大的"妒忌购买"起点。

- **老友给老友孩子**：和对方孩子熟的，我们鼓励他们邀请孩子先来看，甚至鼓励"用自己的庄稼果实"邀请孩子们来。而老人这种天生不服老，外加一点点小炫耀情绪，对这种活动的积极性就更高了。自己参与种的果实、自己参与种的葡萄酿成的酒……虽然未必美味绝伦，但是因为有自己的参与，意义决然不同。再附上类似的文字，这样的礼物背后，多少小辈看完，"妒忌驱动营销"就见效了：

你爸和我都是爱酒的人，年龄到了，不敢贪杯
但喝对酒不仅不伤身
而且还补身，关键是要有营养师指导
我住的园子，靠着葡萄园，我也种，种得不好
让营养师挑了几瓶对你爸高血压有好处的葡萄酒
——"酒鬼" 叔敬上

老人不止有爱静静生活的，养老居所也肯定不只有颐养天年的静。无论是医疗资源型，还是自然生态型，任何老人都不希望这里是沉沉暮

气的地方，都希望多少有一股子依然年轻的被认同感和归属感。

无非，我们基于项目泥土的特征，做了一个说实话的密友策略。然后基于密友策略，化妆就一"妆"到底：房子植入策略的味道——横撇竖捺的热闹密友居；营销动作植入策略的味道——一个大V的密友营销故事；现场植入策略的味道——一个密友串门亲切而热闹的流程；口碑传播植入策略的味道——一个密友妒忌传播的真实情感线……

图 7-10 制定了策略，就要一"妆"到底

是的，这个案例是一个反问"老人真的只爱静静老去"后的反思传播：
一个彻头彻尾给热闹、精致、再听掌声老人的泥土香产品。
一个彻头彻尾的欢喜、妒忌、热闹、亲密都有的颐养场景搭建。

小结：一堆创意的坏习惯

1. **创意坏习惯**：思维定势，如老人都爱静静
   锻炼能力：24小时心电图式洞察
   案例举例：再掌声俱乐部

2. **创意坏习惯**：单情感的口碑营销
   锻炼能力：多情感（如妒忌）的口碑营销
   案例举例：老人的体检单，老人给密友孩子的葡萄酒

3. **创意坏习惯**：策略和传播脱离
   锻炼能力：化妆化全套
   案例举例：密友策略渗透到现场、产品、口碑、物料每个细节

4. **创意坏习惯**：养老传播只有"60+"传播
   锻炼能力："40+"和"60+"双线传播
   案例举例：陪父母听一场他们偶像的"演唱会"

音频小作业：高铁站，卖给不需要高铁的人

卖给老人的房子，一定是静静老人房吗？我用1万多字的案例解读，告诉你NO，并且告诉你怎么卖。

同样，高铁站的房子，一定只能卖给超级依赖高铁的人吗？答案也是NO。问题是怎么卖。曾经做过一个亚洲前5位的高铁枢纽站旁的住区，

新规划的板块，全新的枢纽对于区域居住、商业、办公有很大的带动。但是很多人还是绕不开这个区域就是一个"坐高铁的地方"，即使知道高铁也会刺激区域居住生活的发展，但是上述固定认知，还是难以突破。

学着如本章我说的"24小时心电图洞察法"，对高铁区域、对传统的客户认知，做一场有意思的"纠正教育传播"吧。

想完、整理完思路，扫码听我的解题音频——《高铁站，卖给不需要高铁的人》，或者进入喜马拉雅APP，搜索《创意的坏习惯》专辑，聆听我的答案。

第 八 章　山林别墅的误区

常年卖假货,
突然进了一批真货,
咋吆喝?

引言　中国地产，一个不缺"一"的行业

说得委婉一点，中国地产行业在过去二十多年里，对于好东西的价值观是空前一致的。说得直接一点，地产业对于价值观的表达很贫乏。

虽然《广告法》规定不能说，但是从创作伊始，甲乙方的创作价值观就是，极尽所能，关联这些"一"：

对于城市繁华程度，绝顶好的，就说我是"一"城中心；差一点的就是"一"转身即繁华；差到不能再差，也是共享"一"城心。当然好到不能再好的，也是"一"：唯"一"中心，谁与争锋。

而关于自然资源，如山，我们的唯一价值只有：山"一"线。山二线都不好意思说话，基本都改为"一"窗山景在眼前。再差，就是"一"转身是城，再转身是山。

对于配套资源，打学区的，说"一"流名校、"一"步之距；打物业的，说全国"一"等"一"资质物业，差一点就说"一"应必答，有应必答做不到就说"一"生陪伴。

说大师设计的产品，有点知名度的打全球设计界第"一"人，知名度不够的，打某大师中国唯"一"作品，再不行就模糊地说，全球"一"流团队。实在什么都没有，就给你编织一个梦，说未来"一"步到位。

说有趣点，中国地产行业是一个很不"二"的行业：充斥"一"的行业，产品可以做不到"一"，但是广告传播里绝不能出现"二"。

其实，我并没有想纯粹斥责这种行业价值观过于狭隘的现象，因为它反而导致广告人的有些能力超级发达，当然也促使传播人有些能力的极度退化：

- 传播人的"一线想象力"发达：对于如何将项目包装成为"一"有关的项目，这个能力，中国传播人超级发达，二线三线四线项目，都有能力去包装成某个角度的"一线"。

- 传播人的"真一线现象力"退化：真遇到绝对的一线，真的零距离，真的开窗即资源，真的城市唯你一中心，多数传播人能想到的，还是"假一线"的那些策略和词汇。就如习惯了常年卖假 NIKE 的微商，突然来了一批真 NIKE，还是用"保真""原厂原单正品""三标齐全""柜上同一货源""全球可验"这些卖假货的销售词汇。

所以真一线项目，在这个"三线也嚷嚷一线"的中国地产世界里，突然出现，有时反而很吃力：真突然落到传播人的手里，常常是烫手山芋。这章，就来谈个山的一线项目创作故事。

案情第 1 步

项目初接触　比一线还一线

这是这个城市唯一的山。甲方和我们沟通的时候，虽然不断强调"山一线"，但是真到了现场，我还是完全被震撼了。我已经操盘过很多这座山附近的项目，也曾叫嚷过"山一线"，但是真的如此近山，几乎"山就在自家院子里"的别墅项目，还是第一次见到。

一时词穷，只能用行业俗套话形容"零距离的山"。

但是回头一想，如果我都词穷，那意味着这个"真一线"项目的表达是多么困难，因为这个项目周边过去十多年，几乎凡项目必嚷"山一线"。

再囔,肯定没有什么诱惑力了。从第二点来说,当甲方当面强调了无数次"山一线"时,由于我们浸淫行业导致的麻木症,我们都没有震撼和相信,而这些别墅客户的购房阅历和对山的关注不会少,继续谈一线,估计他们和我们一样,早就无动于衷了。

问题是"山一线"是它真实的标签,讲真话,却可能无人相信,我突然有一种无可奈何的悲哀。

项目是独栋产品,有局部的亮点,譬如:东西南三个入口的开放式设计、二层露台小泳池……但是都不足以成为一个豪宅项目的核心诉求。

独栋的形态在当下确实珍贵,但是如果过于诉求产品形态,反而掩盖项目的核心卖点—山。某种程度上来说,传播如舞台剧,主角过多,哪怕只是多了一个主角,聚光灯就不知该打在哪儿了,最后往往成了"没有聚光灯"的舞台。传播也同理,想说的变多了,反而最后可能连产品都没说清楚,就如舞台最后光都没打对一样。

而且周边独栋的产品,户型有亮点的比比皆是,山肯定是头号卖点。

案情第 2 步

项目复诊 熟透了不是好事

迷茫的背后,我把项目归零,简单化看待这个项目:这是一座什么样的山。

这是一个过去十年,把山概念卖空的区域。山的高尔夫、山的乐园、山的一线、山的王国……如中国所有重度开发的城市山区一样,几乎所有关于山脚下的能出现的概念都已经出现,外加"三线二线的都谈这座山",导致这个区域本身已经被客户下了思维定势:山脚下都是别墅的地方。

思维定势,有时候是个好东西。我们做传播,做产品,就是希望用尽所有手段,让客户看到我们的标签,而且这个标签最好是我们贩卖的最初设定形象。如沃尔沃,用尽八十多年,想让所有人对其形成思维定势———一辆安全的车。而地产界,我们有些品牌开发布会、做工法房、每个项目做厚厚的科技白皮书,甚至让集团领导人穿着有高科技含量的衣服上台,人、事、物用尽,就是想给客户这样的思维定势:我是造科技住宅的企业……

思维定势有时候又是坏事,如果客户对你的定势,和你想要的标签有偏差,这比消费者对你毫无认知还要麻烦。譬如中国母乳制品,最重要的传播障碍是,消费者对于国产母乳制品的思维定势:不安全。

熟透了的山区域,客户的思维定势是:一座山脚下都是别墅的山。而我们偏偏却离山最近,几乎是最吃亏的,这点对我们非常不利。

我的文案说了句:其实我们那么近,不是山脚,都快算"进山的别墅"了。

"不是山脚",这个胡乱想的词,突然提醒了我和团队。至少我们站在项目露台上,相比其他项目,几乎就如站在山坡上,有种伸手可触山顶的感觉。

如何从感官体验上的"不在山脚"转化为真的"不在山脚,已进山"。这只是我们当时一个简单的想法。先不谈如何寻找"不在山脚"的证据,这里插一段归零思维对于传播创作的重要性。就如我们接下来所讲的突破，就源自我们将市调厚达一百页，发展经历能说老半天的一个城市山区，归零思考为：一座山脚都是别墅的山，这才有了最后方向。

多数时候，我们没有发现传播的入口、找不到洞察的切入点，不是因为知道得太少，而是因为知道得太多。

而去除干扰信息，不是一种任何人随随便便就能掌握的能力，它需要有基本的行业认知，外加一定的洞察总结力。所以归零说起来容易，做起来很难。

归零，要把"大数据"读成"1数据"，即将纷繁的资料读透，总结出简单的、关键的、能引发传播涟漪的真相。多数时候，最后归零得到的往往只用一句话。而读透的过程，却包含两个能力：

- 去除干扰
- 总结本质

就如上一章所谈的葡萄园养老案例，没有医疗优势，在老人普遍倾向选择医疗资源和生态资源（其实也是一种医疗资源），而我们只有葡萄园和一亩三分地的情况下，我们做了这样两件事：

- **去除干扰**：我们不跟风谈医疗资源。
- **总结本质**：活力养老，活出有掌声的感觉。

所以当时我们对项目问题的归零洞察是：没有白大褂的前提下，如何"煽动"老人的高级田地情怀。"没有白大褂"，让项目明确不跟风去做医疗补强，集中思路去做关于泥土的文章。"高级田地情怀"也让我们知道了钱应该花在哪儿，传播重点在哪儿。

同理，第二章中谈到的褐石学区房，周围都卖学区房，我们没有超级优势，只是一个美式风情的项目，我们归零思考项目成交本质：

- **去除干扰**：不再纯粹比拼学区距离。我们没有绝对优势，客户也不在乎 80 米和 100 米的区别。
- **总结本质**：中国当代家庭，孩子是第一，但不是唯一。

所以项目的归零洞察是：给孩子最好的 22 年，给全家最好的 70 年。"22 年"，让我们在传播上多了"学是一座学校，玩是另一座学校"的街区包装思维。"70 年"，让我们有了"褐石四街区"的全家庭住区，而不是唯宝宝的学区形象。

去除无用的信息，尤其拒绝将"非核心卖点"放入传播洞察，是一种很难下的决心，谁愿意把自己的卖点 "拒之门外"。而就是纠结"不敢排除每一个，不知道排除哪一个"，才导致我们刀不知从哪儿切，针不知从哪儿打。勇敢和冷静，是归零洞察的两大重要心态。

否定、删选、排除是痛苦的，但是一旦正确地归零到底，结论给予的方向也是清晰的。

以归零思维思考这个城市山区后，我们发现这个区域的市场思维本质是：一座山脚都是别墅的山。

- **否定了一些东西**：明确告诉我们不用再纠结要不要高举高打独栋，这里不缺独栋；也有趣地提醒我：在定势思维下，再强调山一线也是徒劳，因为见怪不怪了。用归零思维来理解早年茶饮市场，它就是一个"口感市场"，再强调甜的、酸的、祖传味道的，已经很难突围，如何"在口感市场里，创造一个有功能诉求的饮料"是某去火饮料横空出世的关键。
- **找到了一些方向**：山脚成为定势了，那就寻找"跳出山脚进山"的可能性。唤起新鲜感，甚至创造新品类产品，颠覆客户对这个区域的传统思维定势，就如在口感市场里，创造不谈口感，谈功能的茶饮。

很多时候的传播,是我们自己因为知道太多,人为地把事情复杂化了。简单思维,甚至局外人思维,看到的往往更透。

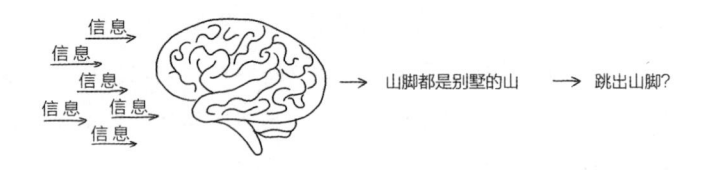

图 8-1 想不出来,有时候不是想少了,而是想多了

案情第 3 步
项目的位置　寻找"跳出山脚"的可能

我们总说传播在地产现代营销中作用越来越小,但是回顾哪怕不是过去十年,就是最近一两年,尤其文旅项目,传播沟通更接近客户内心需求的、社群活动做得更极致的(社群在多数项目中本质还是卖房的营销手段),最后获得的客户购买欲望要高于竞争对手不少。说明传播用得好,依然可以创造价值。

包括"产品故事"在最近两年一时风光无二,证明消费者并没有丧失对传播的关注,只是消费者越来越精明,对于"精神和物质利益的双向满足"要求更高:既要有产品实际利益,又要有故事情节的打动。

所以我坚信,地产传播的价值依然存在,只是不能那么孤立地、绝对化地看待传播。而且创造出新的、激发客户欲望的传播方式的门槛更高了,显然,这个山脚概念被用烂的区域,就需要创造这种新的刺激方式。

当然放在这个想要"跳出山脚"的项目,我们创造的肯定不是"无中生有",绝非因为别人都在喊山一线,所以我就夸张地喊"我进山"了。从一开始,我们就本着寻找"真实论据"的角度去赋予产品故事。但能不能真的进山,我没有把握,甚至做好了找不到,失败而归的心理准备。

最后发生的事实证明,任何产品研究都要有"门板缝里抠米粒"的精神。最初连我的团队都反问我一句:"怎么可能使在山脚的项目进山呢?"但我们造访了山顶天文台,在那儿看到了一张多年前从山下眺望山顶的照片,而当时将本项目和山隔开的公路还未修建。照片中可以清晰地看到,公路未修建之前,我们的地块正位于山的余脉。只不过公路的修建,彼此连接的断裂,让项目看起来成为山脚的一部分,而不是山的余脉。

因公路　山脉断开

图 8-2　像门缝板里抠米粒一样,找到破解的思路

按图索骥,我们找到了甲方提供的项目坡度分析,清晰地看到项目地块内还有山脉余脉的起伏特征。一张照片,一张坡度图,证明地块就是山的余脉。无非是公路修建,让其成为当下的状态。

再翻开过去十多年这座山的别墅推广历史,说到底就是两场争吵:

- **一场是**：我正观山，你是侧观，和我相比，你远非山的嫡系。
- **另一场**：你山二线，我山一线。

放大到中国的山别墅传播，如果再加一场资源争：我占有更有的山谷、泉眼、人文历史资源，你没我好，这三场"争吵"，就是中国山野别墅传播史的完整全景。

其实何止山资源，放眼中国任何地产资源的传播，基本最后都会陷入关于方位、远近、资源优劣的无限扯皮PK里。但事实证明，这种超理性的争吵，只会牵动消费者陷入更加理性的价格PK，最后导致优质项目无法溢价，次级项目疲于作比较，就如入门车4S店，越强调理性性价比，越只会招揽更加关注性价比的客群。

面对这种理性数学式的PK，诸多成功案例证明，不跳进"传统游戏"里跟玩，自玩自的游戏规则，反而豁然开朗。当年无锡太湖边很多项目，都陷入了刚才说的"方位、远近、资源"PK里，而拈花湾，甚至不是一线临湖，"自造"禅文化体验自成中心后，不临湖的别墅反而获得更大的成功。当然这里有前期规划的强大作用，但是无论如何，当初若是执着于竞品的"三场争吵"里，那拈花湾肯定就不会是今天的拈花湾。

我们决定不陷入"一二三四五六七"线的争吵里，自造自己的体验系统。你争一二三四，我自悠悠藏山里。如此一来，在找到那张老照片后，对于项目的传播语就达成了内部共识：**我本山脉绵延处**。

"我本山脉"，不玩这座山过去十年丢下的老游戏。但这只是第一步，靠两张图片、一句话，不可能让消费者就认为你"真进山"了，这还远远不是"自造体验"。

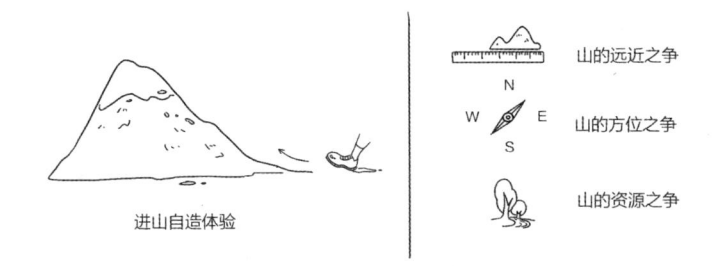

进山自造体验 | 山的远近之争
山的方位之争
山的资源之争

图 8-3 具有极致体验的项目,要谨防被拉入"传统游戏"里

案情第 4 步

项目的势能　山的三个孩子

我们总说做豪宅,要做到"战略重视,战术藐视"竞品。但是多数项目,做到了前半句"战略重视",甚至超级重视,但是战术上,传播道具上,还是情不自禁只和对手比较。

执行传播时,我和团队说了一句,现场超级重视对手,要做到销售说辞句句有针对,但是在形象势能上一定"藐视",甚至无视对手,别老"缠在一起打架",这反而会降低区域唯一山一线项目的范儿。

团队问我:"怎么藐视对手?"

我回答:"我也不知道,但是肯定往山上看,因为我们都已经是'山脉绵延处',不玩对手玩剩的游戏,自己都'藏'到山里去了,那就该彻底用'山里话'说自己喽。"

如何向山里看,如何用"山里话"沟通,说得容易,做到难。多数人还是会炫耀山的树种、鸟种、氧气量……误以为这就是"山里话"。某种意义上,这是我们这个行业 20 多年形成的惯性思维,一到资源项目就炫耀"资源的数字"。必须承认,这种方式在最初沟通阶段很高效。但是当传播信息扁平化,几乎所有山的项目都在使用时,那效果就会渐渐降低,甚至令人无感。

真正的山里话,是真的一猛子扎进山里,洞察这座山才有的语言和表达方式。就如我后来带着团队,又重新审视这座山的"山货"。山很简单,除了丰富的资源,只有两座人造的建筑,一座是教堂,一座是天文台。而山加上这两者,就是大众对这座山的"定妆照"印象了。得出这张"山的定妆照",团队就反问我:"这就是山里话?"

我有点被问住了,不知如何回答。但是我有个习惯,就是当解不开题目的时候,会将项目地图或者某种我认为有效的信息打印出来,挂墙上死死地看着它,一晚上,甚至整整几天。因为我知道:答案已经看到了我,我没有看到答案而已。

这不是心理暗示,很多项目我就是这样破解的,这是一个传播创意人的直觉,无非从直觉到答案,中间阻塞了某些你无知的、无感的、无认知的信息。盯着它,让我能找到通往答案的线索。

就这样盯了两天。我突然想到了二十年前,有个商务通,为了挤入消费者的选择视线,也研究了当时商务人士的"定妆照":多数人都是手里拿着手机,腰里别着 CALL 机(因为当时手机电话费贵)。于是它基于这个"定妆",强行将自己挤入这张"定妆照",形成了当时一句脍炙人口的广告语:"呼机、手机、商务通,一个都不能少。"

"定妆照",就是人们对于事物最直接、最统一的反应,挤入其中是最有效的创造产品和客户关联的方式。记得当年南京有个项目,在东华大学和南京大学中间,于是就基于这两块地的认知,做了一个强行挤入的广告语"东大以东,南大以南",其实也是利用土地"定妆照",进行关联创作,直接建立项目土地价值。

在研究如何挤入定妆照后,我们发现最早进山的是 100 年的天文台,而后是 80 年的教堂。所以项目的势能形象豁然开朗:**百年青山　仅此三大进山作品**。

图 8-4　跳出地产思维,挤入山的"定妆照"

放弃与其他竞争对手的互搏,挤入更大的公共建筑所代表的生活状态,产生更大、更有话题性的传播借助点。所以,就如上文所讲,做到"战术藐视",远不止仅仅自造游戏的主题"我本山脉绵延处",还要真正把自己拉出山脚,拉出地产传播游戏,和更高级的城市坐标捆绑,建立更具话题性的进山故事。

而当这种"三大进山作品"主题确立后,我们的捆绑就不是竞品,而是这座城市著名的两个文化圣地——百年教堂和天文台:

- 用天文台定制的望远镜,作为项目的礼物。甚至用由天文学家设计的专业望远镜,作为未来这个大露台别墅交房的礼物,美其名曰"我的天文露台"。

- 产品手册叫作"百年 3 人",以更高的格局,谈这座城市这座山。过去百年,山脚别墅、景区、山林无数,但是真进山的,只有 3 个:一个远望天空的天文台、一个有信仰的教堂、一个闲居"小的余脉"的山人。

- 未必人人都信奉宗教,但是爬上 300 多米,听一场礼拜,走一段山路,减一下肚腩倒是人人可能都欢喜的。尤其基于别墅客群的情况,我们周末的活动就"山的三人行",一家三口,不比哪个人最早到山顶,而是比谁家最早一起到山顶,玩得是最痛快的。

- 当然,最重要的是,我们不做图形 logo,但做项目的辅助图形,在任何传播道具上,都将这三者放在一起,作为项目最聚焦的符号,强势提醒"100 年的山,山脚下不少东西,但是进山的就这仨"!

在案场说辞、客户引导、软文炒作上不断和竞品比拼,但是在线上,我们坚决让这个"百年,仅此三大进山作品"不断出现在各种物料上,摆出一副"我和世界都不一样"的态度无视对手。

如上文讲的:自造自己的游戏规则"我本山脉绵延处",外加这一节自己玩起来,找到游戏更高级的玩伴:百年教堂和天文台。

这时候,精神层面的体验足够了,又是绵延处,又是三大进山作品。只缺最后一点,作为地产交易最重要的货物——房子,该如何也有进山的风范。因为策略如故事,既然是"三大进山作品",就该有进山作品的产品细节。

案情第 5 步

产品再设计 山的故事讲到底

传统的传播故事本该到此为止，说完进山的故事就够了，房子该怎么卖就怎么卖。

那房子该怎么卖？宽栋距的卖宽栋距，双首层的卖双首层，法式的卖法式。而事实证明，在消费者购房心理越发成熟，尤其是高端置业客群的经验越来越多的情况下，产品最好是采用这两种售卖方式：

- "小学生"：面对高端置业客户具有丰富的置业经验，很多比你还懂经，销售就干净、简单、规矩地介绍产品，做个老实的学生，反而容易获得认同。

- "博士生"：销售就是一场"征服和反征服"的对手戏，如果产品溢价较高，周围竞争很激烈，产品要想获得更大认同，就要比客户更懂，产品场面更大，气场和产品一起征服客户。

两种产品态度，没有对错，只有适合与否。显然我们属于后者，尤其在前期故事已经将期望拉得那么高，突然出现一个"干净简单老实"的产品，反而会产生消费落差。

换一个角度，用现在流行的"场景"这个词汇里说，场景构造就是建造一个完整的、无断裂的全体系体验故事。如果这个购买势能是一个"进山的前生故事"，那后半程的产品故事突然务实地讲"首层、客厅、独栋、泳池"，这就属于"强制拉着客户出戏"。刚进了一半山，又将客户"从山的感觉里拉出来"，那是多失败的传播。

再从消费心理学上说，消费者从来不是在消费产品，而是在消费一种"需求"满足。就如消费者从来不是购买一个冲击钻,而是购买墙上的一个洞。当消费者有购买"山里藏起来"的体验需求时,夸张地说,我们就应该贩卖一个"高级洞穴",产品就应该巧妙地讲洞穴深度、温度、湿度、遮风挡雨的舒适度,而不是煞风景地谈容积率、动静分区等。

因此,传播不精彩,通常要么是由于甲方急吼吼地想卖货,要么就是由于创作团队的断裂创作:策略创作的人,没有深度管理后期创意具象工作中的延续性。这是中国地产传播和中国电视连续剧一样的通病,开始得很激昂,收尾得很仓促,结束得很直接。说起来都是钱的问题,深究起来其实是甲乙方对于传播的持续性认知问题。

纵然谎言说1000遍就可能成真话,但是至少也要说1000遍啊。何况,我们是在真实地包装一个产品。

所以这时候,团队又反问我:"不谈户型,不说容积率,不聊独栋,那怎么说产品故事?"

我总是那个被将了一军的人,但总有办法化解:既然原本是山脉绵延处,那我们今天干的就是将山和山脉"重新连在一起"的**"山脉的修复计划"**呗。

山脉修复计划

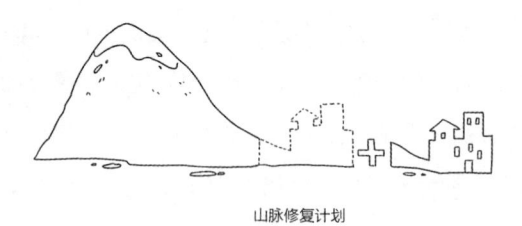

图 8-5 形象与产品要有呼应感,既然项目是"山脉绵延处",那产品就当是"山脉修复计划"

这不是一句话笑话，就如项目研究伊始我们从照片中得发现，项目因为公路修建，而与主山断开了联系，成为孤独的余脉。放在这个角度，开发商所谓的产品设计，就是充分研究"山"的物理特征后，将山脉断裂处修复的一个自然再设计故事。

产品故事，到这时候就简单了：我们就是用"仿山学"的角度造了别墅，修了院子。而此时，那些我们一直不知道如何讲的"首层有老人房""一层有三个入户门""双层挑高的客厅"等，这些其他项目有的没的卖点，放在这个角度，就成了一个有趣而事关消费者利益的"产品需求故事"了，也和前面"我本山脉绵延处"连上了。

于是，那些干涩的、硬货的、数据化的卖点，开始有趣了：

1. 隐山式院子

这个项目最大的景观特色就是密而透风的竹子围绕着院子。之前我们想用中国山林隐士的精神图腾去解释这个竹子，但似乎一下子转成了新中式故事，和整体传播画风严重不符。

而放在仿山的角度来讲，这个设计就有了故事，叫作"隐山的院子"：任何好山好水，从不显山露水，都隐在一层浓郁的林木背后。所以，我们仿造大自然隐山设计，不做张扬的院子，学门口的山，借助竹林这层"皮肤"做成竹林小隐的院，和小隐的山连成一体。

2. 进山式首层

难得一见，一栋别墅居然首层有三个门。设计师强调说这是因为可让人自然进入室内。但总让我觉得故事只说了一半，而放在"仿山"的角度来讲，这个设计就有了故事，叫作"进山式的首层"。

中国的泰山，登山线路有四条：红门、天外村、天烛峰、桃花峪。阿尔卑斯的瑞吉峰有蒸汽机车线路、徒步线路、教堂线路三种不同登顶线路。古往今来，进山道往往不止一条，而且各有风华，自有风情。

来自进山道的灵感，用南侧的院门，北侧的庭门，东侧的竹门，创造三种截然不同的入户方式，建造完全融入青山余脉的别墅。

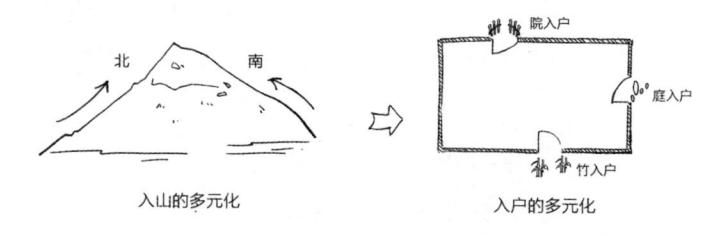

入山的多元化　　　　　　入户的多元化

图 8-6　用进山道的思路，设计别墅首层的进户方式

3. 山顶式首层

我们和所有别墅一样，顶层是个主卧层，有着超大尺度的卫生间，别有风情的落地观景台……但是这些东西，难道要和以往的别墅介绍一样，炫耀而夸张地对其进行处理吗？

放在"仿山"的角度来讲，这个雷同设计就有了故事，叫作"山顶式的首层"：登泰山观日出，登黄山见云雾……大景与大乐总在山顶才有。仿山顶的巅峰享受，设计山的顶层对望台，全落地玻璃，全套房主卧，全剧院式浴池。用一座山的顶层生活，设计一栋别墅的顶层生活。

4. 南北山脊式户型设计

甲方一直强调动静分区的同层设计，但正如之前所有的卖点，难道在大写意的进山故事里，突然来一段动静双线分离的理性规划吗？不是尬聊也是大煞风景。但放在"仿山"的角度来讲，这个超理性的设计就有了故事，叫作"南北山脊式设计"：山的南北两坡，往往因日照、地形等，地理气势截然不同。著名的珠穆朗玛峰南、北两坡的基带，南坡为常绿阔叶林带，北坡为草甸草原。源自一山两脊，风景不同的灵感，将项目设计动静双格局，同一层，动辄嬉笑怒骂，静则安然无声。

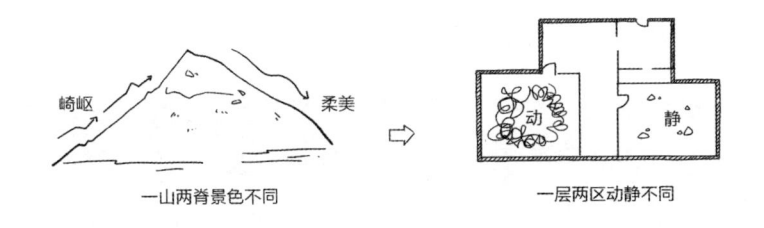

崎岖　柔美

一山两脊景色不同　⇒　一层两区动静不同

图 8-7 用一山两脊的灵感，设计同层不同动静的格局

类似的产品二次设计故事，不再累述，当时讲了将近十个。而讲到这里，这个产品的故事就不再那么突兀了，土地"我本山脉绵延处"，项目"百年青山的三大进山作品之一"，产品"山脉修复计划"，开始成为三点一线，从精神到产品统一，并且成为具有"撩拨客户能力"的大产品故事了。

这个项目创作的背后，有灵光乍现，也有"掘地三尺"翻阅资料的不放弃精神。也许这就是地产传播行业的本质：一个已经超成熟的行业，脑力思维各家都不差，没有认真对待项目的研究精神，没有不断反问否定自我的能力，尤其是没有不断和行业惯性作对抗的决心，别想做出好东西！

我用"破案"式的方式去写这本书,而不是直接展示最后创意的结果,一部分原因就在于想呈现这个行业创作的真正精神所在:探索力+坚持力。

案情第 6 步

再反思　炫耀创作和使用者创作

这个案例和其他几章不同,我特意加了第六步:反思。因为就如本章开始所讲,这是一个不缺创造"一"的行业,这造成了对于那些天生是"一"的项目,多数创作人的想象力空间是贫乏的,甚至面对这些"一"的项目,创作无比痛苦、无从下手。

至少在我介入之前,团队快缴械投降了。

在传播方法方面,当时团队和我,都有和那些假一线直接怼的想法。这种方法,我甚至认为在某些局部阶段、局部现场(项目销讲)、局部场景(客户纠结犹豫)中是必须使用的,但是为什么在大量彼此直接撕架的竞争式传播里,反而效果并不佳,除了上文我说的原因外,还有一个重要的原因,即消费体验缺失。

中国地产传播,很多是站在"炫耀者的角度"进行创作,我多高,我多近,山唯我独占,我多风光。消费是有时代情绪性的,在无自信的二十多年前,这种炫耀消费,满足了客户最需要的自信充填。而二十年以后,尤其在一线城市,消费高端产品除了炫耀,更需要增加自我情操的满足。尤其这个项目,在超级都市里,不缺商品供应,缺新鲜体验。

对于一群不缺房子，但是厌倦了一成不变的人，你需要在靠山的市场里，突然冒出个进山的新体验；在充斥了大量设计大师的独栋里，突然冒出一个"山脉修复计划"；在多数人都知道山上只有天文台和教堂时，突然颠覆性地说：一百年有三个进山的作品……这些改变原有生活状态的东西，才可能在物质丰富、产品雷同的市场里，唤起这群人的参观欲望。

这种人显然过了需要用置业来炫耀的阶段，更多的是通过购置不同物业来体验不同人生状态。所以，我们采用了"居住者使用说明书"的方式创作，代替地产业常规的炫耀者角度：

- 炫耀者关心我在一线，使用者关心居住体验如何："山脉处，起起伏伏的非平面居住，有点酷"。

- 炫耀者关心房子牛不牛，使用者关心的是居住这里，和城里有啥不同："仿山的设计，在山里不能盖房子的时代，你买到难得的真住山里的感觉"。

- 当然外加一点点炫耀者和使用者都需要的别墅骄傲："一百年，只有三个进山作品"。

炫耀者　　　　　　　　使用者

图 8-8 放下炫耀者的角度，换成使用者，传播反而可以豁然开朗

面对真一线项目，无法想到有效的传播创作路径，背后的原因正是习惯了"炫耀创作法"，导致大脑一时无法开启"使用者使用说明书"模式。不过还好，现在从甲方到乙方都开始认识到体验创作时代的到来，开始从炫耀传播，升级为体验传播。只是在创作方法上还需慢慢摸索。

愿这个案例，可以刺激大家的脑洞，有机会可以在我的"夏不飞创意日报"（二维码请见后勒口）平台上一起集思广益，探讨这个类型产品的传播创作方法。

小结：一堆创意的坏习惯

1. **创意坏习惯**："一"创作，即炫耀创作
   锻炼能力：使用者创作法
   案例举例：本案的全创作过程

2. **创意坏习惯**：策略断裂，产品裸卖
   锻炼能力：产品的二次包装能力
   案例举例：山脉修复计划

3. **创意坏习惯**：与竞品过于纠缠的差异PK
   锻炼能力：线上的藐视，线下的争锋相对
   案例举例：百年青山，仅此三大进山作品

音频小作业：进山体验如何炒作

还是这个案子，如果说现场产品体验故事，包括暖场，类似与天文台联动的活动已经很有体验感，但是离开现场，在城内的推广，山是搬不过去的。这种情况，如何炒作这个进山的体验，尤其是高端项目？

有句话"得业内者得天下"，如何将"我本山脉绵延处"在业内很好地炒作，有话题性地做二次传播呢？

想完、整理完思路，扫码听我的解题音频——《业内大佬，诸神归位的炒作》，或者进入喜马拉雅APP，搜索《创意的坏习惯》专辑，聆听我的答案。

第 九 章　**高铁公寓的误区**

哪有那么多说走就走，
那都是旅行社的忽悠

引言　自我否定的能力

很多项目，我们都会有自己的直觉。但是任何时候，尤其是刚开始接触项目的时候，我一般都对自己产生的直觉高度"不信任"，因为任何一个人在接触的初期，信息不完整，判断不周全，看似美丽的直觉，常常只是你基于碎片信息的一次片段重组，多数时候是草率，甚至错误的。

譬如，我们常常喜欢用"自在"等舒适型词汇形容刚需项目，看起来没有错，但是当你刚需项目接触多了，会很有意思地发现，所谓刚需，其实只是别人眼里的刚需，但在这群消费者自己眼里却是"高端置业"。因为越低层次的置业，客户的购买力越有限，越倾尽所有。在他们自己看来，他们梦想购买的房子，是他们这辈子唯一一次升级自己现有租赁或者居住环境的超级置业体验，甚至是一生之梦。因此，刚需传播赋予的生活仪式感，不应该低于豪宅置业。所以类似"自在"这类词汇，对他们而言，没有特别大的诱惑，因为他们现在就拥有"自在"。相反，国际化、新美式、城市综合体等词更有穿透力，是他们更向往的，因为他们不曾拥有。而中产和富裕阶层，在我操作的项目里，反倒对这类"自在"词汇，更感兴趣。也许是"穷自在，富焦虑"的时代原因吧。

很多初接触时产生的创作直觉，往往是错的。同样我之前提到过，品牌进入一个新城市的第一个动作，直接反应就是"打招呼"。你总觉得如陌生人初见，应该打个招呼，说声好，没什么错的。但随着操作品牌多了，你就会发现，地产最终还是一个靠产品说话的行业，没有户型、没有价格，甚至没有地段产品的"无信息打招呼"，用钱砸出来（一般第一次花钱都不少）的效果，远不如带产品的招呼。

甚至在这个连淘宝卖家都动不动就"亲,你好啊"的时代,消费者对亲昵的商业招呼早已审美疲劳,甚至到了"屏蔽招呼"的状态,砸钱做标准动作,还对吗?再思考,你会发现:招呼可以打,但是可以打得更有技巧。譬如当年一个二线城市的实力开发商进入苏州,左右都是全国一线品牌,但这个新来的挺认真,产品品质也超过周围一线竞品,所以我们的沟通很坦诚,如一个"拳台新手面对拳王,一定会拿出200%的实力,才能干倒他"。所以,我们不回避,特坦诚地面对压力,但也特霸气地就说了一句,"无野心,不至苏州",而不是"你好,苏州"。微微地挑衅"拳王",也有敢做城市最好产品的信心暗示,话题性也有了,产品的期待度也有了。

所以,产生直觉很好,但是不要轻易将直觉作为结论,学会更完整地收集信息,更广地参考案例后,将直觉变成成熟的问题解决方案。

自我否定不仅是一种能力,还是种毅力。有时候,难度不逊色于"自我超越"。人,天生爱活在舒适区,别人让你走出舒适区都很难,更遑论自我否定,自己拉着自己的思维走出舒适区,这种反人性、反舒适的行为,更是难上加难。

图 9-1 再难,也要学会自我否定,自己拉着自己走出误区

这章聊一个我把自己否定两次（实际上我否定了三次，限于篇幅，缩短为两次）的故事。过程看起来很酸爽，很过瘾，但是实际却很痛苦。

案情第 1 步

初接触　三亚　高铁　100 万元

一个三亚项目，听到了我们在博鳌（案例在本书中另有分享）做得不错，邀请我们去看这个项目，而且还有 6 位数的方案费。

甲方来自镇江，总部在上海，项目在三亚。当时第一次沟通也是在上海，离我们公司很近（这也是一个很重要的点，最后成为我们贩卖自己的重要卖点），我们走着过去，聊了很久，但是基本核心就三点：在三亚，靠高铁站，总价 100 万元。

一切都很美好，这是一个在当时很便宜的价格，在海南其他区域都不算高的总价，何况在三亚。不过美丽的好消息背后，总会拖一个很麻烦的尾巴：不靠海，甚至离海有一段不短的车程距离。

我们团队在海南有人，所以我没有去，安排他们直接去踩了盘，看了项目，甚至因为那段时间忙，我也没有直接管，让他们自己思考，我间歇性地管理。

其后几天，团队趁间隙找我，大致讨论的思考入手点：100 万元，确实太便宜了。近高铁站，未来去海南东海岸所有的城市，都很方便。

看得出，这是一个典型的卖点很清晰的项目，清晰到传播形象都不用多考虑，大致就是"便宜、方便、舒服"。就因为太清晰，所以发生了接下来那些"看起来很对"的直觉故事。

案情第 2 步

第一直觉　说走就走

不用说，我闭着眼睛也想到了，团队提出的第一个方案思路：说走就走的三亚小居。

挺浪漫，而且团队思路也很严谨：因为是高铁站，所以说走就走，而且高铁沿线不像京沪线那样都是无聊的大都会，这沿线可都是一个个美丽的湾区：香水湾、博鳌湾、清水湾、亚龙湾、海棠湾。

团队说得很兴奋，兴奋到我自己都差点信了，因为我第一直觉也是这个。太正常了，高铁＋湾区对于城市人的诱惑，直觉反应都会是这样。

图 9-2　高铁 + 人 = 说走就走？大家都容易犯的直觉错误

我突然问一个家住奥林匹克花园的文案：奥园打的是运动就在家门口，你后来去了几次运动场？他回答道：6 年没去上一次。

也许你太忙，我这样帮他解释道，但是答案如我所料，其实多数人在购买时，因为广告上的超级诱惑点驱动了你的购买，但是在实际使用中，能使用到的功能几乎不到 20%，即所谓的"80% 浪费理论"。最典型的就是苹果手机的购买，人们被无数的新功能而诱惑（譬如当年那个慢动作拍摄，驱动我立马下单买了），然后实际使用中，很少用那些功能。

团队反问我："对啊，至少可以驱动我购买。"

似乎问倒了我。但是我马上反问自己和团队：你们在海南都那么久了，不知道这个项目的最核心客户——东北人的购买特性吗？

是的，三亚的最核心客群是东北人，很多项目超过半数是他们贡献的。他们有冲动，但是更多时候，他们有着超理性的购房思维。还有一个多年做海南项目的经验：多数选择在三亚的外地人，生活方式哪有那么冲动，会偶尔去各大湾区，但是绝对不是一年到头都在玩，常态还是在三亚避寒过日子。

哪儿有那么多说走就走的人，那是旅行社和旅游频道制造的联合谎言。事实在后面采访的成交客户里验证了，不仅没有那么多说走就走的人，还没有那么多"说走就走的精力"。用他们的原话来说"说走就走很累的"。

确实，从多数人度假、避寒、投资在海南，尤其选择三亚，就是看中这座城市最好的旅游资源，最舒适的配套，最方便的常年居住环境。所以，高铁会驱动其偶尔岛内游，但是其更多依赖的是三亚的城市配套，购买的第一动因不太可能是方便随时出行全岛。否则 100 万元完全可以购买其他湾区的高铁房，资源更好，位置更佳，同样可以说走就走。

就这样，一个看起来最正确的直觉，因为压根禁不起稍微有"海南经验"的推敲，而被立刻否定。事后据我了解，真有公司提了"说走就走"这个思路，也许这是一个看起来太正确的直觉了。我至今记得团队还特意为此摘录了某首歌的名字作为传播 slogan："说走就走，再不疯狂就老了"。

是的，幸好我做了二次论证，幸好没有轻信第一直觉，否则我真的成了"疯狂"的领导了。作为决策人,要学会帮助团队减少时间浪费,提升方案命中率,而最有效的实现方式就是:在最合适的时候,投入时间,拉着团队走出他们因为经验不足而容易掉入的"直觉误区"。

当然,直觉故事还没有结束。几天后,被否的团队,又带着新想法来找我了。这个项目的卖点太明显,很容易不断蹦出新想法,尤其对于一群长期憋在城市的广告新人们。

案情第 3 步
第二直觉　精致小行宫

忘了说了,这是一个白色的建筑。

其实开发商是很有想法的一群人。他们说三亚如希腊,蓝色为主调,其实三亚是一个颜色很单调的城市,几乎只有蓝色和绿色:蓝色海,绿色植被。所以,他们想用不一样的颜色在这个城市跳出来。

从这点,我就坚信不应该给他们太直觉的东西,因为很少有人能洞察那么仔细,多数人都会直觉三亚是个颜色最丰富的中国城市。丰富的海,丰富的自然植被,丰富的鸟类……其实它的颜色如此贫乏。能洞察的人,必定不会喜欢肤浅的思考,所以我必须用深度的思考,才能打动他们。事实证明这是对的,在我们后面的方案出现之前,他们对所有的方案,都不满意。

所以,当团队再次带着项目来找我的时候,我先给了一个下马威:如果仅靠直觉,没有逻辑推理,我一定会毫无犹豫地否决掉!

团队有备而来，提出主题思路：白色小行宫。因为产品小，而且是白色，在整个三亚属于超级有差异性的色系产品，甚至具有独一无二的品位。又在高铁旁，虽然不足以说走就走，但是行宫的感觉，是符合人们对三亚自由居所的向往的。

团队知道我要求苛刻，所以带了完整的一套"武器库"，案名也有了。他们觉得，这种生活状态，很像中国古代传递公文的人中途休息、换马的地方——驿。所以案名很有味道：三亚驿。而传播 slogan 是：洒落人间的白色行宫。因为就如甲方认为的，三亚是绿色和蓝色的城市，白色宛若降临这个城市的天外颜色。

很完善，但我的初步判断还是"不对"，只是不想用我的直觉去否定他们的直觉。我说了句：团队在三亚做项目，你们去论证一个核心问题，同类产品、同类价格在这个市场上，除了我们认知的东北人，购买者具体是什么人群，除了投资型购买者之外，自住人群是为了过悠闲日子（柴米油盐和海），还是过绅士人生（海、沙滩、行宫、咖啡、书）。

我之所以这样问，是因为总觉得这个项目的客户状态会很悠闲，但不会那么"装"，那么讲格调精致。

两天后，团队给了我一套录音，是他们对几个在三亚做同类项目的销售总监，以及由他们介绍的一些意向客户的访谈。最大的核心发现是，在东北客户以外，三亚人也会购买。其实很多三亚人并不喜欢海，潮湿对家具有腐蚀作用，我们远离海，劣势反而成为优势，而且100万元是他们可以承受的价格。同时随着三亚越来越全国化，新三亚人（做地产的、做旅游的、做生意的）也需要置业，临海物业他们无法承受，这样交通方便的项目，是他们中意的选择。

加上东北人，这三类人最大的生活本质就是：实在。尤其是东北人，来三亚常住，不等于要做精致的海上绅士，谈行宫，他们听不懂，更多是会过日子，会找乐子，懂得在支付能力范畴内的享受生活，最多算小神仙，但不是团队想象中的绅士，甚至他们并不向往绅士生活。简单、直接、快乐、实惠是他们的向往关键词。

没等我否定，团队自己否定了。

其后几天，团队没找我，幸好我当时要求的方案时间比较长，因为有些直觉是对的：越是卖点清晰的项目，越容易出方案，但是越难出"情理之中，意料之外"的精彩方案，所以我要求甲方给很长的时间。因为人人都能表达的东西，你要表达得更精彩，一定是难的。就如人人都知道什么是白色，但是要精彩地表达白色，就不是那么容易了。

团队沉默了，这时候，我也不能袖手旁观了。

案情第 4 步

客群分析 当你没方向的时候，回到客群去

是的，没方向，就向客群要方向。基于前两天给的客户访谈资料，我们做了二次深度分析。在分析之前，我要求我们三亚的团队做了一次针对性问题的二次访谈。我们给三亚团队设计了五个问题，访谈有此类销售经验的业内人士，以及意向客户，以此来更准确地测定客群的类型、对产品的看法，以及他们购买后期望的状态。

这五个问题大致是：

1. 如果买房，你会选择三亚还是海南的其他城市？
2. 100万元三亚置业，你觉得可以买在哪里？
3. 就你了解的常年来三亚度假的外地人而言，他们买房有什么特点？
4. 住高铁旁，你会经常出去旅行吗？
5. 在三亚买房后，你最想要的一天是什么样的？

我们测试了所有方向，包括被否定过的直觉，最后获得这群人最大的购房理性和感性需求。从反馈的结果，我们得到了几个关键词：

- 惊讶

他们几乎都对这个价格可以在三亚买房感到不可思议。

- 三亚

东北人就算支付得再高一点，也要选在三亚，核心原因还是这里有过日子的基础。其他湾区只有海，配套不完善。而新旧三亚人，他们接受高铁站附近是生活区，而不是旅游区，适合居住。

- 精明

这个价位的东北人，会特意做买房前的功课，或者咨询有经验的老乡。新旧三亚人支付能力都有限，所以都会精打细算。至于高铁，他们看中的是高铁未来给这个区块带来的发展，其次才是出行游玩方便。

我尝试让团队总结客群状态的关键句，他们给了一句话：精打细算的舒坦。这次我感觉接近成交的真相了。因为我们开始接近高铁的使用真实状态，符合人常态的高铁态度。其实我在多个城市做高铁枢纽项目发现，多数人对于这个出行工具的态度也是如此，认为它是能改变区域的东西，并且可以作为便利出行的选择，多数人不是天天依赖高铁的人。他们的核心精神向往，还是"在三亚活着，住着，比去其他湾区都要痛快，如果成本还不高，那就更完美了"。

这个项目的产品定位，其实一直清晰，类似"**三亚主城　高铁旁100万元的全岛型生活物业**"。高铁带来的是活在三亚，乐在全岛的状态，我从没纠结。只是100万元肯定不可能亮相就打，一定是最后的撒手锏，在总价不能输出的情况下，我们需要创造些有意思且真实的项目状态，所以"精打细算的舒坦"是我们基于两次否定以后，找到的接近状态的思路钥匙。

唯一的遗憾，这句话还差点惊喜。惊喜，是因为在三亚这个一直高消费的城市，我们的项目就是一个超级惊喜一样的存在：购买成本不高，生活成本更低，还可以拥有舒坦得一塌糊涂的小日子！

简而言之，我想创造一种买到这个房子后，客户向别人炫耀的会是"花的是锦州、铁岭、十堰、牡丹江的三线生活成本，享受的是十个海南湾区不远，一二月份不冷，百里海滩逛逛的一线神仙日子"的那种炫耀，一种在别人面前显摆"我发现了三亚新大陆"的情绪。

在我看来，"精打细算的舒坦"是坯胎，但不是最后的成品。我一直喜欢挖掘项目背后具象的小情绪。因为那样方便创作人员便捷、有趣的创作，比抽象地给设计、文案一个概念，要简单而精彩很多。同时，这种具象的情绪，在传播渠道雷同、碎片阅读的时代，才可能多一点点被关注的可能。因为这是一个"没人爱看广告，人人只爱娱乐"的时代，没有有趣的小情绪，就随时可能被屏蔽。

所以，别人眼里的项目形象，在我眼里还差一步：具象的小情绪。

案情第 5 步

传播形象　创造具象的小情绪

具象的小情绪，就是将项目的情绪，拟人化地具象化到某一类人，从而创造更细节化的沟通效果。当然具象情绪，很容易具象化到一类人，而一个项目往往不止一类客户。所以具象小情绪做不好，很容易因为太具象，导致影响甚至损失对其他类别客户的传播力。这是具象小情绪在创作上最需要关注的点。

团队在讨论具象小情绪的时候，很快就达成一致：用东北人的情绪。这是一群情绪特征非常明显的客户：喜欢小实惠，性格特直爽，享受超务实。而这个特征也可以打动其他两类客户：新三亚人，老三亚人。他们骨子里一样渴望实惠生活，实在日子。他们也一样希望价格低，但是一样不希望享受生活的质量被打折。

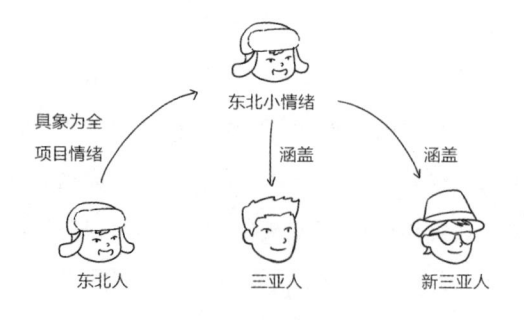

图 9-3　具象化某类客户情绪，使之成为项目情绪，能让传播更加动人

所以，在这次具象小情绪创作中，我们决定用"东北小情绪"去创作，

但是在这之前,我提出了一个要求,"用东北小情绪创作,但不出现东北两字"。因为一个全国销售的项目,情绪可以具象化,客群广度不能因此被缩小。即所谓"不露脸,不出声,但是藏在字里行间的情绪"。

相比之前团队对于策略把控的弱势,情绪一旦设计准了,他们创作的精度还是很高的。后面的输出,其实我没有作大修改,只在"小情绪"下作了画龙点睛的雕琢。

譬如,原来一句"精打细选的舒坦",我精修成了**"100万元,特滋润的三亚小日子"**。"100万元"这个信息只在开盘前后输出,而基于小情绪的口吻,我将"精打细算"换成了这类客户对品质日子追求的常用词汇"滋润",并且基于三类客户对项目的基本使用途径,没有用行宫,没有用说走就走,而是用了"日子"。

同时再利用"东北小情绪",创造性地加入两个东北味十足,但是全国人都听得懂的字眼:"特"和"小",以此凸显这种"花钱不多,躺在三亚,舒坦春夏秋冬"的炫耀情绪。

图 9-4 用"小情绪",对传播输出进行清晰化的修改

案情第 6 步

传播渠道 没有直觉，只有经验

当然，这种情绪创作还没结束，后面源源不断。

就如之前的传播策略宛若一场与直觉的斗争一般，传播渠道的设计也是一样。对脑海里第一时间就蹦出来的渠道直觉，基于过去两年在海南推广的经验，我们采取不轻信，不否定，只论证的态度。

天下本没传播渠道之说，有了目标客户的出没轨迹，才有了所谓的渠道思考。基于原来提到的三类客户，我们形象地将他们称为："候鸟""老海龟""新海龟"，并作了更精准的客户生活状态描述。

"候鸟"：

1. 常住三亚的9月客：9个月三亚，3个月老家。

2. 精打细算的"熟练工"：细节化的购房准备。

3. 价值敏感度较高，很关注生活成本。即使是投资客，也是对首付成本很敏感的客户。

"新海龟"：

1. 在三亚工作，希望在三亚置业的新海南人，熟悉三亚。

2. 工作需求下的首置客，关注区域的便利程度，总价支付力有限。

3. 受中心价格挤压，对区域价值认同。

"老海龟"：

1. 土生土长的三亚原住民，通晓海南，"老龟"一个。

2. 改善性居住。

3. 受市中心价挤压，对新片区价值非常认同。

将人群生活状态分类，是为了清晰地得出他们各自的出没渠道。而给目标客群起绰号，不是为了好玩，完全是为了激发团队的创意认识，更形象地认知客户特性，属于内部创意脑细胞激发的小技巧。试想一群对市场没那么敏感，客群认知没那么深刻的设计和文案，前一次给他"岛外客户"的称谓，后一次给他一个词"候鸟"外加简单的解释，显然后者更容易促进形象认知，激发人的创作思路。所以，一个好的传播方法，不仅能创造对外精准而精彩的输出，同样也会关注内部沟通的效率。

海南的项目传播，和传统上海、北京、广州等区域传播最大的不同，是客户类别多元化、全国化。而三亚的刚需项目，和其他海南湾区相比，更会出现生活工作置业客户。因为置业背景不同，所以这三类人的出没渠道，其实也会产生很多巨大的差异。这里必须一一详叙。

传播不是做好了内容，去投放渠道，而是基于不同渠道和客户，做内容的微调，即使是同一个项目，渠道不同，诉求也可能不同。譬如去东北人大本营——东三省推广的物料，一定是和在海南当地的户外推广是有差异的，前者直接诉求海南生活的诱惑，后者则需要综合考虑改而诉求"生活的便利"。这就是具有本地消费力的全国旅游地产项目，在广告创作上的"分语言诉求体系"。

"候鸟"，基于他们的生活特性，尤其是"做足功课再买房"的特征，我们列出其五种生活特点，特点出来了，触达渠道就清晰了。

- **飞行准备**：会提前在老家做好功课，甚至会向已驻扎三亚的老乡打听情况。巡展和网络道具是针对其的渠道。

- **旺季涌入**：随海南旺季（不是高温炎热季，是旅游旺季）涌入。渠道比较传统，如机场等拦截。
- **270天逗留**：逗留期间出没三亚生活中心点，但相比当地人，可能在沙滩等旅游点的出没频率较高。
- **全岛玩耍**：偶尔会去其他湾区和岛内城市游玩，高铁是其主要交通工具。
- **淡季回巢**：三亚太热，返回老家避暑。但与旺季不同，这时候投放费用成本可能降低，因为竞品投放力度减少，相对旺季涌入阶段，投放效果可能会提升。

"老海龟"，纯粹原住民生活状态。

- **通勤**：相对于户外，公交站点对其效果较好。不论是否为开车族，因为其触达停留性较强，而且家庭置业，家庭成员中公交出行的概率很大。
- **出入**：理论上机场也是，但是其出没于此的概率远低于"候鸟"，所以基本放弃。
- **溜达**：商业场所的生活拦截。
- **游逸**：高铁出行。但是相比"新海龟"和"候鸟"，出没频率没那么高，所以这个渠道考虑让位给其他两者。

"新海龟"，一群渴望在三亚留下，但是愁于高价的人，渠道基本和"老海龟"相同，唯一的差异，消费场所偏年轻，同时使用高铁频率更高。

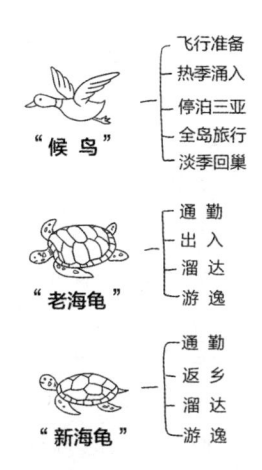

```
         ┌─ 飞行准备
         ├─ 热季涌入
"候 鸟"  ┼─ 停泊三亚
         ├─ 全岛旅行
         └─ 淡季回巢

         ┌─ 通 勤
         ├─ 出 入
"老海龟" ┼─ 溜 达
         └─ 游 逸

         ┌─ 通 勤
         ├─ 返 乡
"新海龟" ┼─ 溜 达
         └─ 游 逸
```

图 9-5 基于客户分析,绘制"客户足迹图",是渠道精准诉求的第一步

拦截渠道有那么多,不意味着我要投入那么多渠道,一定是作轻重删减,尽可能选择三类人同时出现的渠道,减少单人群渠道(除非这一场景下,购买人群比例超大,获客成本偏低)。

以上这些是偏渠道营销的思考,一切都需基于**"三亚消费心理学洞察"**去作轻重删减。

所谓"三亚消费心理学洞察",涵盖六点,是我在海南两年,做了博鳌、海口、香水、三亚、山钦五个区域不同项目后的消费心理和传播诉求规律总结。

1. 网络扫盲传播:虽然"海龟"会很认真,煞有介事地做购房功课,但是海南项目良莠不齐,所以其一直抱着"不熟悉,防备着,且总觉得不踏实"的心态。毕竟是异地置业,毕竟是一笔很大的支出,所以,异地传播更多不是"卖",而是"帮"。帮其了解三亚,带其认识三亚楼市,顺便让其稍稍认知我们是谁。扫盲式传播，远比强买强卖有效得多。

2. 旺季的正邪传播：旺季的传播，有钱就去扼守核心位置点——机场、市区中心。但由于这些地方广告成群，所以成本高，淹没概率大。而菜场、广场、商场等生活中心，广告量少，但客群集中（第一市场、购物广场、三亚湾），如果做好环境媒体（如菜场的小零钱包赠送）反而能出奇制胜，正所谓正邪各有招。

3. 户外的互动传播：户外传播是海南地产的最常规传播方式。我操作的几个项目，在淡季扼守机场出口四块户外，几乎成为"来电"的主要来源。但那多为大品牌几个项目占有，费用平摊，各盘内部资源共享。作为小项目，是否值得花大价钱去同岛上几个大盘和品牌抢户外资源，得掂量。相反项目本身就有自己的"户外"：比邻火车站，人流必经之地，如果能利用"赶车、度假、三亚生活"三个核心点做互动，本身就是好的户外传播。

4. 现场的情绪传播：好的现场展示不仅是售楼处+样板房，它是有情绪和故事的，当然"精致"不是情绪，是样板区的工程标准。如当年我做的靠着机场，临着高尔夫的度假项目，现场制作的情绪是"笃悠悠"：笃悠悠地来，笃悠悠地打球，笃悠悠地赶回程飞机，因为靠着机场，泡在果岭，总能比这个世界慢一拍出发。放在只有蓝色和绿色的三亚，白色的建筑就是一种现场情绪，但白色代表的是什么情绪，除了甲方的白色建筑，我们还能做些什么，值得思考如何有趣地延展白色情绪，而不是延展白色（白色的场，有点瘆得慌），将其做成一个有情绪，有消费冲动的场。

5. 口碑的印象传播："候鸟"有"唯口碑最可信"的习惯，口碑是后期销售最重要的基础。但是那些所谓长期生活在三亚、被征询意见的"老候鸟"，其实也没有大量的地产信息，他们也只不过在三亚买了一次房，但因为买过，所以常常会被要求推荐，所以他们的推荐常常也是凭印象：看过，见过，听过。因而我们的渠道拦截不仅是对想买房的，也是对已经购房的"老候鸟"的一次拦截。让他们知道，在三亚 100 万元可以买房子。让他们知道，很重要。这是对口碑源的深度管理。

我们常有误区，广告是做给购房人看的。其实在这个口碑传播的时代，有很大传播动作需要做给"口碑源"，就如我这样的专业地产人士（做地产传播、营销、开发的），当被要求推荐房子时，其实我们也未必对所有区域，所有总价段的产品都熟悉，而近期看到的广告，或者被同行（其实他们也可能是被"口碑管理"过的）广泛议论的项目，往往会成为这种场景下推荐的项目。所以，"业内权威管理"也是一个不可忽视的传播认知。这个说远了，以后再细谈。

6. 巡展的长线传播：旅游地产常做全国巡展。但多数都是提前做个宣传，到时间做个巡展，然后撤展回府。事实证明：90% 的意向客户不会在现场下定，但很多客户其实差的就是再一次的逼定。而一旦撤退了，就意味着半熟果实被放弃。常规的巡展就是车轮战，多城市，广撒种。旅游地产的最大劣势是看房成本高，消费者决策顾虑多。所以越急吼吼地做完一城做下一城，求广度不求深度，越忙乎，反而效果越差。不如宁可降低巡展城市数量，提升单城市逗留时间（3 天变为 1 周左右），尤其重视巡展推荐会后半熟客户的二次逼定，提升单次行动的成功率，是关键。

走完一城去下一城，我们称作"赶场子营销"。而我建议的方式，我称之为"回娘家营销"：将"点巡展"做长，做成"长线巡展"，如回娘家一样，"回家"前的推广更深入，巡展后"多待几天"。在广告上就意味着根据此做更深入化的创作，如让前期推广邀约方式更有趣，更吸引人；中期推荐会，做好互动传播，筛选出更有效的意向客户；后期再拜访时，做有的放矢的物料，做"有理由的拜访礼物"，配合销售的客户逼定。

以上即为"三亚消费心理学洞察"。这 6 个传播内容创作上的经验之谈，其实是对之前讲的三类人群，13 个渠道的一次创作内容管理，两者结合，就成为以下这张基于项目特性的客户针对性传播的"分语言诉求传播图"。

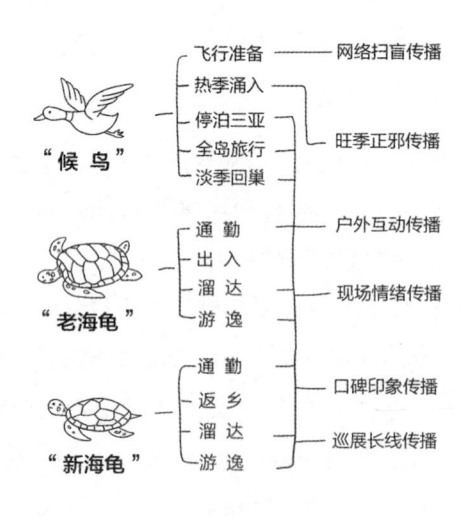

图 9-6 "客户足迹图"，配合"三亚消费心理学洞察"，就可以开始做精准渠道诉求了

其实诸位以后也可以这样去做传播渠道和内容创作的思考：先做客户出没分析，而后做出渠道思考，最后基于同城、同类盘经验的消费心理洞察做出"分语言诉求传播图"。然后根据后期销售，不断修改完善，时间久了，你就会得到一笔巨大的实际操作的传播创作"大数据图"。国内这样去深度思考的人很多，但是能这样去总结和分享出来的太少。所以在过去两年，我创立了"夏不飞创意日报"（二维码请见后勒口），做了大量创意和传播渠道结合的深度思考，并以音频方式沉淀下来。

案情第 7 步

进岛出岛传播　你好，海龟、候鸟

上节说了基于渠道的"分语言诉求传播"的原理，这节将一一展开创作的思考和结果。

一、案名：准确第一

无论面对"海龟"还是"候鸟"，这个项目最重要的都是骄傲地贩卖"100万，可以胜似活神仙一样住在三亚"。所以，三亚是我们传播的最重要信息。

相对于三亚市场那些很美的案名，类似"浮木阵""西山渡"，我们觉得本项目更需要一种清晰传播：我们不在别处，我们就在三亚，因此准确是案名的第一要素。记得当时有个项目名字叫"三亚的山"，清晰地表达了"位置在哪儿，我有什么资源"，我很喜欢，我要的就是这种表达很清晰的案名。

不过准确的前提下,还要尽可能再加入一点轻松。毕竟我们是"小神仙"。就在提出这个想法后,我突然想到了中国人常常用"叠词"来表达放轻松的心态。譬如晚上遇到老王,问他去哪儿,他说:不去哪儿,就溜达溜达;老王鼓励儿子创业别有压力,多半会说:儿子,慢慢来慢慢来,别太有压力;老王记忆力不好,老忘东西放哪儿了,儿子就会安慰:爸,再想想再想想,别着急……重叠词语,也表示一种情感的强调和热爱,如有首歌曲名叫"梅兰梅兰我爱你"。

所以,我立刻想到了"三亚三亚"这个案名,既清晰地表达了:我在三亚,又用重叠词语,骄傲而热情地表达了:一种慢慢来,慢慢活的三亚小神仙日子。

我还想了很多其他案名,譬如舒坦地、海那儿……但是都不如"三亚三亚",最后甲方也甚喜欢。只是后来由于审批的问题,才不得不改了其他。

二、视觉符号:惊喜和舒坦

当"三亚三亚"没申请下来,我们就想创造一个视觉符号,能制造视觉上的舒坦感。而且最好不要是热带动物和植物,如白鹭、椰子树、日落、沙滩这些符号,一来已经泛滥,二来我想用"一个不可能出现在三亚的东西"来表达这个总价的惊喜。

我们想到了热带的对立面:寒带。在那些寒带生活的动物里,我们又希望它是憨厚的、踏实的,以此迎合之前客群分析里总结的,这群人骨子里理性、追求性价比的舒坦心态。

说到这儿,大家几乎都想到了北极熊。胖乎乎、矮墩墩,给人踏实感;

外形可爱，行走晃悠，给人舒坦感。我们设计了两头，一头白色，一头粉色，代表家庭最基本的成员，以此象征一种住得下的全家庭的神仙日子。

爱琴海边的白色建筑，北极熊的北极故事，创造了我想要的冲突感。

图 9-7 在三亚出现北极熊，创造了一种犹如 100 万元价格一样的反区域惊喜

三、旺季传播：正和邪

该有的还得有，我们旺季还是选取了一两块户外。文案给我的第一稿方案是"三亚高铁旁 舒坦的日子"。就如最早确定的"用东北小情绪"去雕琢文案，我加了两个字，改了一个词，成了"三亚高铁旁 特滋润的三亚小日子"。我觉得"滋润"更口语化，犹如朋友知道其在三亚过着这样的日子后，感叹"兄弟，小日子过得挺滋润啊"。

在之前谈到的菜场、广场、商场等生活中心点，广告量少，但客群集中，如第一市场、购物广场、三亚湾。我们在菜场派送小斤两秤，上面一段小文字"菜场不远 精打细算的滋润小日子"。同时，当时海南正好爆发天价海鲜，欺诈客户的事件，我们又紧跟着赠送明明白白计算器、精打细算硬币小钱包（当时微信、支付宝还不发达）。

记得当初在一期热销时，我们还想紧跟着做个炫耀开盘成绩的计算器：1小时售罄、2房热卖一空、3亿热销、4海皆抢购、5月再开盘……对应刻印在计算器1、2、3、4……按钮下。

当然，我们最想投放的"核武器"，是在天价欺诈事件后的一本《三亚神仙小日记》，记载三亚哪儿海景最美、人最少；哪儿下馆子最实惠；几个海滩如何避开常规的人潮高峰；几个冷门的城市海滩；平时改善伙食的50家优惠精选店……一本旺季的游客秘籍，也是常住海南候鸟的品质生活指南，用现在的网络热词来说叫"三亚生活小红书"。

每个城市，每个旺季都有"兵家"必争的渠道，我们避其锋芒。任何城市总有一些人流量不小，但被多数商家忽视的渠道，随着精细化的地产渠道下沉，这类渠道越来越少，但是依旧存在，要靠你自己对这个城市的细微观察。

发现这些渠道后，用更生动的道具（精明钱包），借助城市的话题（天价欺诈下的公平秤），连续剧式地升级道具（精算计算器，到热销计算器），往往可以获得更好的客户认知和截客效果。

四、现场传播：滋润到每一平方米里

如上所述，现场不仅是展示品质的地方，更是传播情绪集中爆发的地方。

所以我对团队创作文案的唯一要求：刻画出那种"显摆活神仙"的情绪，同时将这些"东北小情绪"更鲜活地藏在每一个空间，每一平方米里。

之前样板房的次卧文案，团队创作了一句"不逊主卧的舒适度"，让我觉得脱离了原来策略对于客群的洞察。假如我们将洞察点设定在很

多扎堆一起买,然后一起住,一起玩的东北候鸟,会聚在某一家来个"国民游戏",搓个麻将,次卧就会成为这样的娱乐房。所以我将文案修改得场景更明确,客户痒点更清晰:

次卧兼娱乐室。净赠9平方米

四人麻将绰绰有余

住三亚,老家的娱乐不能丢

关门小日子,该有的,继续有。

因为是精装修,所以样板的厨房也需要文字介绍。但是我没有拘泥在装修档次上,那些加个家具品牌说明即可,我更想强调一个不用操心装修,并且空间足够舒服的厨房对于"精打细算小日子"的重要性,所以我用"清晰的一笔吃饭账"来表达这个厨房的重要性:

全明厨房

出门吃,缺斤少两,还不健康

家里做,菜新鲜,油安全

每顿省上二三十

更关键6平方米的厨房,全送!

针对精装修,这类客户可能会觉得装修成本不透明,是个黑匣子。我们索性做了《精装账本》,一本对比成个人采购和开发商采购的透明账本,坦诚告诉客户这是"几乎不赚客户钱的装修"。而其中对每种材质的描述,也是说的客户听得懂的话,尽可能用类似"硬度够强,小榔头敲不碎的地砖""火力够猛,煮、炖、炒、闷,样样特快。气电双拍档,特省电省气,不挑灶具的厨房设备"这种接近小日子使用场景的文字。

节选文字如下:

《精装账本》

透个底,算个账,笔笔装修到心坎。

地砖

品　　牌:马可波罗。信得过的好牌子,
　　　　　世博会、奥运会选用的国际大牌子。
材质特点:硬度够强,小榔头敲不碎。
　　　　　经典花色,五六年不显老。
　　　　　波纹防滑,光着脚丫也滑不倒。
市 场 价:xxx 元 / 片
采 购 价:xxx 元 / 片

厨卫

品　　牌:海尔。买得省钱,用得放心。
技术特点:火力够猛,煮、炖、炒、焖,样样特快。
　　　　　气电双拍档,特省电省气,不挑灶具。
　　　　　防油涂层,油烟不沾,擦拭不累。
市 场 价:xxx 元 / 套
采 购 价:xxx 元 / 套

实木复合门

品　　牌:美心。
材质特点:进口料,十锤也不变形。
　　　　　防潮好,海风热气都不怕。
　　　　　特牢靠,定制式私家"保安"。

市 场 价：xxx 元 / 套

采 购 价：xxx 元 / 套

因此，样板现场不仅是展示地段、工艺、空间的纯粹理性贩卖场。线上你的形象是什么，线下就要把这种情绪融入每一平方米空间里。

五、口碑传播：用更、更、更滋润，打动想过滋润日子的人

我们在户外线上的传播主要为公交站。而在传播对象上，没有仅仅聚焦一定要买房的，而是这个城市的所有人。因为就如我们之前所讲，城市相对较小，击中客户圈子关注的话题，那么口碑传播的速度将会比较快地打通"候鸟""老海龟""新海龟"各自的圈子。不刻意说话，只求情绪产生的社会话题足够大。

所以我们创作的灯箱广告合成在一起，几乎就是一套"三亚滋润小日子的榜样手册"，几乎涵盖生活所有的细节，甚至包括一顿夜宵的描述。而这种"有点不真实的滋润"状态，对于打拼在三亚的"新海龟"、忌惮三亚高消费的"候鸟"、已经被三亚高涨房价挤压的"老海龟"而言，就是一次"赤裸裸的连续诱惑"。

譬如对于与繁华中心的距离，中国多数人已经有共性认知：别信地产广告里的距离描述。于是我们就用特真实的状态沟通，不用时间而用公交站数；不用虚词而用你生活的城市对比。我们曾经纠结要不要放入类似"沈阳"等具体城市作对比，最后确认，只有这样才显得真挚，顺便还有一点点的小话题。最后描述项目与三亚市中心关系的灯箱文字：

票价2元 空调车 5站就到市中心

繁华只比沈阳差一点

100万 高铁站旁 精打细算的舒坦小日子

是的，我们用了票价 2 元开头，这种"政府定价"的公信力，流露出一种超级坦诚的情绪。同样，虽然不靠海，但是人们住在三亚，都关心离海的距离，所以我们写了一个与海的距离的灯箱，除了也用公交站数来表示真实距离，还用了"常年有座"，突显一种"很实惠的滋润"：

22 路　常年有座　3 站就到海边
日出特美
100 万　高铁站旁　精打细算的舒坦小日子

是的，我们在理性里加了一些感性："日出特美"，配合我们一直想营造的那股"东北小情绪"。

再譬如夜市，在显示紧邻夜市的口福问题上，我们借用了客群生活中很典型的一个参照物"老婆的手艺"，无非语言描述更"客户化"：

夜市就在家门口
炸、炒、烹、煮
手艺不逊自家媳妇
日子不输山里神仙
100 万　高铁站旁　特有口福的滋润小日子

类似文案做了好几套，不赘述。核心想说明的是，把"东北小情绪"融入每个产品卖点里的想法，催促我们改了又改，真了更真的创作。我个人认为这套文案，很戳中房价、消费水平越来越高的三亚背后，积蓄的越来越深厚的城市集体情绪：向往那个海边不贵的滋润小日子。

六、外地巡展：回娘家的长线营销

之前讲过，相比快速巡展的"赶场子营销"，我建议做"回娘家营销"：

将"点巡展"做长,做成"长线巡展",如回娘家一样,将一个城市的巡展时间从三天拉长到一周。配合这个新思路,我们做了更深度的巡展前、中、后推广动作。

譬如在哈尔滨,我们不是简单做一个活动预告,而是针对城市特征和生活痛点,做了有意思的传播。譬如针对"东北的大米,东北的水果"有意思的价格对比,挑起城市话题关注。当时还是短信时代,我们提前一周做了类似这样的城市话题和产品关联的短信(放在现在,它依然是一套有趣的微信稿):

东北人特无私。大米造福全国,价不贵米特香。东北人特冤,全国水果到东北,种类少,价翻倍。换个活法,100万元住三亚,花钱不多,口服不浅:菠萝蜜、人心果、皇帝蕉、香梨……人活一辈子,住好点,吃好点。0451-88xxxx88

同时编撰其他气候、价格、海边生活等的短信,在巡展推荐活动一周前做足蓄水。而到了当天,从现场易拉宝到活动主题,我们都做了一城一定制,譬如在哈尔滨,做了一套关于"冰城生活故事PK三亚生活故事"的传播道具。

从两城平均年龄对比,来说项目生活环境的:

平均寿命

哈尔滨:65岁

三亚:72岁

长寿城里 100万元的舒坦小日子

从两城海鲜平均价格对比,来说项目生活滋润度的:

海鲜

价格：哈尔滨的 1/4

新鲜：刚出海就上桌

三亚 靠海边 海鲜不断的舒坦小日子

从两城穿衣对比，说项目滋润的：

12 月

哈尔冰最低：-25℃

三亚最低：25℃

热带气候 短袖能穿一年的三亚滋润小日子

  去上海，去杭州，去青岛，不同城市定制不同的主题对比物料。不再是一套产品说辞卖全国，戳中城市痛点，才能卖出项目的幸福点。

  在巡展结束，常规情况是人员迅速撤离。如前文所讲，我们改为留下 2—3 个销售精英，对活动当天筛选的意向客户进行二次深耕。如在哈尔滨，配合拜访，我们创作了很有城市特征的物料"双城滋润记"：一副礼品装的麻将牌，一瓶三亚纯正的海滩细沙。前者寓意带娱乐房的超舒适两房，将老家的滋润带到三亚。后者寓意 100 万元，三站就到海边的三亚滋润日子。

  当然，还有其他渠道的传播道具和创意故事，全部说完，就太长了，就此打住。但是上一节所讲的基于客户出没渠道的二次修正完成的分语言传播体系，加上这节基于不同传播体系的创意定制，两者结合，就成为一个完整的项目传播渠道策略和创意策略的思考，如下图所示：

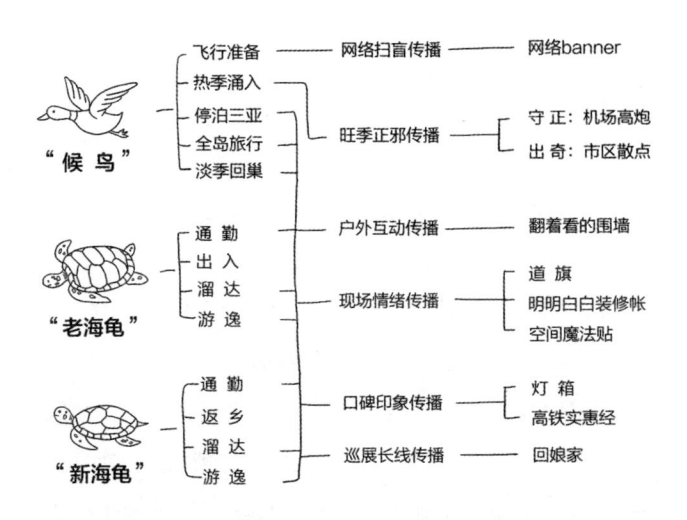

```
                    ┌ 飞行准备 ── 网络扫盲传播 ──── 网络banner
                    ├ 热季涌入
  "候 鸟"  ─────────┼ 停泊三亚 ── 旺季正邪传播 ──┬ 守 正：机场高炮
                    ├ 全岛旅行                   └ 出 奇：市区散点
                    └ 淡季回巢

                    ┌ 通 勤 ── 户外互动传播 ──── 翻着看的围墙
                    ├ 出 入                      ┌ 道 旗
  "老海龟" ─────────┼ 溜 达 ── 现场情绪传播 ──┼ 明明白白装修帐
                    └ 游 逸                      └ 空间魔法贴

                    ┌ 通 勤                      ┌ 灯 箱
                    ├ 返 乡 ── 口碑印象传播 ──┴ 高铁实惠经
  "新海龟" ─────────┤ 溜 达
                    └ 游 逸 ── 巡展长线传播 ──── 回娘家
```

图 9-8 客户足迹图 + 三亚消费学洞察 + 渠道创意定制，
就组成了三亚项目在全国推广的精准传播思维图

原则上，这个项目到这里应该讲完了，但是地产传播的创作，永远不止大脑的思考，还有团队的合作。我一直认为，一个项目创作水平的上限由广告公司决定，下限由甲乙方的合作决定。尤其是海南的项目，在我们合作的那几年，属于旅游地产刚刚开始的时代。开发商有直接用北上广深一线公司，飞行配合的习惯，但是最后发现落地执行不行。当然也有找当地公司的，但是最后策略的洞察锐度、传播的精彩度都不太行。当然也有北上广深公司落地当地开分公司的，但多少都会出现"本地化"以后创意锐度降低的情况。

所以，鉴于当时我们是一家上海的传播机构，我坚持不在当地开分公司，避免过度本土化导致的锐度下降，而采用上海外派首席执行，外加落地团队，来保证落地能力。同时在上海以"飞行月会 + 飞行应急救火"

的方式，保持总部的创意支持。

当时我们针对这家公司提出了一个很有意思、很定制化的全新的广告合作沟通模式。就如我章初所提，这家开发商总部在上海，项目在三亚，而我们公司在上海，我常年也主要在上海。我的团队会"呼吸式驻场海口"（如呼吸一样，团队一段时间在上海，一段时间在海口），所以我提出了一个"飞机＋高铁＋出租车"的合作沟通模式：

- **高铁**：平时执行工作周会，由"呼吸式驻场"的团队，乘高铁从海口到三亚，日常工作随时沟通。团队在海口有租房，处理全岛各项目。
- **飞机**：我月会制地飞到三亚参与，保持对整体水平和重要问题的及时管理。
- **出租车**：平时作应急处理之用，上海总部沟通，甲乙方之间打一个出租车就到。

在我们这个行业，视频会议依然无法完全解决异地沟通的问题。因为作为创意服务工作，人与人之间面对面的表情沟通，探讨深度的需求，困惑沟通的细节，视频无法替代。

而我建议的方式,涵盖了从决策脑的沟通,到日常细节的面对面沟通，再到团队落地能力和创意能力的平衡。事实证明，这样的模式投入成本很高，但是就做好一个项目而言，事后的实际操作证明是可行的。

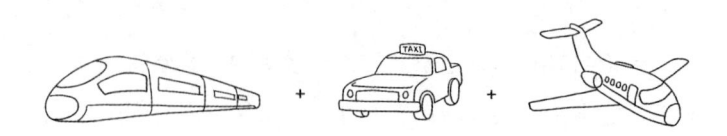

图9-9 在异地服务项目里，和技术能力一样重要的是：
要提前考量类似"出租＋高铁＋飞行"的甲乙方沟通方式

案情第 **8** 步

反思　小情绪背后的品质

即使个人很喜欢这个项目三次直觉推翻的过程（书中只提到了两次），而且创作的过程，几乎是完美的广告创作教材，很典型地反映了：日常创作中直觉很容易产生，但走出直觉误区却不是那么容易的。

但这个项目依然有改进和反思的必要。虽然不断推翻直觉判断，但是在最后实操中发现，"东北小情绪"的创作，还是一定程度降低了项目品质感。就如之前所讲"入门级置业，对购房者而言，却是一种品质升级置业"。

所以因为过度聚焦小情绪创作，传播的品质感是有损失的。但是我坚信，情绪具象化创作本身是对的，只是如何平衡"创作精彩度和产品品质感"之间的关系，还要思考更多。

小结：一堆创意的坏习惯

1. **创意坏习惯**：直觉创作
   锻炼能力：直觉验证、反思，甚至推翻的能力
   案例举例：三亚项目，三次推翻直觉

2. **创意坏习惯**：文案创作上，有客户利益，没客户小情绪
   锻炼能力：客户小情绪的创作
   案例举例：滋润小日子的系列文案创作

3. **创意坏习惯**：只会客户洞察和定位

   锻炼能力：给消费群起小绰号，激发内部创意激情

   案例举例：用"候鸟和新、老海龟"作内部创作的人群代号

4. **创意坏习惯**：创作，然后渠道投放

   锻炼能力：渠道分语言诉求体系

   案例举例：三亚项目的六大分语言体系

5. **创意坏习惯**：地产传播，对于距离夸张的描述

   锻炼能力：不夸张，但煽情的距离包装能力

   案例举例：三亚项目，三套距离稿子的创作（如用公交站数代替距离描述，用常年有座来贴近消费群心态）

音频小作业：如果你来做这个项目

东北小情绪聚焦，导致项目品质的传播偏弱，你会如何解决？或者放下这一切，你来做这个项目，你会从什么角度去思考和入手，输出什么样的想象，如何和"候鸟""老海龟""新海龟"沟通？

想完、整理完思路，扫码听我的解题音频——《后来的故事》，或者进入喜马拉雅 APP，搜索《创意的坏习惯》专辑，聆听我的答案。

第十章　环都会圈项目的误区

短的，有时候反而更强大

引言　对标思维

从购买心理角度来说，我们买东西心里都会有个"理想对标对象"。购买纠结犹豫，说到底是因为离心理对标对象还有距离。完全不感兴趣，则是因为商品和"理想对标对象"完全背离。

因此，客户分析的最终目的，有时候不是描摹客户，而是找到客户心理那个对标。相信这点多数人都清楚，但是在地产传播里，总存在着一个"长对标"现象：

- **远在千里之外**：我们已经习惯了国际型项目对标动辄就是千万里之外的全球地标。譬如公园项目，不是纽约的中央公园，就是伦敦的海德公园。我在入行十多年后，第一次去英国，当看到海德的时候，我告诉我太太"这里我来过"。她一脸狐疑，我补充道："在我过去十多年的三十多本公园楼书里，我每次要到把这儿写一回。"

- **梦在百年之后**：我们动不动就是提百年建筑。尤其是科技住宅，不是和比尔盖茨的未来之家对比，就是告诉你一个领先十年、为未来而来的科技住宅。其实站在今天回看过去十多年地产发展，因为科技迭代得太快，哪有什么领先一个时代的。上海有个本世纪初的项目，logo是当时最流行的代表网络时代的"@"符号。每次经过这个项目，大大的"@"符号特别显眼，现在看起来不是经典，而有一种早已被时代淘汰的落伍感，在现代时尚的大都会里，反而显得特土。事实证明，这种刻意强调未来领先感的，甚至号称领先十年的，常常不过两三年就已落伍。

- **活在五千年里**：新中式兴起，广告人不是在唐宋文化里找模板，就是在明清时代里寻故事，最近也得在近代史里找到生活样板，反正故事不活在"五千年历史里",都不好意思出来亮相。

我曾经很喜欢这种"长对标"的产品形象创作方法,使用效果一直不错。但是使用久了,我们就习惯一上来就是寻找"远在千里,源自千年"的创作模式,导致故事和产品实际体验落差越来越大。其实,放在越发理性的地产消费里,故事的泡泡有时候吹得越大,客户反而越不信。

所以最近几年,我开始尝试"短对标",即寻找所谓客户生活周边有品质、有共鸣、有吸引力的对标物。熟悉而真实的向往,反而更能引起消费者共鸣。前面第五章就聊到用"城内月光"短对标的案例。

"短对标"的创作,在消费品里也罢,地产传播里也罢,最近几年都开始成为新创作趋势。利用具象物做对标的,如"甜面酱",我谓之"物质维"。相反如"马路情节"抽象对标的,我谓之"文化维"。用大于项目的地理概念对标的,如维港,我谓之"升维"。相反用小于项目的空间概念对标的,如"院子",我谓之"降维"。由此组合,我把短对标创作分成四类:

- **物质短升维**:中国城市发展的不均衡,往往导致出现文化离心力,譬如安徽马鞍山的人因为距离原因,反而更多去临近的江苏南京消费,而非自己的省会合肥。文化认同上也是,在长三角苏锡常城市,我们常常创造上海派的国际化社区,就是利用这种区域短距离认同。当时有个无锡新区项目,临湖、港商背景,就利用了这种"短距离崇拜",借助国人熟悉的维港之于香港的印象,作了一句项目传播语"给无锡一座维多利亚港",这相比动辄"创造无锡的世界繁华",更具有客户话题感,也更有真实场景感。客户心理的共鸣更真切,而且也能更好关联开发商的港商背景。

- **物质短降维**：有升，就有降。降，不意味着就不是心理向往。譬如最近几年常见的"妈妈做的甜酱面"句式，相比"中国人自己的甜味"里"中国人的甜"，妈妈做的甜，是一个降低对比格局维度的名词，但是一个更具亲和力的短维对标。

- **文化短升维**：很多有文化历史感的城市，经常会被从中抽取历史情结来作为产品贩卖的情绪。譬如在上海，百年的海派文化，经常在洋房项目、市中心项目里第一时间被"借来"使用。

  我曾经遇到过在上海新华路这条文化历史感很厚重的马路上的大宅。按原来长对标的方式，不是"百年海派精华处"，就是"一座海派史，半部在新华"。我缩小了对标半径，"以小击大"，做了一个在地理上看起来"错误"的概念："走得出上海，走不出新华路。"放下百年的长对标，谈谈几百米的马路短对标。这背后是因为，很多上海人对老上海的情结，不是整座上海城，而是那几条生活过、工作过的马路，即所谓马路情结。所以我将文化对标对象短升维到了只有2.2公里的新华路，而没有采用120平方公里的上海市中心，如此更具有沟通感。

- **文化短降维**：和物质维度一样，文化上也有短降维。我记得曾经看过一个小院别墅，它用的slogan是"槐树 老井 院子"，就6个字，而隔壁的项目则是一句"宋史里走出来的小院"，相比后者，前者用"三个具象文化物件"降维代替了"宋史"这个太宏观的词汇。据说这个项目可以依据客户需求，在院子里打一口井。它其实是用物质表述代替文化表述，用"降维"减低宏观带来的空泛感，具象化画面，与客户心里童年时代一家人，一口井，一口口凉西瓜的院子文化记忆发生共鸣。

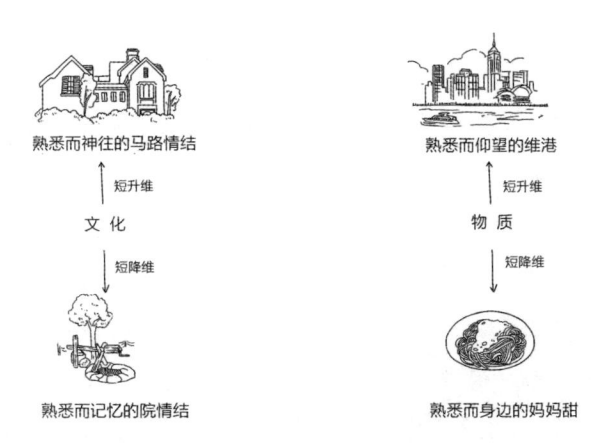

图10-1 短对标的两个方向，四个维度

长短没有绝对的对错，在不同环境里，使用对了才是最大的精彩。这章，聊一次有意思的创作：在一个项目上做了两次短对标。

案情第 1 步

初接触　环上海　双城营销

在北上广深大都市附近，最近有了一个新的地产营销品类"环都会置业"。项目处于这些大城市高铁一小时半径范围内，置业人群为北上广深的受价格挤压客、投资客、养老客，而少量高端产品，也会对准当地客群。

我接触到的这个项目，就是这个类型。乘高铁出上海一两站，很近。

超级大盘，并且资源也很上海化：上海背景的国际学校、上海著名医院的分院、具有上海风情的大型商业带，此外它还做了一个超级农场。很有生活味道的城市配套与自然配套结合体。

但是项目价差较大，有高端的别墅，也有相对实惠的公寓。两类产品在前期定位里，别墅卖给当地客户，公寓主要销售给上海客户。但是别墅最大的核心问题是，位置不位于该城传统别墅区，客户认同度不高。而公寓，则面临与很多环上海项目一起争夺上海客户，而且别人具有更优越的距离优势、生态优势、总价优势。我们不是最近的也不是最便宜的，如何扎进上海城里，掀起自己的风浪？

案情第 2 步

传播问题判断　两个非惯性

无论当地市场，还是上海市场，其实上面已经提及。概括起来，我们最大的问题是"非惯性"：

- **对于当地市场**：非惯性认知的传统别墅土地，太远，不属于当地人常规的别墅置业区域范畴。
- **对于上海市场**：非惯性产品，出了上海最好卖的，要么是价格有优势的，要么是距离有优势的。而我们是典型的不远也不近的中不溜秋。

非惯性，是营销中常遇到的问题。这种项目，我过去见过的对策，总结起来为"扩大分母"，即在购买转化率无法提升的情况下，用多种手段扩大客户的基数，促进产品销量。

譬如非惯性土地的"扩大分母"手段：

- **土地"教育"**：土地不行，就进行土地"教育"。但在中国，规划利好的强势土地不用"教育"，客户会闻着规划纷至沓来。要靠洗脑来包装的土地，本身势能就偏弱，解释成本也超高，而且和传统思维"强扳手腕"，在客户越发聪明、会主动识别"你在洗我脑"的时代，靠一两个项目单独发起的土地"教育"，多数收效甚微。

可以做，但是不能押宝于它。

- **产品加分**：土地减分，就产品加分。类似通过面积赠送、产品规格加配来此消彼长式地做弥补营销。但是就如之前所讲，任何一个土地都有其"价格上限"，砸钱盖再好的房子也改变不了这块土地的价值上限。很多城市二三等的土地，强加材质和工艺，做出"反土地价值"的豪宅，最后多数结局都不好，典型"匠心用错了地方"。因为房地产、房地产，核心在地，其次才是房。如某评论家说过一句"土地拿砸了，一切就砸了"。因为产品加分，弥补土地缺陷的程度都是有限的。

- **传播加分**：说到底，就是砸钱做传播，让更多人知道项目，以此增加购买基数这个分母。有钱真好，但是我遇到的多数情况是：土地不好，产品一般，预算也有限，这三项在我的职业生涯中总是"阴魂不散"地组合在一起。问甲方，他的回答也听起来很对："这才叫骨头项目，这才考验你的传播能力，用钱砸出来的都不算本领。"为此，我创立的"夏不飞创意日报"里，收录的过去三年遇到的全国各地的营销问题，一半都是此类钱少难卖的问题，我们花了大量时间，一起探讨，一起思考夹缝中的破题之道。

其实关于砸钱。砸钱的都是职业经理人，他们往往手里有钱，但砸多少，如何砸，没人敢在他面前拍胸脯说两百万就够。当没有准确数字量化砸钱的时候，可能多砸一分钱都是浪费。由此，最后就演变为少砸钱，甚至不砸钱。所以传播加分，在实操里会遇到很多阻力。

以上是非惯性土地上常规的"增加分母"的营销手段。如果遇到土地没问题，产品有问题的，对策也类似：

- **产品"教育"**：如三四线城市，对高层有抗性。传播就是和传统思维"强扳手腕"，"教育"高层的景观和声环境优势。如商住 LOFT，强行"教育"上下分层的动静分隔，包装"很酷很潮"的生活方式等。但是这样的"教育"，多数是在和一种居住观念对抗。如商住的背后，是和买房就要买 70 年的住宅观念抗衡；高层背后，是和我们从小住惯了的得房率高，超舒适的多层居住观念抗衡。对抗传统观念的营销，多数说服成本高，说服效果差。

- **环境加分**：扩大产品的定义范畴，利用大环境优势吸引客户基数。如高层有抗性的地方，贩卖公园 + 高层；商住有抗性的地方贩卖商业中心 +LOFT。有很多这样做的，效果也还不错。归根到底，不可能有无抗性的完美产品，只有不够美的遮羞布。

- **传播加分**：如上所述，钱永远是最棒的传播后盾。但是也有的产品抗性实在太大，或者你永远不知道"多少钱算有钱"，在这个无法量化的数字面前，很多项目不是没砸钱，但多在砸不出效果的时候放弃了，因为你永远不知道这是"挖通隧道的最后一锤"还是"这一锤后，还有漫漫千万锤"。马云说"很多人放弃在黎明前最后一幕黑夜里"，其实放在地产业，黑夜不可怕，多数情况是"很多人揣着钱，但放弃在投入无效的绝望里"。

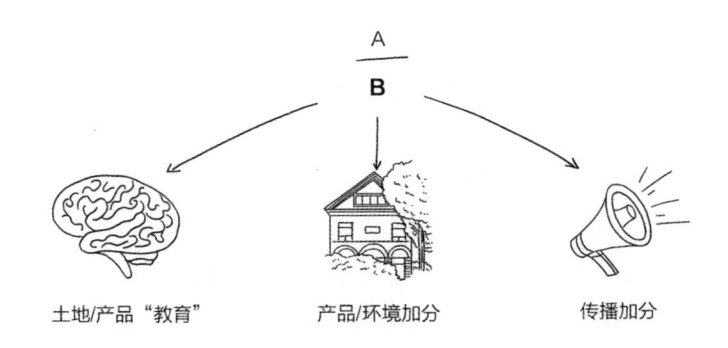

土地/产品"教育" 　　产品/环境加分 　　传播加分

图 10-2　对非惯性土地和产品，传统思维爱用增加客户分母的营销方式

以上方法，我们考量过，在我们的项目上都不太具有实操性。除了甲方费用有限的问题，最大的问题在于，这是一个已经开过盘的项目，我们不可能有一个整体的时间停下来，重整形象，再"教育"客群。而以上所列"扩大分母"的手段，要么要求推翻原有形象，要么需要一定时间的积累才能见效（如土地"教育"），我们项目等不起。

而且，我也深感这个项目不需要颠覆形象，因为形象更换可能见效也不会太大，毕竟"非惯性"的问题，不是几个美丽视觉效果就能解决的。

同时，我倒是觉得对于"非惯性"的问题，要么直面问题，要么找到对问题抗性没有那么大的人，否则换什么传播概念都没用。简而言之，要么直面问题，要么找到不在乎问题的人。

案情第3步

非惯性问题的反向解决　缩小分母

某个全球著名矿水，出了品质问题，它最后的解决方案很简单，拍了一个视频：画面中一个小孩，静静地，静静地转过身来，让人看清了脸，留着泪，满脸诚恳，这时突然出现旁白文字：我错了。

是的，危机公关也罢，传播说服也罢，永远别逃避核心问题的存在。所以，常规做法是扩大分母，即扩大传播人群。但扩大分母的成本太高，而且说服效果无法预测，所以我反其道的做法是"缩小分母"：

- **小基数市场的分母缩小思维**：在当地小市场，购买别墅的人本来就有限，而且观念固化，说服成本太高。这块土地区域抗性肯定存在，我们不逃避，在茫茫"对土地有抗性的人"里划清派别：有认为太远的，也有认为太荒的。前者我们太难说服，我们寻找后者，即"认为这块土地配套特差"的人，针对其说话。因为就这块土地的大环境而言项目的确较远；但就小环境而言，放在当地市场，我们算有着超级国际化的上海级配套，有可能说服他们。所以，我决定细分抗性人群，直面抗性问题，直接回答。

- **大基数市场的分母缩小思维**：在上海，市场基数情况完全相反，有足够的公寓购买人数，但是分布极广。每个环上海项目都说"要营销上海"，但是最后能做的还是以点带面，因为真要覆盖上海几乎不可能。本项目又不是那种环上海的"尖子生"，所以与其对全上海说话，不如针对那群"不太在乎距离、总价问题的人"。

而我们作为离上海不远，却很"上海"的小镇（规划了上海医院、上海街区、上海国际学校）。对"价格和距离"最不敏感的潜在购买者只有一种，即"三配套超级依赖"的人：在上海，习惯了步行距离内有医院、国际商业区域、国际学校的人。习惯是购买最大的推动力（或者阻力），我见多了在上海联洋、碧云等国际社区生活习惯的人，去其他区域再好的房子，怎么也住不惯。其实不是新区域太差，而是这些国际社区的超级生活配套惯坏了他们。

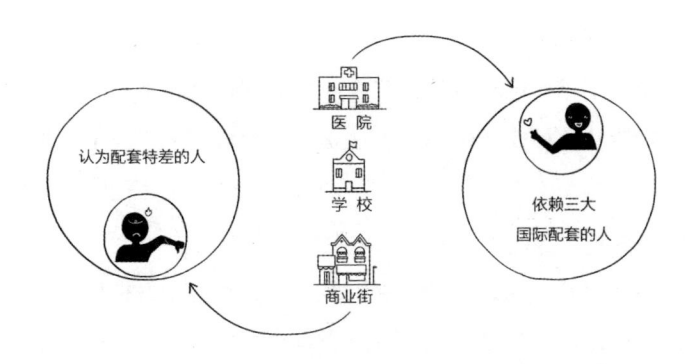

图10-3 基于项目实际情况，我更常用"缩小分母"，来提升项目的说服效率

所以，在基数不同、问题不同的两个市场，我们都采用了反向思维，"缩小分母"，具象化寻找两类产品说服成本更小的人群。具体对策，以下两节分开讲解。

案情第 **4** 步

本地传播 放弃一半 搞定一半

如上所讲,我们这块土地在当地人的印象中,主要有两个标签:远、荒。前者我们没法解决,所以放弃嫌远的(我们没有时间做土地"教育",也判断土地"教育"的收效在三四线城市短期内不会太好)。有后者想法的人,我们则将其列为最大客户目标群,因为这是我们能解决的,也是我们有优势说服的。

直面问题不难,但直接消弭客户心中的问题就不那么容易了。罗列配套,炫耀体量,标榜新中心……这是三四线城市建立新中心最常用的手段,项目前期都使用过了,效果都不佳。这时候,你还记得本章开始时,我谈到的"短对标"创作方法吗?

当我们聚焦到"顾虑配套的别墅客"时,我们不去揣测太具象的个人喜好,但可以肯定的是,对项目配套有顾虑的客户,我们如果作一个强势对比,即把我们和当地最繁华的商业中心比较,会在他们内心产生很大的反应:要么觉得你吹牛,说大话;要么引起超级大的好奇,要亲自去看一眼。因为这挑战了当地人对于别墅生活的认知上限:"一栋别墅怎么可能和方兴街比繁华?"(方兴街是当地的商业中心)

短对标,不说纽约、巴黎、新加坡,而是直接对标这个四线城市自己的商业中心。这样的话题传播,等于在消费者身边拉了一个响炮,不管如何,肯定比塞纳河、海德公园要有实效得多。

但我们没有停下来,我们继续"添油加醋":我们认为项目一半的魅力是繁华,另外一半的特色是安静,毕竟我们有几百亩的农庄,在我老家农村，我都没见过那么大的农田。所以，我们再次用短对标法做了一个本地客户心理的认知挑战——和这个城市最安静的地方比宁静。而这个城市正好有当地著名的古镇之一：老山镇。这是当地人人皆知的文化地标，代表的就是安静的江南。

考虑到要急速起话题，迅速来客，我们判断"约"一场架不够，我们"约了"两场：一场和市中心比一比配套；另外一场是和老山镇比宁静。在三四线城市，有时候不能太按照一线城市逻辑来做，什么响炮能震动人，就拉什么响炮。所以，当两场"约战"主题定了后，我们也做了可以快战的策略：两个主题分别只打1—2周。老话题结束，迅速撤场，另一个话题迅速上台。静的，动的，轮番折腾这座小城市。

具体来说就是所谓"1+1+1"策略，一周"约架方兴街"说繁华，一周"约架老山镇"说农庄，有了市场关注力后，马上紧跟主形象出街，然后立马新产品开盘。

第一周的叫板方兴街的宣传，甚至将大大的"一栋别墅，敢与方兴街叫板繁华"户外打到方兴街上。小城最大的传播话题永远是"谁谁谁倒闭了，哪哪哪着火了"，"嚼舌头"的小城传播特质，"约架"式的话题，就是非常好的小城二次传播的原材料。

图10-4 短对标，并真的在"对标主场"，直接挑战对标

而配合此，我们把城里唯一的宝马、奔驰4S店拉过来一起参加活动：奔驰携经典——迈巴赫DS7、明日之星——2017款GLC，会一会宝马经典 – 克莱斯勒XL3、明日之星——2017款X5。作为年度豪车一次互不让风头的现场话题活动，和线上叫板方兴街很搭。客户本来就憋着一股子好奇，想看看这配套到底牛在哪儿，顺便一次能试驾两个品牌，何乐不为。

一周风生水起，然后立刻"销声匿迹"，上台的是另外一台戏："城里别墅，敢与老山镇比静谧"（具体文字，当时更婉约，怕刺激当地人对于文化古镇的自尊）。事后想来，如果加入类似给全城企业家送麦穗、送种子、送试驾函的事件，暗示一个有超安静农庄的繁华别墅，也许能促进这种农庄旁的城市别墅形象，更生动的圈子化传播。

两周内，电台、户外、灯箱主题性的连续强反差的更换，已经和传统"长形象期+短爆的开盘期"做法完全不同，其实无论一线城市，还是三四线城市的项目，现在都发现过长的形象期，反而会让客户遗忘。短爆发，费用砸在两周以内，形象迅速占领城市话题高地，然后急速开盘，在信息过剩的时代反而效果更好。

传统"长形象+短爆发"，就算是对那种要大蓄客的大盘项目，其实也应该思考缩短周期，集中某一时间爆发，永远别奢望"长长的周期覆盖，蓄水更多的客户"。其实在小城，两周的轰炸后，再大的媒体费用，客户的增量也是几何级下降的。

回到主题。两个主题在两周内迅速打完后，需要出一个开盘主形象。主形象创作，我又做成了一次"短对标"的创意。对于长期居住在江浙沪区域的客户,心中理想的生活样板,"上海"肯定算一个:老马路的梧桐,大都会的熙攘。而我们的项目,左面一座农庄,右面整整几十万方上海籍的配套:上海医院,上海学校,上海商业区,正是这种又闹腾、又安静的上海式高级生活。

同时,任何传播也不能一直"闹腾",闹腾约架是为了迅速导入客户,话题有了,关注力得到了,作为 500 万元的贵重资产,还是必须有个稳重的、长期的标签留给客户。所以两个闹腾期后,长期固定的产品信息,我将其设计为一个短对标上海的形象:**"为一栋别墅,造一座上海滩"**。因为上海的医院、学校、商业区组成了围绕别墅的一个"小上海滩"。

在短短三周内,基于小城客户认知,我们用两个短对标对象"方兴街 + 老山镇",利用小城传播规律,做了两场"约架";然后在开盘前,基于贵重资产的标签感,我们又用了一次短对标。三周,三个短对标,完成对一个较偏但不荒的小城市别墅,城市知晓度的一次重整。

图 10-5 三次短对标背后,其实是短爆、快开的小城营销思维

忙完,换枪头,思考上海推广。

案情第 5 步

上海传播　盯点

上海太大，需盯几个点，否则推广费顶不住。所以我们缩小分母，在本地找"更在乎配套"的客户，在上海我们找已习惯国际化三配套（学校、商业、医院）的人。接着我们迅速找到了这群人的聚集地，即上海最早的几个国际社区：联洋、古北、碧云。

有必要说说这些国际社区的背景。国际化大都会的上海，聚集了全球精英。如古北，最初靠近虹桥机场，汇集了最早来上海的韩国、日本人，后期在规划导向下，慢慢形成古北一期二期规划，国际学校、异国风情的商业区在附近聚集。我印象最深刻的是，古北家乐福据说是中国单店营业额最高的。大量进口食品和高端商品，让你怀疑进了一家高级MALL，而不是一家生活超市。

上海的城市能量，具备建造聚集真正国际人口涉外住区的能力。而这种生活区，涉外学校、公园、高级商业区、国际医院几乎是必然的"标配四件套"。所以这群人，就是我一直定义的"对三件套上瘾"的人。看到"三件套"，不会嫌贵，只会爱不释手，因为他们一年到头就是活在这种三配套生活区里的，即所谓"习惯是最难戒的瘾"。

但是，我还是不想就此肤浅地将项目定义为"上海之外，上海式国际社区"。因为我一直信奉，一个企业之所以伟大，是因为它能解决时代痛点。如乔布斯的苹果，马斯克的特斯拉，他们的企业和产品背后，都有时代痛点的洞察。而一个好的环城市大盘，在大都会里销售，它若是能解决一些大都会里存在但是无法解决的时代痛点，它的销售才能顺水推舟，而不是强买强卖，因为强卖的成本实在太大。

所以，传统思维可以开始用"上海之外，上海式国际社区"做创意输出了，但对我而言，只是走了二分一的洞察。没办法，自己不想就这样放过自己。

不洞察没事，一洞察吓一跳。有钱人就是"考究"，人一旦考究，就会"特纠结"：

1．爱恨孩子

血缘关系下，对孩子深度疼爱是必然的。但国际家庭生活中，又追求个人生活的"私密化、自由化"。

前后两者，即所谓私人时间和陪娃时间，永远有着无法调和的矛盾。而现在上海大都会项目的解决方案，无论半天型幼龄配套（金宝贝、星期八），还是一天型酒店配套（佘山艾美、崇明喜来登），都提出了深度照看孩子，但是时间也罢，配套丰富程度也罢，最多能解决半天到一天，都无法深度解决3—4天的全家庭式短假型生活。

2．爱恨假期

中国的时代趋势，控制长假，增加短假期，甚至未来一周2.5天休假可能成为法定（国内有些区域已经开始试行）。而4天+的丽江等（远度假，来回基本两天耗掉，过一个夜，合计最少4天），0.5天型的上海田子坊等（泡半天的城市型休闲地），根本没有适合1—3天的短假式全家庭配套型产品。

而这种客户，短假期是与孩子、与家庭、与自己最难得的放松时间。但短假期不能走远，近距离，又没有适合的两天半型短假产品。短假最后演绎成补习班一天 + 鸡肋的另一天。

3．爱恨上海

上海是这群人事业成就的倚赖地，有着无与伦比的家庭生活环境。但上海的中产，因为太累，都有一种强烈的"出城有别墅，短暂小遗忘"的愿望。

但很多人周末是否有空，经常要到周五下午，甚至下班时才能确定。而环顾上海，半天型的城内休闲目的地，基本人满为患。两天型产品日渐丰富，但还是以娱乐产品为主（美芥山、涵田、裸心谷、九里云松，甚至乌镇），而且到周六说走就走，想订再订的时候，基本已经没房了。很不适合这些国际家庭平时很忙，周六突然停下的生活方式。

2017年暑假结束时，在美国，几张孩子被塞进校车里时父母开香槟庆祝的照片，在推特（twitter）上大热，其实很典型地反映了这类国际家庭爱恨假期，爱恨孩子的状态。这种终于解放了的心理感受，其实在中国的国际家庭也同样明显。

落回产品，我发现了很有趣的解决这三个"爱恨矛盾"的能力：

1．爱恨孩子的"弃娃"小镇

深爱："湖畔商业 + 父子农庄"，提供父母、子女间增加感情的深爱空间。

浅离："国际学校的假期兴趣课堂，外加"商业 + 医院"的爷爷奶奶定制式配套。

"深爱""浅离"形成了祖孙三代无忧合住，与孩子随时一起来，随时分开玩的双幸福模式。

2. 爱恨短假的"反悔"小镇

说来就来：长三角高铁站点上的家庭小镇。当日来回的多班次高铁，使之成为几乎是上海的第17个区，杭州的第11区，苏州的第7区。

说悔就悔：大都会人都有"围城心理"（进去想出来，出来想进去）。微信3分钟撤回模式、保险后悔机制……都源自这种客户心理洞察。高铁小镇，30分钟就回上海，充分满足了当代人的随意生活哲学。

3. 爱恨上海的"上海滩"小镇

上海之外：小别上海，上海很难找到的千亩农田。

上海之内：上海三大国际社区中：古北，所有配套以黄金城道为轴线；碧云，所有配套以碧云路为轴线；联洋，所有配套以丁香路为轴线。而我们项目配套，也是围着一条核心马路展开，很像上海三大国际社区的生活方式。

这是一种出了上海，生活方式不用改变的上海式小镇。

基于客户的矛盾心理，我们把这个项目戏称为"反悔"小镇、"弃娃"小镇、"上海滩"小镇。其实说到底，就是满足这类具有一定财富，生活更考究的客户，心理上对于自然界、孩子、大都会三者的"理想处理方式"的期许。

- **"反悔"小镇**：随时忙起来，随时停下来。
- **"弃娃"小镇**：爱自己的孩子，却也有充足的私人时间。
- **"上海滩"小镇**：享得到上海的配套，逃得了上海压抑。

而三者合一，其实就是在中国"短假期"时代背景下，深度考虑大都会国际家庭需求的"同城异样"目的地。所以项目的核心形象就是：

环上海，国际家庭的短假生活目的地。 一个深耕 1—3 天短假，长三角"同城距离，异样生活"的都会农庄小镇。

图 10-6 "短度假目的地"的形象背后，是对国际家庭的三个痛点洞察

我记得我做到这儿的时候，我的团队问我："那夏总，平面怎么做？"我说："这次我们没有形象稿，只有大量'碎片'稿。"团队突然很迷茫：碎片稿，什么是碎片稿？怎么做？

是的，这是一场游击战，即使聚焦到上海的三个国际社区，依然没有可能有钱去大面积覆盖渠道，更多是基于小渠道的拦截式传播。所以对于团队来说，只能基于各种渠道，进行因地制宜的小创作，而且能找到的渠道，都是一些小纸张、小口袋、小水瓶的碎片，不可能有大户外、大报纸、大围墙。这不仅是我们这个项目，也是未来地产传播在做渗透型推广时的趋势。

举几个例子。在古北，我们如果找中介合作，做大海报张贴是最常见的思维，但这不是渠道思维的创作。进入中介，就要用中介门店这个场景思维去思考。到中介，你是去看房子的，是要在一个"房产小超市"里，比较甄选后选择你要实地察看的房子。比较思维，是这个渠道的特点。

所以你的创作，要有比较思维。

于是我们选择在中介玻璃橱窗这个张贴区域优选房源的广告位，把我们的项目放在其中，不显眼。每个房源都有几句话介绍。我们介绍也有几句话，只是更有比较感：把古北的医院、学校、商业都"搬"了过去，房价只是古北的 1/10。

甚至由于上家下家算税、计算购买成本、各种复印等，中介用纸量很大，基于此，我们就免费给中介提供了一批纸袋送给购房者，这个袋子在全交易过程中都可能会使用，而且能保存很长时间。所以我们利用这个牛皮纸袋，画了一条古北的黄金城道，再画了一条我们项目的中轴线——中华路，寓意一样的生活肌理；外加一句很"古北"的传播语：有个农庄的小古北。又是典型的短对标，对标他／她现在的生活、居住区域。

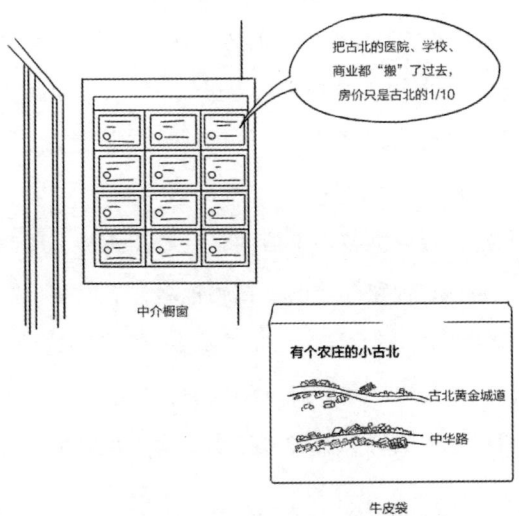

图 10-7　基于中介"比较思维"和"用纸大户"的场景创作

所以，依据场景特色创作，而不是再做一个画面在这种渠道强制使用。在中国单店营业额最大的家乐福，我们大量派送"有个农庄的小古北"的环保袋，也是一样的思维。当时我们的思维，就是一个月派发一万个，投不起户外，就做"一万个移动的户外"。环保袋在通过超市人流散去古北各个角落后，成为移动的广告位。

当然，基于"弃娃"小镇的特色，我们在国际学校，选择一个特定的敏感时间：周四，离周末还差一天的时间，在早晚家长接送孩子的高峰时间，做了带小贴纸的饮用水派送。瓶贴上写着大大的标语"你爱的周末、你恨的周末，来了"。以及产品信息：全配套，多陪孩子的派对小镇；有农庄，自己独处的周末田园。从而展现这个能"丢掉"孩子独处，也能随时陪伴孩子疯玩的小镇。

为了体现"反悔"小镇的特色，我们还设想每次周末活动保留5个"8小时临时名额"，就是早上高铁出发前8小时，你当天凌晨还可以报名，只要你确认信息，预付20元"说走就走勇气基金"，你就可以参加当天的活动。我们帮你订好来回高铁票，体现项目"说走就走，随时想念，随时反悔回上海"的便利小镇特点。

当然，我们经常提前准备周末活动，然后在瓶身上印制一个报名小程序二维码，下面一句神秘兮兮的"扫码报名，周六早上高铁站见"。报名参加周末体验活动，然后统一在高铁站集合，利用这种方式实现"有娃家庭周末痛点"：当天来回上海玩耍计划，拉动每个周末的来人量。在寒暑假前，则"变本加厉"做成"我爱暑假，我恨暑假"的长假"娃托班"活动。

类似的渠道渗透还有很多，反正都是这个区域"犄角旮旯"的生活亲密接触场景。没有大画面，只有小到如瓶贴的豆腐块画面，渗透到整个国际社区每个角落里。

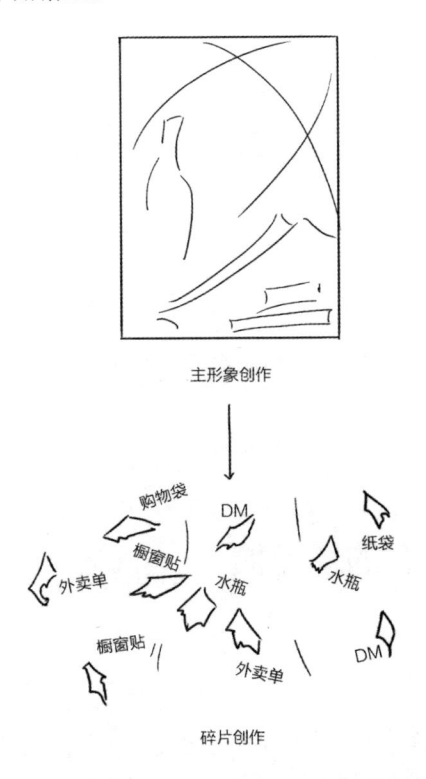

图 10-8 时代变了，我们更要学会"碎片创作"

在进入千万人口级别大都会的推广中，其实多数情况下，传统媒体都是犹如"石头扔进大海里"，连浪花都不会见到一个。相反，有什么样的城市生活状态，就可能成为他们的出城置业度假产品的线索。基于产品基因，做城市客户反推，缩小传播范围，然后进行渗透型"生活渠道"

推广，是环都会项目传播中未来落地推广的新思路。

所以，缩小分母，不仅是框定城市客户的思维，也是具象化传播渠道选择的思维。世界那么大，缩小了玩，有时候反而事半功倍。

BIGGEST → BIGGER → BIG → SMALL → SMALLEST

↓　　　　　　　　↓　　　　　　　　↓

所有客户所有渠道　　　基于产品基因　　　基于具象客户
　　　　　　　　　确定大概率购买者　　确定具象渠道

图 10-9　环都市圈项目，"缩小分母"式的营销并不会丢掉客户，反而会提高传播效率

小结：一堆创意的坏习惯

1. **创意坏习惯**：全城覆盖

   锻炼能力：缩小客户分母，具象化小成本说服客户和有效渠道

   案例举例：市区缩小到"对配套有要求"的别墅客，上海缩小到"三配套依赖"的国际社区客户，并由此具象地缩小传播渠道

2. **创意坏习惯**：长对标

   锻炼能力：短对标

   案例举例：一栋别墅，敢与方兴街比繁华。有个农庄的小古北

3. **创意坏习惯**：只有形象定位的超级大盘

锻炼能力：创作有时代痛点的大盘

案例举例："反悔"小镇、"弃娃"小镇、"上海滩"小镇

4. **创意坏习惯**：创作，然后投放

锻炼能力：碎片创作

案例举例：中介的牛皮纸袋、国际学校的瓶贴水、超市的"农庄"环保袋

音频小作业：如果你来做"碎片传播"

还是这个项目，如果你已经学会了做"碎片稿"，那么请思考，我们后来想和打车APP、外卖APP合作，如何做"碎片创意"？如何基于我们这样一个"弃娃"小镇、"上海滩"小镇、"反悔"小镇，做有意思、有记忆、有卖点感的跨界合作？

想完、整理完思路，扫码听我的解题音频——《APP的跨界合作》，或者进入喜马拉雅APP，搜索《创意的坏习惯》专辑，聆听我的答案。

第十一章　城市品牌的误区

来来来，
帮我做个城市品牌吧，
因为今年我有几个高价项目

引言　多了两个字，却变了一个词

我说的是"品牌"和"城市品牌"，后者只是比前者多了两个字，但是就工作目的、项目关联关系、联动的深度关系而言，都发生了很大的变化，甚至会变成完全不同的两个词。这章详细说说我对于城市品牌的认知。

说到品牌和城市品牌的差异，还会有一个词，叫作"区域品牌"。如果说前两者之间的关系是多了两个字，却变了一个词，那城市品牌和区域品牌，看起来都是四个字，还有两个字一模一样，而且玩的都是品牌这件事，所以很多人会误以为两者差异不大。其实我想说，它们的差异是不小的，前者聚焦单城市根植能力的总结和明星项目的背书制造，后者要学会在参差不齐的尖子城市和后进城市间，提出平衡而有效的项目品牌背书。

具体差异和玩法上的标准，可以看另外一章。本书共收录了3个地产品牌操作案例：一个全国品牌，一个城市品牌，一个区域品牌，我特意这样安排，就是想把这3个多数人看起来差异不大的品牌工作，详细解开，一一对比，细说背后的操作标准、传播目的、联动方式上的差异。

说回城市品牌。现在很多甲方在当某个城市深耕发展很好的情况下，或者刚进入这个城市时，在集团品牌基础上有城市品牌的需求。我一直在面对这种需求时反问甲方：你确定真的要做品牌吗？他们一般的回答都很肯定：是的，非常需要！

这时候，我一般打住，另外找个酒过三巡的机会再问他：你真的要做城市品牌？

差异来了。有的甲方回答继续坚定:"夏总,我必须这么做,未来我们几年出的货,都有溢价的压力。"

说实话了。酒精是最好的洞察真相的原材料。

更直接:可以不做,但主要是今年有个明星项目,想借助品牌联动一下,这样拉动明星项目的销售曝光度。

两位都说了真话。就现在的城市品牌而言,我认为,它和全国品牌最大的不同就是它可以有,甚至必须有"生意逻辑",即城市品牌应该主动思考借助多项目的联合力量,拉高明星项目的曝光率和传播的启动势能高度。譬如上海某品牌,当年的年度重点产品是某外籍大师设计的设计型豪宅。考虑到上海本身就是个设计型城市,懂得海纳东西文化的设计精髓,所以基于城市背景和年度作品的角度,将当年度城市品牌设定为"设计上海"。其他项目,则寻找自身社区设计、收纳设计、户型设计、土地规划上的特色,捆绑成这个企业当年城市品牌的产品体系。同时以一个品牌的城市力量,拉高年度作品的亮相能量级。这就是所谓城市品牌的生意逻辑。全国品牌不可能,也不需要聚焦到某个区域的某个城市的某个年度重要作品,杀鸡用牛刀,浪费了。

因此和全国品牌不同,城市品牌在构建之时,有必要充分考虑年度明星产品。

而且对于城市品牌,城市颗粒度下面就是项目,项目是承担一座城市品牌最主要的元素。说直白点,保证项目销售,是城市品牌建设最基础的根基。你可以不是销冠,但是十多个项目,五六个卖不动,两三个索性多年停在那儿,谈何城市品牌。你口号再美,也是"肾亏气虚下发出的声嘶力竭"。消费者不傻,购房者也不会不明白。

所以，基于明星产品的生意逻辑考量，是城市品牌思考时很重要的一块。当然也有基于以下两点原因，不依赖城市品牌，明星产品单干的：

- **差距太大**：做了一个豪宅项目，但是之前的品牌都是刚需，明星产品和现有品牌认知差异太大，所以开发商索性就单独建立高端产品，不借助品牌力量了。
- **品牌高差**：品牌在该城市能量很大，影响力够强。单独倾斜，为一个明星产品更改年度城市品牌主题，不值得、不应该、不需要。更多是项目单向借助品牌，而非城市品牌为其倾斜，修改年度主题。

这两种情况我都遇到过，但是在多数实操里，前者其实还是要思考"借这个明星项目反哺城市品牌"[你的品牌不能一直这么低端（low）下去吧]。后者只是品牌太强，名字即价值，单向借力即可。但能这样在单个城市做到有超级影响力的，属于极少数。早年三四线城市里的某当地品牌，或者进入城市较早且产品量、口碑度都非常好的全国性品牌，可能会有这样的影响力。但随着时代发展，一线品牌在一线城市基本都完成布局，一二线品牌都深度沉入二三四线城市，这样的独角兽也越来越少，所以后者这样的情况，也越来越少。

除了生意逻辑，城市品牌还要考虑两个点：

- **城市卖相**
- **"刺人行动"**

城市卖相这个词，是我定义的。"卖相"两个字是吴语里外表的意思。城市卖相，你可以理解为城市品牌在地化，如某知名牌进入昆山，基于城市文化代表——昆曲，提出了"让昆山更有戏"，其实就是融入城市的态度和品牌主张。

城市卖相的考量，不仅考虑融入，还要思考在城市地产开发竞争格局中的超越。如在杭州，某深耕杭州十多年的一线品牌提出的"新江南制造"，其实就是在深耕多年后，决心在杭州这个有张小泉剪刀、龙井造茶术、杭州油纸伞等精湛技艺的江南城市，超越原有技术，建造品质更优良的房子。简单融入已经不是它的品牌愿景，超越城市同行，做这个城市最领先的地产品牌，才是这个品牌对于自己在杭州卖相的"霸气"表达，这是我的理解。

最后，城市品牌还要考虑的一点，其实也源自城市品牌和全国品牌最大的差异：城市品牌下面即项目，而全国品牌下面是区域；城市品牌有能力对城市诸多项目直接管理，而全国品牌常常很难。这也是我多年做全国品牌最大的难点，制定好了策略，不同区域，不同城市，品牌影响力不同，销售压力不同，各地消化集团品牌的能力也不同。有的区域，巴不得集团给他们清晰的品牌主张，他们拿来直接使用；也总有一些区域，要么推广能力较强，要么销售压力较大，认为品牌太虚，无法促进销售，从内心抗拒品牌。所以，全国品牌落地各区域的结果，往往有太多干扰因素。

城市品牌几乎不存在这个阻力，所以其在年度节点上，往往要深度考虑一个"联动问题"，即如何巧妙地组合所有在售项目，借助城市品牌主张，完成项目销售的合力发声工作。当然，一个人是个性，一群人在一起往往只有了共性。项目组合也是，如何组合才可使组合过程既能兼顾不同项目的落地能力，还能捏在一起继续有传播力、有个性？这就要求城市品牌在项目联动上能"刺痛消费者神经"，即具备所谓城市品牌的"刺人行动"能力。做联动的不少，但多数都是整个名头捆绑卖，能刺痛市场的方案，少之又少，实操出来的更少。

再补充一点，城市各项目往往销售进度不同，很多尾盘的推广基本就没广告公司承接了，而且尾盘往往能玩的花样少，故而很希望借助品牌的平台发出新的声音。所以"刺人行动"要考虑的东西是多元化的，有时还会承担不该承担的销售期望。

基于我讲的全国品牌和城市品牌在实操上的种种差异，可以看到好的城市品牌需要考虑到三个因素：生意思维、城市卖相、刺人行动。我将此称为"城市品牌三轮车"，要将一个城市品牌运转起来，需要这三个轮子。

图 11-1 做好城市品牌的三轮车思维

案情第 1 步

品牌初谈　四平八稳

一个知名的全国性开发商，进入上海的时间也有小二十年。在我个人印象里属于有市场活跃度，但不温不火的品牌。而找我们的时候，也是严格意义上它第一次在上海做品牌发声。

习惯性地聊到了重点项目。果然有一个新中式项目。这是其品牌第一次在上海尝试新风格，以往都是大都会、现代风格。第一次做中式风格的产品，属于与时俱进。产品特色主要源自中国传统音律的灵感，据此做了院坊居住格局的再设计。

当然，甲方也谈了几个要求：产品联动，每年春天都会做；品牌发布会，也想跟风做一场；新品借力，借助品牌推一推新品。很典型的几个城市品牌需求。

匆匆聊完，只感觉一切都在意料之中：要发声，要靠品牌卖新品。四平八稳地走出甲方办公室，甚至觉得没什么难度，当然也没什么兴奋。

案情第 2 步

城市品牌的前置思考　发行了30张专辑，也一直没有火

我不认为所有品牌都有必要做城市品牌。即使他花钱请我去，我还是会告诉他这句话。

这个品牌的全国品牌主张四平八稳。全国品牌要兼顾全中国的布局，所以平衡、稳定的主张是可以理解的。但是落到上海，为了维稳而做城市品牌，是否值得，就需要深度思考。

首先，先看看上海这个城市的消费环境。在上海这样一个超级大都市，先不说地产，就说城市娱乐环境，全球明星的大小型演唱会几乎每月都有。在线购票APP上，你可以看到，几乎任何一天都有10多场各类话剧、戏剧、

歌剧在上海同时上演。同样，在淘宝依然还有宜家（IKEA）代购的时代，上海却已经拥有了三家 IKEA。消费体验过度丰盛，这座城市没有精力去关注无关的、不好玩的、没有话题的东西。

更遑论地产市场，这里云集了全国几乎所有一线开发商。过去几年，有太多使出浑身解数想要立足上海的，多数做了几个项目后要么销声匿迹，要么流于泛泛。

上海的地产品牌格局已经基本定势，每年光地产品牌发布会就多如牛毛。做成时装秀的，做成科技展的，做成咖啡夜谈会的……五花八门，再来一个发布会，缺你一个不缺，多你一个照样淹没你。

想明白这些后，我才深知在上海做品牌"反淹没成本"极高，而地产作为一个高价且低频复购的行业，品牌建立往往有迟滞性，且品牌信赖度相对脆弱：

- **迟滞**：想要靠今年建立品牌，今天就卖溢价的可能性几乎为零。
- **品牌脆度高**：一个项目的产品品质，就可以破坏之前几年建立的品牌口碑。

所以，只是希望维稳而在上海做品牌，其实成本很高，收效却很低。我一直建议这样的开发商，最好关注明星产品的前中后传播，尤其是后期口碑的建立，以产品品牌建立更有实效的客户口碑品牌。

但是再研究下去，我改变了我的认知。

一个深耕上海二十年的开发商，开发了 30 多个项目，已经布局几乎上海所有核心区域，居然知名度不高而且认知还很模糊。居住在其小区的居民，让其描述这个品牌，几乎都是用"还行吧，一般般"这种评级的词汇（当然，中国多数开发商在居住者心目中，其实也都是这类评价）。

打个比方，发行了30张专辑却一直没火。不是没有红的素质，能发30张，说明他／她有能力，否则唱片公司不会给他／她30次机会，一定是存在定位包装和发行上的问题。我对这个品牌的认知，类似这个发了30张唱片却没火的歌手：二十多年，能在竞争激烈的上海生存，并深耕那么多明星区域，说明有实力。甚至肯定有大量的能力，未被真正传播出来。所以这种品牌能做，可以做，应该做城市品牌，因为：

- **高价能力**：在上海拿地，必须有贩卖高价的能力。而在上海这个品牌格局十分稳定的城市，无品牌背景的高价产品，贩卖难度要高很多。作为未来需要持续输出高价产品的品牌而言，必须为未来，尽早建立城市高端能力背书。已经有了高端产品经历的，一定不能将这种经历浪费，使其消失在时间长河里，要想尽办法延续和发酵，而这就是城市品牌该做的。

- **时间机会**：明天的上海地产竞争，一定比今天更激烈，**今天一定是地产开发商在上海过得最舒坦的一天**。放眼未来，如果是确定要在上海深耕下去的地产商，必须尽早在上海地产形象的格子间里，建立自己的"商社"（人有人设，商人就有商社），晚了就错过了占位成本最低的今天。

即有深耕城市的决心，有放眼明天的野心，有不求今天速效的耐心，这三心，是做城市品牌的基础心态。

- **品牌人口管理**：回首过去十多年，这家企业拥有大量已经交付的住区，具有无数其他开发商羡慕的"品牌人口"，这些人都是它可以低成本沟通，且由此确立其对在售项目口碑的影响的高效渠道。而这，只有通过城市品牌统一管理。

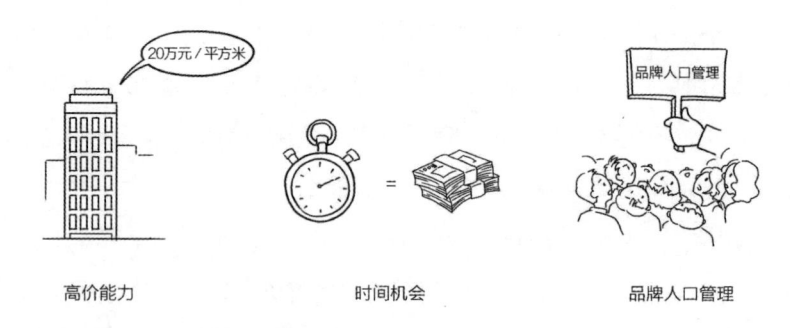

图 11-2 不应仅为了今天卖高价,做好城市品牌,还需要有这样三个认知

啰唆一大堆,还没说解决思路,就是想告诉大家,有些开发商不必刻意去做城市品牌,有些则应当立刻做。而只有深知城市品牌背后的为与不为,才能更清晰有效地创作城市品牌。

案情第 3 步

城市品牌的造法 不是融入城市,就是城市品牌

上文聊了做城市品牌的标准。当真有必要"打造城市品牌"时,根据我多年的总结,不是融入当地,就是做城市品牌了。依据品牌在城市的开发规模、企图心两个维度的不同,会有不同的做法:

- 领导品牌的矩阵总结式
- 黑马品牌的生活愿景式
- 老炮品牌的羊肉串式

领导品牌的矩阵总结

深耕城市多年，品牌影响力处于城市第一阵营。项目众多，产品多元化，无特明显的发力项目。城市品牌的重点是巩固城市地位。

这种品牌的城市主题，比较适合基于其多元化的产品矩阵，提出相对稳定、平衡的主张。类似在某新一线城市里，某第一阵营品牌提出的"与城市，共一线"这样相对平稳而有领导风范的城市口号。

它不需要突进的发展，稳定地巩固其城市地位是首要目的，维持产品、服务上的领先地位即可。面对多元化的产品矩阵，这种品牌为显示其综合能力，是不会丢失产品矩阵的任何一角的。所以这种维稳品牌，需要的城市品牌，更多是对内的一种目标驱动，对外的一种城市运营者角色的设定。

$$\begin{pmatrix} \cdot & \cdot & \cdot & \cdot & \cdot & \cdot \\ \cdot & \cdot & \cdot & \cdot & \cdot & \cdot \\ \cdot & \cdot & \cdot & \cdot & \cdot & \cdot \\ \cdot & \cdot & \cdot & \cdot & \cdot & \cdot \\ \cdot & \cdot & \cdot & \cdot & \cdot & \cdot \end{pmatrix} = 城市品牌$$

图 11-3 领导品牌的矩阵思维：涵盖所有项目，提出领先者的主张

黑马品牌的生活愿景

相比前者，这类品牌进入城市时间不长，城市产品不多，但未来想在这座城市发力，或者获得高价土地，未来持续有贩卖高溢价的背景需求，因而想要于短期内迅速扩大城市影响力，但原有产品数量太少，无法完整地体现其实力。所以这种城市品牌的做法，更多是屏蔽现有产品线索，提出超美好、超现实主义的城市愿景。

我印象中这样的成功案例不多，我始终觉得，这类动作要很好地做好城市品牌主张和项目形象的无缝链接，巧妙借助品牌愿景，拉高城市关注力，然后迅速嫁接到产品上。

我曾经在沈阳操作过类似背景的案例，但更多是项目品牌。大型航空背景的地产企业第一次进入沈阳，首个项目拥有沈阳少见的城内自然资源优势。所以我们当时的第一步是，基于航空企业的性质，在动辄"美好、幸福、国际生活"的小确幸式品牌环境里，提出了"天生大场面"的城市品牌形象，然后迅速落地产品的"天生湾流大场面"。在沈阳这个除浑河之外再无其他大河资源的城市，一个能有大湾流汇聚的产品，用企业玩航空的"大场面"背景故事启动，用项目"大场面"的自然资源接力城市品牌。能嚷得响，又能落到地"说人话"。

当然现在想来，如果能打开"大场面"这个词语，基于产品提出该品牌在沈阳的"大场面生活设计体系"，它就更像城市品牌了：

- **大场面物业体系**：曾服务国宾的物业为核心的服务体系。
- **大场面成长体系**：基于其航空背景，建设类似孩子的"暑寒假航空夏令营"等的社群生活。
- **大场面走廊体系**：对项目红线旁的城市界面再设计，制造环项目绿色走廊，为城市贡献美好公共空间的非传统地产做法。

这种大场面体系，是未来几年在该城市拿地、打造项目的标准动作，而非仅仅是第一个项目。那么整个高度就上升到城市高度，可以称为城市品牌思考了。因此，黑马品牌最好的品牌打造之路：

- 打造核心产品，超越城市居住水平的产品力，是黑马品牌的基础；
- 基于核心产品能力，反推超常态的城市品牌主张，是黑马品牌的亮点；

- 延展城市品牌主张内核，规范未来几年的产品思路，是黑马能逆袭为千里马的基石。

图 11-4 黑马品牌的愿景常规思维：屏蔽产品，创作一个超美好愿景

老炮品牌的羊肉串

本案就属于这种类型。

城市深耕有基础，但不是城市领导品牌，产品矩阵里没有具有超强影响力的产品，只是城市品牌竞争激烈，品牌发力要求比较迫切。

用第一种"产品矩阵"去综合思考，品牌特色几乎为零。而且不是城市领导品牌，产品矩阵无论数量级，还是综合影响力，都没有优势，这样做几乎是和领导品牌做一场以卵击石的游戏。用第二种常规"屏蔽产品"去入手，显然丢掉了深耕多年的基础，自损武功。

所以，最好的方法是挑选多年产品线上的明星产品，单独串成产品羊肉串，就如一个导演导了 80 部电影，涵盖各种类型，各种高、中、低票房作品。大矩阵难有特色，就挑选其最有代表性的作品，如两部催泪作品，外加今年的新作，包装其"催泪大师"的第三次催泪。

这种尊重城市过去产品痕迹，又能创造鲜明城市品牌个性的方法，适合没有第一种品牌的超强领先力，但是又比第二种品牌有更强的城市根基的企业。即所谓不温不火的城市老炮品牌发力城市影响力的做法。

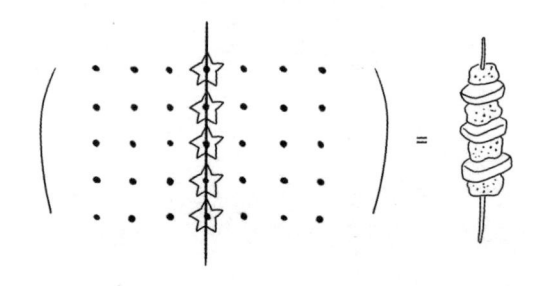

图 11-5 老炮品牌的羊肉串思维：串联明星项目，建立品牌主张

因此，品牌基础不同，城市企图心不同，品牌的造法截然不同。

案情第 4 步

开造城市品牌　串羊肉串

上文说了本品牌属于第三类：老炮品牌的羊肉串。最好的入手角度是将明星项目串联，寻找共同性，所以我们选取了过去十几年的几个特色项目：

- **有做成刚需文艺盘的**。在上海不断扩展新区发展的背景里，应景做了青年作品，提出了有意思的"文艺青年聚集地"。
- **有做成自然生活大盘的**。在上海建设几大城市公园的背景下，应景做了当时最大城市公园旁的十年大盘作品,并提出了很有意思的"海派腔调的公园生活"。

- **有做成国际大宅的**。在世博后,上海再发力黄浦江两岸滨江带的背景下,应景做了滨江大宅,并提出了"纽约式摩天大宅"。
- **外加本年度的新中式音律院坊作品**。在上海越来越快的时代,应景做了不赶路,感受路的慢生活作品。

上海如何走,它就如何走。但相比那些稳健的产品风格,你又似乎感觉到它总能做点别样的。形象地说,稳健里又藏着点"骚气":刚需里提文艺青年;公园里说海派浓荫;大宅里谈纽约摩天;中式里写音律文章。

明星项目的逻辑串起来,让我们想到了"风情大叔",譬如李宗盛。50岁的老男人,一直走在主流音乐的格子里,但是在所有爬过山丘的中年人中,承认自己《鬼迷心窍》过,但又坚守《每一步都算数》的踏实,有着稳健的中年胸怀,偶尔骚动的情怀。

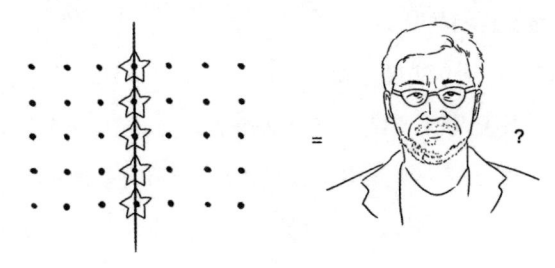

图11-6 羊肉串式的分析后,我有了风情大叔的联想

真的是风情大叔吗?把这个企业,放在上海最主要的两个地产竞争品牌面前,也说得通:

- **对比小鲜肉**：相比那些近十年涌进上海的"小鲜肉"开发商，我们更熟知上海的步伐，走路很像个稳健的大叔。正如李宗盛演唱会的一句主题语**"既然青春留不住，不如做个大叔好"**。
- **对比稳健派**：相比同期，甚至更早进入上海的开发商，我们更会和青年撩动心扉地谈"气质和文艺"，更能在人人都卖公园住宅的环境里谈"上海风情的公园生活"。大叔无疑，但是风情十足。

综合感性、理性逻辑，我们确定了品牌的上海主题：上海先生。套用之前的"城市品牌的三轮车"：

- **有生意逻辑**：作为城市品牌最重要的项目，代表了中式渊远流长文化的新升华，由一位先生做出来，不突兀。
- **有城市卖相**：上海，东西融合的中国城市。先生，就是一种中西皆有的称谓。魔都的历史，也闪现了数不清的时尚、影视、政治、文化先生。
- **有"刺人行动"**：这点，现在下定论还为时过早。能不能造出"刺人行动"，就看我们的功力。

最后的创作证明，主题定得好，后面就是一个好玩的"填字游戏"，而"上海先生"则把甲方要做的三个动作全解决了：新品发声、项目联动、品牌发布。一一套上"上海先生"这个定语，然后有趣地填上不同的文字，就可以做出有意思且"刺人"的传播动作。具体且看下文分解。

案情第 5 步
城市品牌的"刺人行动"　填字游戏

和好的项目策略一样，好的品牌策略能轻松地降低传播上具体动作的思考难度。具体方法，就是我刚提到的"填字游戏"。三个动作，都是"老男人"的轻松填字游戏：

一、品牌发布会

老男人的告白舞台

就如李宗盛 30 岁在《寂寞难耐》里写的"一天又过一天，三十岁就快来，往后的日子怎么对自己交代"，40 岁再唱，他即兴改成"一天又过一天，四十岁早过去，往后的日子不再向任何人交代"。

是的，风情大叔到了一定年纪，不再为了别人而活，想说的想做的，略带风情，但是都是心里话。所以，我们的品牌发布会，就如李宗盛歌词所唱的，是一场老男人的真心告白会：

- 发布会的礼物，老男人告白前整理容颜的刮胡刀。
- 上半场，新品发布。老男人告白这个城市的新礼物。
- 下半场，文化保护计划。老男人呵护这个城市的亲吻。

详情如下：

发布会的礼物：老男人告白前整理容颜的刮胡刀。

一把精美老派的刮胡刀，附赠一张十二种胡须的造型方案（以下简称"十二胡型"）的说明，上书：

胡须是岁月给老男人的印记，
但胡型却是老男人反击岁月的回应。

陪伴上海二十多年，我们自有比小鲜肉更深刻的上海理解，7月8日，听我们岁月的沉淀后，新动情故事。

十二胡型的说明书上，也是一段闷骚而沉稳的文字：

W型：W的小折角，折住一个老男人小风情

U型，裙边围绕，雕刻男人棱角的型

O型，围造型，谈吐之间唇动牵动胡动的小酷

T型，上一横，下一竖，流露出老男人的抑扬顿挫，慢条斯理

……

图 11-7 一把精致的刮胡刀，一套胡须图，成为老男人发布会的前戏礼物

这个礼物，仿佛在暗示大家，一个生活在上海多年的老男人，要有风情而成熟地说些什么。

- **发布会的上半场，老男人告白这个城市的新礼物：年度作品。**

人年轻时，都只懂送花讨好。到了一定年纪，才知道如何动人心，而不是肤浅地讨好。

人如此，开发商也如此。最初几年，在上海做过很多海派作品，献

给上海。但十多年后,懂得了:讨好上海,未必一定要用海派。给越来越快的上海,一份慢下来的礼物——音律灵感下的院坊作品。

这是老男人才能想到的,使人为上海动心的做法。

- **下半场,老男人呵护这个城市的一个吻:沪语保护计划。**

年轻只看颜值,年长才懂欣赏气质。如果建筑是魔都的颜值,那沪语就是上海的气质。但越来越少人会说上海话,上海话正在消失。

作为扎根上海多年的老男人,决定去保护这份城市气质。

利用周末售楼处,联合上海电影学院、上海戏剧学院、上海话剧团,做小讲者、小演员、小剧人三类活动,锻炼孩子的沪语演讲力、表演力、沟通力。也算为这个城市的语言保护,作一份贡献。

上下半场,分别是老男人对这个城市的两次告白,一个是年度明星产品,一个其实是年度案场主题。前者是"越过山丘",终于懂得心平气和地与上海交往;后者是"回首山丘",留住一起走过二十年的城市的文化记忆。

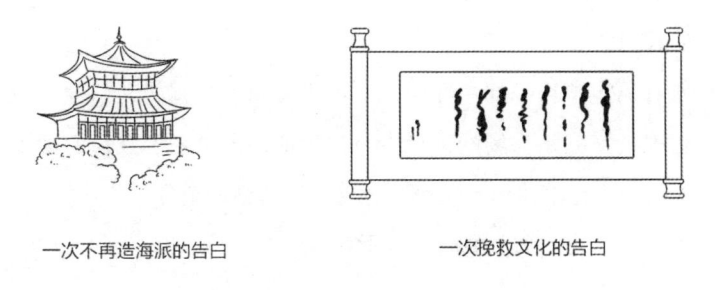

一次不再造海派的告白　　　　一次挽救文化的告白

图 11-8　老男人的两次成熟告白,串起整场发布会

在老男人的情绪下,做到了一场发布会该做的产品发布和城市文化

融入。值得一提的是，发布会用了两种情绪：平和、无奈。这是历经生活的男人才有的两种典型情绪，却是中国地产发布会的非典型情绪，之前很少有人这样做。

二、多盘春天联动

老男人邀你的一次春游

品牌的四个项目分别靠园（迪士尼）、近城、临湖、进山。这时候，传统品牌联动，就直接设计成上海城四种资源的游玩，现场领票。

但就如李宗盛在《每一步都算数》里聊到城市时说的，温哥华，在他眼里是一座"一二十年前，它教我训我，要我知道自己的渺小，要谦卑安定；二十年后，它依我信我，任我剪裁切削，重新安置"的城市。

小鲜肉看城市风景，老男人读城市风景故事。于是我们的项目联动依然是玩，但是我们显然玩的是风景背后的故事。

靠山的项目：

- **别人的玩法**：登山
- **我们的玩法**：不止登山的山玩法

所有周边项目，都一拥而上送项目旁山体公园的入门券。但只有我们另送附近家庭跑马场的试玩券，告诉他，人生除了登顶的征服，还有与家人间的欢喜陪伴。这正是"老男人"才懂的道理。

而正好，我们是个家庭型别墅项目。

靠迪士尼的项目：

- **别人的玩法**：迪士尼一日游
- **我们的玩法**：两天一晚迪士尼慢游记

所有周边项目，都一拥而上抽送项目门旁的迪士尼门票。但只有我们另送迪士尼旁。川沙古镇的美食券，告诉他，人生的精彩除了一起的热闹，还有共同的安静。这正是"老男人"才懂的道理。

我们正好是，临迪士尼闹中取静的项目。

靠公园的项目：

- **别人的玩法**：公园门票
- **我们的玩法**：公园门票和小帐篷

所有周边项目，一拥而上抽送公园门票。但只有我们另送餐垫和小帐篷，告诉他，人生如游园，除了一路看风景，还要停下与一辈子的人"品尝风景"。这正是"老男人"才懂的道理。

而我们正好，是一个餐厅和厨房面积特大的公寓。

其他项目不赘述，类似。无非一个有着二十年上海阅历的先生，在一种风景里，看到别人没有看到的风景，我们借此做出不一样的活动内容和体验故事。

当然，老男人"不止"简单看到别人没看到的风景，然后傻乎乎地白送门票，每个项目还通过差异化的游山不止山、游园不止园、玩迪士尼不止迪士尼，传达项目的二次价值解读。

配合春天联动，我还让各项目推出了全新的《不止》系列，即每个项目的土地价值新手册：

- 《**不止山**》：山的项目，不仅重梳山的自然价值，更阐述周边2公里家庭配套资源。
- 《**不止园**》：公园项目，不仅重梳公园的自然价值，更说明大学城规划对于区域价值的撬动。

- **《不止迪士尼》**：乐园项目，不仅重梳迪士尼的生活价值，更阐述这块土地除了迪士尼外其他的全新浦东未来规划。

别人做联动，要么功利心太强，就想着卖房；要么太无私，大气地送送送。我们送，但送出不同的玩法。更关键地，送的背后，让客户看到项目卖点之外的卖点，风景之外的风景。这才配得上"有阅历的上海先生"品牌才有的"刺人行动"：动心，更动利益。

有山更有家人的别墅

有动更有静的高层

有大园更有大厨房的公寓

图 11-9　通过老男人的别样玩法，贩卖项目的各自价值

三、老社区建设

老男人的多情分别礼

之前说过老社区十几万的老客户是最有效的新盘口碑源，同时也是城市品牌的基础人群。

但是这些人群，也是品牌最不稳定的基石：维护得好，口口相传的开始；稍有不慎，坏事传千里的起始。

除了这个时代几乎人人都重视的社群建设、老社区更新、物业服务提升等，我们发现了一个中国地产最有意思的缝隙：卖房子的时候，我们用千军万马，美丽的 logo、案名、推广吸引你来；而你卖掉房子，离开的时候，千分之一的仪式感都没有。

那些离开我们社区，卖了我们房子的老业主，在最后新老业主去物业交接的时候，我建议送他们一份"常回来看看"的"分手"礼物。不贵，其实就是三张吃货券：

- 附近一家粥店的免费券
- 附近一家茶馆的品尝券
- 附件一家面店的午餐券

甲方问我，为什么要送这些？我回答：真正有阅历的老男人，就应该豁达，甚至在挥手道别时，也有情有义。

正如 2004 年李宗盛离婚时，以"我们的爱若是错误，愿你我没有白白受苦"表达对爱情的《领悟》。8 年后，与旧爱再同台，还是《领悟》，还是凝眸对唱，却是另一番参透因果早已释然的状态，更有祝福未来的爱之领悟。

所以我特地让团队写了这样一套"常回家看看"吃货券的文字：

粥券：

妈妈对儿子的爱从来不缺斤少两

少数像妈妈一样用足 8 种料的八宝粥店

有空带家人回来尝尝

即使不住附近，也常回附近吃一口老味道

茶券：

中国人喝的是茶，玩的是交心

少数全包间的私密小茶室

有空带密友回来看看

即使离开，也要记得回来喝茶聊天

面券：

能吃到正宗台湾味的"面"

更能看到多年老邻居的"面"

所以，以后住得再远，也要回来见个面，顺便吃碗面

一切都显示了老男人对分开也情谊深深，也是一个品牌对于客户最开怀的行为：即使离开，也要祝福。

图 11-10 所有品牌和项目，都重视头部营销，而消费者离开项目时的尾部营销，几乎无人关注

除了品牌发布会做成老男人的告白，多盘联动做成老男人的别样春游，社区建设做出老男人的深情分手礼，其实还有很多动作。新品上市填字成：**老男人的情歌故事**；项目销售则填字成：**老男人的情敌计划**；品牌产品手册填字成：**老男人的情史**。限于篇幅，无法一一详述，但总之，

就是一场轻松而深情的"品牌主张的填字游戏"。

说了很多，小结一下，用最早的"城市品牌三轮车"总结这次城市品牌的创作思维：

- **城市卖相**：很"上海"，也很符合品牌在这种城市的行为方式——上海先生。
- **生意逻辑**：用先生的成熟告白，开启以前从没做过，现在第一次做的新中式。用一场老男人的告白发布会，不再肤浅地送上海海派建筑，而是送上海这座一直赶路的城市一个可以"停下来的院子"。
- **"刺人行动"**：从老男人的春游，刺痛山、园、湖、乐园四种客群。再用老男人的分手礼，让即使离开我们的客户，也为我们再口口相传一次。

小结：一堆创意的坏习惯

1. **创意坏习惯**：城市品牌，即集团品牌的城市化
   锻炼能力：生意逻辑的城市品牌
   案例举例：某品牌，以"设计上海"为年度城市品牌，兼顾城市特质，但更推出年度重点作品——"全球设计师的设计作品"

2. **创意坏习惯**：浮于口号的品牌行动
   锻炼能力：品牌的填字游戏
   案例举例：以老男人的核心特征，深入年度各大动作：多盘联动的"老男人的别样春游"；社区建设的"老男人的深情分手"，

新品上市的"老男人的情歌故事";项目销售截客的"老男人的情敌计划";品牌产品集的"老男人的情史"……

3. **创意坏习惯**:城市品牌,只是为融入一个城市

   锻炼能力:城市品牌,也要学会有产品考量的"刺人行动"

   案例举例:即使离开,也要再刺一下的"分手礼";即使项目联动,也是一次春游之中再卖货的"产品讲解"。

音频小作业:如何做个有责任的老男人

本章中聊到,作为深耕上海二十年的品牌,当有责任保护一个城市的语言——沪语。作为品牌创作方,一个很重要的能力,就是能为品牌发布会创作 TED 式的演讲 PPT。如果你来做,如何宣讲沪语的危机,如何讲解沪语的魅力,让现场的人深感沪语在流失,保护它刻不容缓?

考验一下你的煽情能力,也检验一下你的讲解能力。

想完、整理完思路,扫码听我的解题音频——《一个老男人的煽情保护计划》,或者进入喜马拉雅 APP,搜索《创意的坏习惯》专辑,聆听我的答案。

第十二章　　**区域品牌的误区**

一个大头爸爸，
如何带好一群小头儿子

引言　区域品牌

　　本书有两章，专门谈了集团品牌和城市品牌，这章谈一谈介于这两者之间的区域品牌。即很多全国布局的地产集团，会划分不同的区域，所以集团品牌之下，城市品牌之上，出现了区域公司品牌。全国性集团在各个区域的布局深度和能力肯定是有差异的，而且中国区域文化差异很大，不能将集团品牌直接落于区域。

　　而同区域内各城市也同样会有深耕程度不同，所以有冀望借助区域品牌的力量，来为强势城市巩固更扎实的品牌基础，为弱势城市产品制造更有力的品牌支持。因此，看似一个直接嫁接集团品牌即可的动作，背后其实远远不是一句"集团品牌的落地，城市品牌的升华，即为区域品牌"。

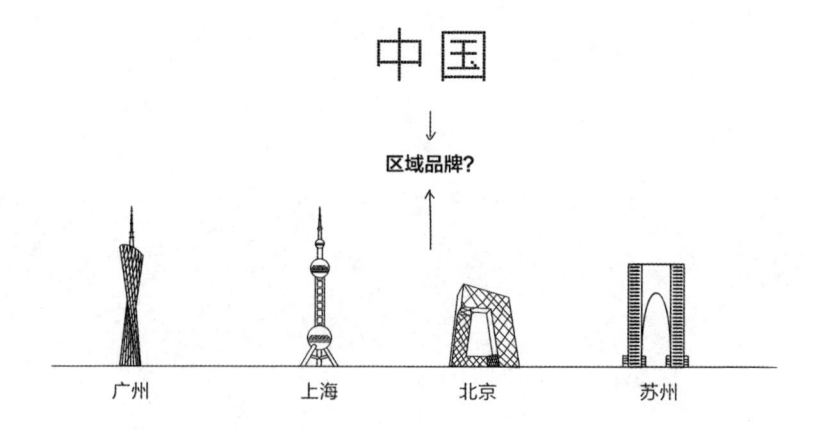

图 12-1　集团之下，城市之上，就是区域品牌？

多数集团的区域布局,说到底就是"一个大头爸爸带一群小头儿子",即一个核心城市,加几个深耕程度比较差的城市。所以,区域品牌有时候就是一个"小的集团品牌",它会有这几个典型特征:

- **城市差异悬殊**:和城市品牌"颗粒度"(即项目)相比。区域品牌的颗粒度是城市,城市差异大,就意味着要学会兼顾:落后城市的扶贫需求;尖子城市的拔尖需求。

- **寻找明星产品意义不大**:城市品牌要兼顾明星项目,是因为同城传播比较容易造势。而在区域品牌里,则不该过度关联明星产品,因为地产属性决定了跨城置业的需求很低,而且跨城市传播费用也高,跨城口碑的建立,对于实际销售意义不大。

- **弱势城市的近水需求**:之前提到过,对弱势城市而言,集团品牌属于远水解不了近渴。这类城市急需近水,尤其是需借力品牌在城市群核心城市的影响力,如某品牌初进昆山的第一个项目,如果集团背景里有上海高端项目,外加昆山和上海距离相近,上海对环上海区域的影响力较强,这种"近水"往往能有助昆山城市品牌,以及项目的传播势能建立。

所以,另一章谈到"城市品牌三轮车":生意思维、城市卖相、"刺人行动"。放在区域品牌里就不适用,取而代之的是新的"区域品牌机器的三大件":

1. 两用(三用)发动机

好的区域品牌,要适应实际状态下,两段式的城市格局"尖子城市+落后城市",甚至三段式的城市格局"领先城市+发力城市+新进城市":

- **给予领先城市**，持续为先的城市主张和运营驱动力。
- **给予发力城市**，与之匹配的市场发力点和品牌形象背景。
- **给予新进城市**，有效的融入态度和有力的首批产品品牌背书。

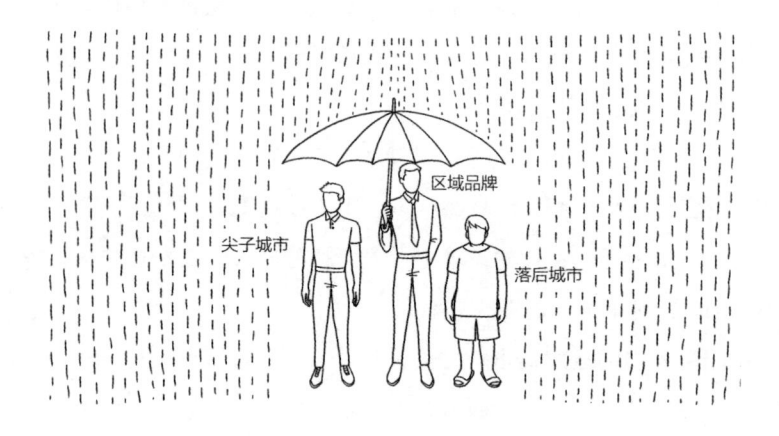

图 12-2　区域品牌要有尖子和后进意识

2. 中央空调机

中国地大物博，城市群有很多内在的文化连接。如苏锡常区域，文化相近，消费观相通。同理如环上海区域，都多少存在着对于上海精致和生活方式的仰望。所以这种利用区域文化的相通，大有文章可做：

- 利用区域城市间差距，借助核心城市能力，快速建立非核心城市的品牌力。譬如某开发商借助其上海高端经验，尤其有外滩豪宅开发背景，它在环上海城市群品牌就设定为"外滩式高端生活运营商"，并在项目品牌背书里，大书特书它的上海能力。背后逻辑，即将城市仰望和上海能力捆绑在一起，制造品牌势能。

- 利用城市群文化相通，制造大区域精细化、定制化运营深耕能力，建立更具象、更贴心的消费者信心。譬如某品牌，在苏沪区域提出了"再现吴侬软语的精致"，利用吴语区域气候、消费、文化相近，且曾经共造江南繁盛、经济盛景的共傲心理，提出了比城市运营更大气，比全国运营更精细的主张，更容易激发消费者对品牌实力的场景共鸣。相比诸多全国布局的开发商，具有更贴心的定制感，拉进了品牌和消费者之间的距离。

这两种动作，相比之下，城市品牌如"传统小空调"，区域品牌就是"高级的中央空调"：在同一个大空间，统一制暖，让多个小城市享受同一个文化温度，同一种品牌润泽。

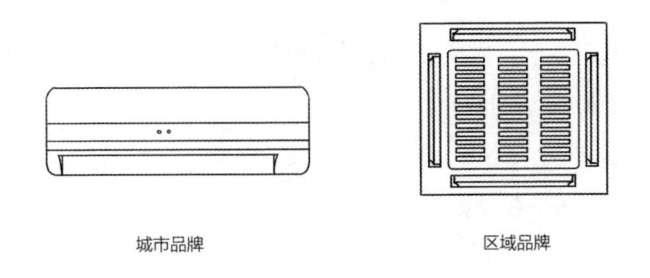

城市品牌　　　　　区域品牌

图12-3 城市品牌是挂机空调，区域品牌是中央空调

3. 专利能力

区域品牌无法顾及，也不该顾及其下属城市年度重点项目，原因上文已经说明。但是区域品牌不应该只是一种主张，同样要关注所辖区域内当年度销售重点和营销传播难度，即所谓区域品牌也该有"区域产品能力"的主张。

和城市品牌相比，区域品牌如何融入产品能力，我的经验是：将抽象的多个区域重点产品的背后设计逻辑，转化为具象的一个核心能力。就如品牌基于该区域生活方式研发的专利能力，我将之简称为"专利能力"。这是我的一种形象化说法，不是指要去申报专利。

兼顾产品特征，去做一个有产品主张的区域品牌。因为生活方式太不好定义了，谁都可以说，怎么说都可以。但是一旦做成了有产品主张的区域品牌，这就让这种生活方式更有标识感，后期推广以及区域内其他城市产品落地也更加方便。

譬如某品牌在苏南区域，提出了"新江南设计力"，其实是背后吸纳了它 A 城新中式院落产品、B 城高科技公寓项目、C 城家族大四房豪宅产品的背后特色，总结而成。然后落到区域其他多数产品上，提出一个基于多雨、潮湿、通风要求高的区域特点，在户型上、科技上、社区环境上的区域产品设计特色。

区域品牌不是站在几个城市的墙头，叫喊美好生活。没有具体产品能力的区域主张，都是花钱做善事的行为。

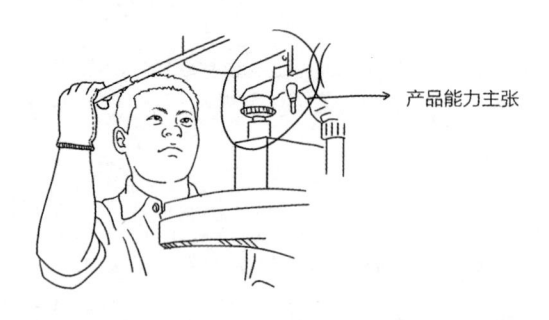

图 12-4 区域品牌要有实打实的产品能力主张，否则容易虚

所以，两用发动机、中央空调机、专利能力，听起来像工厂的产品研发，其实也没错。你也可以这样理解，驱动区域品牌这台机器运转起来，这三项就是核心技术或是重要组件。

接下来，就聊个我刚做完城市品牌后，紧接着做的一个区域品牌，其中很多操作手法、创作思维有相同，也有截然不同处。

案情第 1 步

名牌初谈　15、1、3

这是一个上海及周边几个城市组成的区域公司，对于集团品牌的一次区域落地需求。在作为核心城市的上海，他们深耕的时间已经有十五年，甚至某种程度上，上海几乎是这个集团最重要的布局城市，而且在过去很多年，集团最耀眼的作品都在上海。其中最重要的三个，也是我对这个集团的基本认知，一个滨江的豪宅，一个上海难得一见的庄园，另外一个则是国际社区的低密度生活住区。其实这三个作品，也构成了业内多数人对它的认知，可以基本代表其在过去十多年里的产品开发和运营能力。

一个属于在上海滩也数得着的开发商，但和所有区域公司遇到的问题一样，多城市发展，需要有统一的发声，而各城市深耕水平不均，有些城市就一个项目，有些城市积累了将近十多个项目。需要捆绑在一起，但是又找不到尖子生和落后生之间共同的特质与主张。

而且其今年还有新的三个核心作品，分布在三个城市（可惜都不在上海），做了很多新的研发，大有新意，完全超越了我们对这家老牌开发商的传统认知。但因为所在城市影响力都有限，一直没有形成好的业内影响力，所以不想就此浪费一次为品牌添砖加瓦的机会，希望我们将此融入区域品牌里，为其他项目销售做个品牌背书，也以此证明，老牌开发商也在与时俱进，巩固一下它在环上海区域的地位。

听甲方聊完，我就感觉接触了一组数字——15、3、1："15"年的老牌地产品牌，研发能力新提升，做了"3"个不错的产品，面对新的城市布局，希望有"1"个有助未来发展的新区域形象。

案情第 2 步
局势初判　人人都有时代的嗅觉

回到公司，首先我们看了其集团品牌，坦率地说非常模糊。作为集团内的领先区域，肯定是不可能直接翻译集团品牌语言，相反要给集团贡献新的城市群思路，所以第一条路卡死了。

再看我们的三个明星产品，主要是类似：玄关做两道门；停车场不同车型的车位定制；倒三角的超大地下室；双客厅的别墅首层设计；1.5 亲子淋浴空间；客卧设计成可与主卧分合的可变空间；主卧套房双开门……其实背后是针对当代城市生活"小痛点"的场景设计：

- 停车场不同车型的车位定制：满足回家男人，需要 1 支烟的休憩过渡。
- 主卧套房双开门：满足私人家庭里更私人的"藏匿安静"空间。

- **倒三角的超大地下室**：3段式男人的剧本，满足父亲、大孩子、丈夫的多空间需求。

说实话，看到老牌企业为客户细分场景作的洞察，我深深感慨，这简直就像互联网企业为做一款社交APP，洞察客户在不同场景下的社交需求痛点一样，超级细致！地产企业，都成了生活场景的洞察师了。

图12-5 现在的开发商，都在挤破脑袋，研究消费者，做"生活场景洞察师"

但反观对手，我将几个大型的，并在同城市群都有布局的全国开发商一一分析比较，发现其实都不差，在环上海城市群里，每个对手都拿出了最强的本领，在这个中国经济最发达的区域，他们都有敏锐的时代嗅觉，都在深度关注"场景"这个词。有在场景里，深度关注孩子的品牌；有在场景里，深度关注生活个性化定制需求的品牌；有在场景里，极致专注科技生活舒适感的品牌……

在上海这座城市里生存，没人敢变得迟钝，更遑论在这座城市里拿地做生意的开发商，人人时代嗅觉敏锐。在场景的运营角度，坦率地说，谁都不比谁差。这个时代里，我们能洞察的生活场景痛点，关于高压力男人的、关于多角色现代女性的、关于孩子的、关于老人的，甚至还有关于车和宠物的……几乎所有场景和角色需求背后，都已经被不同的开发商洞察并设计，然后包装概念贩卖了。

看起来，第二条路，即所谓用明星产品能力建立区域品牌，也被堵上了。

案情第 3 步

品牌的全能力　嗅觉不难　好手艺难

靠从品牌的场景能力突围，看起来被竞争对手给堵住了。但是我倒没有丧气，因为我相信，地产不是仅仅凭借一个洞察，一双眼睛就能分出胜负的行业。它是一个洞察力，外加资本力、拿地能力、设计力、采购力、建造能力、社群运营力等一系列能力的综合。

我甚至看到过很多概念不出色，产品理念并不先进，但是稳扎稳打，没一个产品环节特突出的开发企业，依然可以做得很好，甚至有不错的城市口碑，并且具有不弱的市场竞争力。我也看到很多洞察很厉害，概念很酷，产品包装很潮，发布会一年比一年做得炫，但因为资本、拿地或者产品建造能力的不足，导致企业品牌实力反倒平平。

作为广告人，我们都希望遇到有超级个性，有敏锐洞察概念的产品。

但是对购房者的购买动因而言，对百年企业品牌而言，这可能只是核心能力的一部分。倘若真的将开发的全产业链打开，切一刀，那么客户洞察和场景思考能力只能算一半，还有另外一半则是产品设计和落地能力。就如互联网创业企业，很多凭借一个敏锐的洞察而创业，但是不少要么死于资金链断裂，要么死于概念过分超前没有市场，要么死于产品设计能力不足。

在中国人多数需要居住一辈子的房子里，领先的洞察未必全是好事，譬如刚需做会所，中产做160超舒适的三房……看起来都有洞察理由，其实因为成本、设计能力、客户购买实际需求等原因，这样敏锐洞察下的产品，卖得并不好，甚至非常差。

所以我把行业能力中间切一刀：前一半是幕后能力，主要为拿地和设计力；后一半是幕前能力，主要为产品质量和社区建设。后者靠的不是一时文章，是多年的功底，没有花里胡哨，要的是企业的深厚功底，甚至良心。

品牌现在多喜欢炫耀拿地和品质能力，拿一块好地就谈"与城共中心"，拿几块好地就谈"与城同命运"，拿几块区域土地就谈"深耕长三角"。设计品质上，用几个互联网的场景概念，与几个网红设计师合作，用几个互联网品牌跨界，开一场社会洞察力的发布会，就很容易闹出一些业内外动静。弄得很光鲜，看着很美丽。

没有放大，就看不清自己是什么。没有全景，就不清楚作为老牌企业在行业的定位。

我很喜欢一句话"归来依旧是少年"，可惜的是，这句话已经被很多老牌开发商用烂。我明白这句话背后，是很多老牌开发商面对新锐和时代冲击，提醒自己要更努力，也希望以此唤醒行业对他们的新认知。但这句话，其实只说了老牌在新时代的一半状态。我倒认为一个老牌地产开发商的完整心态应该是："**心如少年，指如老匠**"。

- **心如少年**：时代变了，新需求不断产生。城市高房价下的新事物——长租公寓；中产社区的新需求——社群运营；都会生活方式下的新品类——小镇……老牌不能成为老派，认知要更新，心要如少年。

- **指如老匠**：地产不是折纸鹤，玩过家家。概念谁都能提，但是做不做得到，看的是你的资本和手艺。老牌多年积累下的某一种品类的开发建造能力，多年深耕一城积累下来的城市生活经验洞察，这是任何时代新锐，短时间内学不到的。任何人都可以提"匠心"，但是你没在这个行业盖过一定量的房子，服务过一定量的客户，你永远无法找到"成本和品质"之间的平衡点。而这正是少数二十年以上品牌开发商的基本功。为什么某些开发商会成为行业"黄埔军校"，就因为它是靠时间一点一滴积累起来经验。新锐企业可以挖走它的人，但是很多东西是挖不走的。

时代的嗅觉很容易有，但是年代的手艺，不是每个开发商都能轻松积累的，甚至很多老牌开发商"自废手艺"：迫于扩张的压力，丢失了这个行业最基本的能力——品质。迷失了自己在行业内的立足能力，盲目进入新品类，在过度追求扩张和全产业链发展的情况下，热衷给自己标上新时代的"赋能、城市运营商、社群"等新概念，执迷在"归来依旧如少年"的企业心态里，殊不知，在花里胡哨的概念里，老百姓要的只是一栋质量过硬的房子。最后丢了"吃饭手艺"，成了**心如少年，房如脆纸**的企业。

图 12-6 时代压力太大，很多老牌企业喜欢提：心如少年，却丢了"指如老匠"

老牌不好做，少年和老匠之间取得平衡的少之又少。经过这段思考，我开始知道如何入手这个老牌企业的品牌特征了，尤其在它拥有最荣耀光环的环上海区域。

案情第 4 步
品牌反检　高频痛点　溢价隐藏感

我又重新分析了它年度重要的几个设计力突破：玄关＋主卧套房做两道大门设计；停车场设计成可短休憩的空间；倒三角的超大双层地下室；双客厅的大户型首层设计；1.5 亲子淋浴空间；客卧设计成可与主卧分合的可变空间……

对比其他几个开发商的产品力研发，我发现了我们的特色：**高频空间**。如：

- **停车场**：车行时代，一天使用至少两次的高频空间。很多人几乎不使用首层大堂，但会频繁出入地下停车场。

- **地下室**：别墅里一天使用多次的高频停留空间。
- **客房**：依据家庭成员不同，使用频率也会很高的空间。

而这些"高频空间"背后藏着很多"高频痛点"：

- **停车场**：人人在工作归来后，转换工作与家庭状态的小驻留地：抽根烟，眯一会儿，想一会儿问题，静静停一会儿，即所谓"过渡休憩"需求。
- **地下室**：一家人未必有同一个爱好的新时代。有好动的：唱歌运动游戏。有好静的：书法喝茶阅读。家庭也分"帮派"，即所谓"家庭多帮派生活"需求。
- **客房**：三四线城市，经常成年人和父母亲住在5公里范围内，老人会不定时过来照顾孩子。预留专门的父母房，父母不同住时客房再利用，之间有个"纯粹做老人房太浪费，没有老人房不方便"的空间使用矛盾。

而这家老牌企业，它做了针对性的产品解决，我称之为"高频痛点的解决能力"：

- **一根烟设计**：大堂式的停车场，根据尺度定制的不同车型停车位。一个人的超静谧隐匿空间，方便男人太累时，抽根烟，再回家。
- **倒三角地下室**：双地下室，城市客户调研后，设计成地下二层小于地下一层的倒三角。二层作为极其私人的品酒、读书空间。一层作为家庭影音、游戏的家庭大空间。创造私家和私人两个完全不同的生活空间。

5公里的家族生活：客房与主卧做成可开可合的二道门设计，空间上适合一床一书桌的双功能。隔开就是独立的老人房，打开即为主卧的书房。创造三四线城市两代人频繁同住、分住两种情况下，某些空间的高效利用。

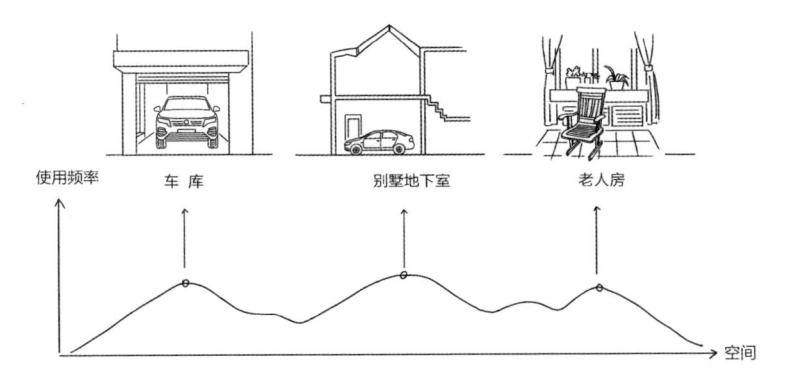

图 12-7 学会辨别产品创新的好坏，譬如从高频空间角度

每个开发商都在做场景观察，但是很多做的是"第二痛点、第三痛点，甚至可有可无的痛点"，看起来很美，但是使用频率不高的痛点解决，必然导致出现行业里奇怪的"叫好不叫座"现象。看起来它研究了很深，但是卖起来为什么消费者并不买单，就因为"这些痛点非刚需，非高频"。

人人都知道解决痛点，但是能抓住"高频痛点"，那就不是人人可以做到的。这个时代花里胡哨的痛点太多了，能有取舍能力，是老牌开发商深耕某城市多年才有的敏锐度。根据现场销售反馈，几个项目的销售都不错，做到了业内称的具有**"溢价隐藏感"的产品加配体验**。

什么是"溢价隐藏感"的产品加配体验？加配必然引起成本提升，但是有的加配，体验度特好，掩盖了价格上升的抗性，最后让客户"忽视"价格上升，兴奋于加配体验。做加配不难，但是这几个项目销售不错，说明客户对价格上扬的抗性不大，说实话，这就是老牌开发商的设计取舍能力，外加采购能力上的积累了。

一个长三角区域卖了几万套房子的老牌，能和一群少年品牌一样保持对新概念的好奇与激情,但是又能握着"环大上海十多万家庭的居住数据",拒绝纯粹好玩,只做有效的"高频痛点"解决方案。这也许就是这家老牌公司在环上海区域的品牌核心特征了吧。

多提一点。区域项目往往参差不齐,未必个个都能像那3个明星产品那样卖点鲜明。而当用高频痛点这个区域品牌专利技术,去反推其他14个项目时,就会发现每个项目总有两三个符合高频痛点解决的设计。这样就将区域项目统一在一个"核心技术"下,像一个区域思路做出来的17个产品,而不是17个战斗力不同的游兵散勇。也让品牌主张有了产品落地,而不是纯粹一个口号。

- **高频痛点洞察力、溢价隐藏力**,是我通过这个案例学会的对于品牌能力区域落地的两个反检维度。在人人都有炫酷主张的时代,不是所有品牌都经得起这两个维度的深度解剖的。幸好我面对的品牌过关了。即在所谓那么多喊着"心如少年"的开发商里,还能做到"指如老匠"。

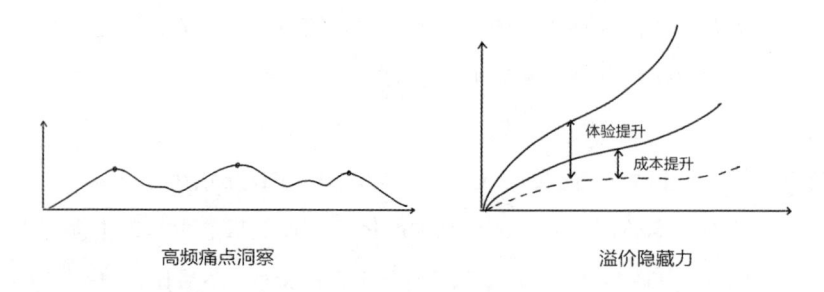

图 12-8 高频痛点洞察,溢价隐藏力,让看起来都差不多的开发实力分出高下

当然,我不能贩卖它是"环上海高频痛点解决商",没人听得懂。所以还差最后一步,包装一下、口语一下、形象化一下。

案情第 5 步

区域品牌形象　半封情书　一本家书

我很有意思地用"中国当代婚姻史"来形容这个品牌的洞察力和实现力。首先，我把中国婚姻史总结为"3-2-1"：

- 3 吻（Kisses）：人和人的恋情开始都是激情的，激情到早上用吻别道别。中午吃饭都会抽空赶到她上班的地方，送爱心午餐，外加一个甜吻。晚上再见面，黏在一起，吻必然不可或缺。正所谓如胶似漆，一日三吻。

- 2 餐（Meals）：几年后结婚了，激情少了，家人彼此陪伴的味道浓了。忙于工作，肩负养家，一般来说，夫妻沟通的时间只有两个时间：早上一起早餐，简单聊几句，然后匆匆各奔东西；晚上有空一起晚餐，然后各自看手机，各自睡去。正所谓：激情褪去，一日两餐，各自忙碌。

- 1 陪伴（Accompany）：待到人生黄昏，彼此已经只剩下责任与包容了。陪你看夕阳，伴你生老病死。彼此是一种承诺，外加中国人多不善于表达情感，也许依然有激情，但是更多的是：千言万语里，化成人间烟火里平平淡淡的一生陪伴。

从一日三吻，到一日两餐，再到一生陪伴的"3-2-1"中国婚姻史演变，其实背后是一个残酷的现实：风花雪月和柴米油盐总难共存。要么激情的风花雪月，难有过日子的踏实；要么最后归于柴米油盐的踏实日子，但浪漫就此退场。

回到地产品牌，它与消费者的关系也一样，有多少能将过日子与激情共存的：

- **品牌的情书能力**：即所谓一日三吻的品牌激情，突然送到办公室的花，突然出现的爱心午餐，移动互联网时代，突然收到的他手写的情书……生活永远有惊喜，只因彼此还有爱与好奇，彼此在洞察对方所需所痛。

而一个好的品牌，即使已陪你十五年，也应该保持这种对客户的好奇洞察。

- **品牌的家书能力**：即所谓一生陪伴的品牌实现力：知道你爱吃的红烧排骨加糖不能太多；晓得你的老毛病秋天必犯；明白什么事情最容易让你发脾气，什么事情最容易哄你，即使你已经是个老头子……就如一本家书一样，没有情书的跌宕起伏，但是一行行都是对你事无巨细的了解和叮嘱。

而一个好的品牌，就应该通过多年深耕城市，锻造出如"一生陪伴"一样知晓客户痛痒的产品，没有虚头巴脑，一眼就让能客户爱上，因为这正是他们过日子的痛点。

因此，好的品牌就要有 3 个吻的激情，也有要 1 生陪伴的耐心。吸纳中国婚姻史一头一尾两端的优势，做得出情书，写得出家书。

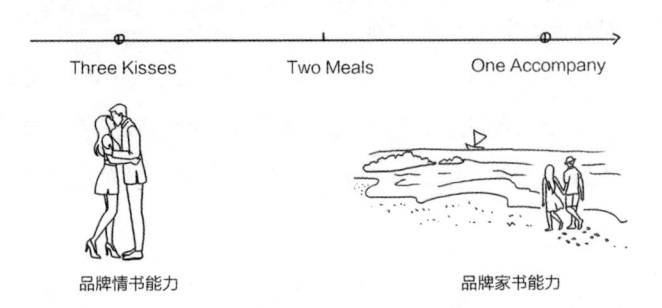

图 12-9 老牌品牌的情书和家书能力，就如中国婚姻一头一尾的两种状态

上文所分析的两大能力之中，高频痛点洞察力，就是这个品牌的"情书能力"，十五年了，还保持对客户的洞察与好奇。溢价隐藏力，就是这个品牌的"家书能力"，洞察后知道做什么不做什么，什么才是客户要的；花多少钱，溢价多少，正好是这类客户急需，且买得起的痛点方案。

最后，我确定的品牌区域主张，就是**"十五年如初见"**。区域品牌不是集团品牌，要具有强烈的区域特征，放在别的集团区域不行，只有放在这个有十五年荣耀史的地方才能用。

但区域品牌又不是城市品牌，需要兼顾先进好和落后城市：

- **兼顾尖子城市**，让这里的客户知道你还有激情，不断创新，如当年初见时，你还是个新锐，一样保持与时俱进。

- **兼顾后进城市**，让当地客户知道你来头不小，虽然在这个城市是新来的，但是深耕这个大区域已经十五年，是一个有来头的新人。

这就是本章初提到的区域品牌的"两用发动机"标准。放在这个标准上，这个主张做到了。

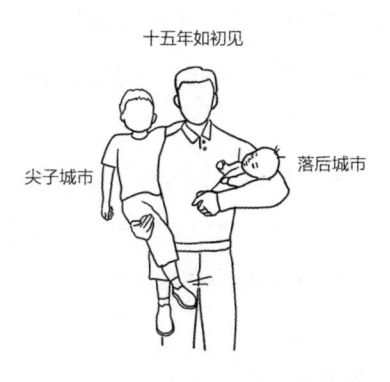

图 12-10 十五年如初见背后，是区域品牌对尖子和落后城市的兼顾

下文我将用输出动作，具象地说明"十五年如初见"如何飘起来，落下去。

案情第 6 步
区域品牌动作　继续情书 坚持家书

一、真的写了情书和家书

既然把情书和家书能力作为这个品牌在区域内在最核心能力，那我觉得真的有必要做出一封情书，一封家书。

情书和家书之间无非是一种问答关系：情书是问题，家书是答案。即"情书"是对于区域客户的高频洞察点，后面都会留一个密码数字，是"家书"里对于"高频痛点解决方案"的对应的页数。情书谈痛点，家书谈痛点解决方案。

譬如，"情书"有一段文字：下班后的那股压力，难道永远直接带回家吗？对应下方有一行"打开'家书'，看我们如何不带压力，只带微笑回家的解决方案"的索引提示。

而在设计形式上，我还是觉得要强调一个十五年老牌开发商的超强落地解决力，生活洞察力是其次。所以我特意把"情书"做成"家书"一半的尺寸大小，强调一样有与时俱进的洞察力，但我更有超越其他开发商的区域十五年产品解决力。

所以，最后是有意思的"半封情书，一封家书"形式。

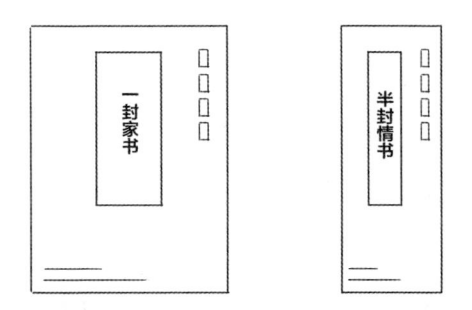

图 12-11 情书特意比家书小一半，就是为了强化老牌开发商的产品能力

二、三句情话，三句家常话

我们把发布会定义为"三句情话，三句家常话"。

之前，我们利用中国人对于情感的通病"情感深深，但不善表达"，又正好是临近春节，做了一次 7 座城市 12 个项目售楼处的征集：回家那一刻，最想和爸妈家人说的话，即所谓"回家第一句话"。春节结束，我们再次在售楼处做了一次对应的活动"离家最后一句话"，征询他们离开家前，最后和亲人道别的话语和动作。

而这一切，成为发布我们年度主张前的一个有意思的大数据。还记得之前我谈的"中国当代婚姻史"洞察吗？发布会我们是这样开始的：

1 米和 0 米

你深爱你的另外一半，但是在中国，我们和家人道别的时候，和国外不同。我们多数保持 1 米以上距离，甚至各忙各的，轻轻一句："老婆，我上班去了。"

而国外，少不了的是一个轻吻道别，一个零距离拥抱的吻别。

5米和0米

归来时,我们经常是轻轻一句:"老婆,我回来了。"在多数情况下,她在厨房,你坐客厅,相距常常5米以上。

而国外夫妻还是用一个吻,开始浪漫的下班后时间。

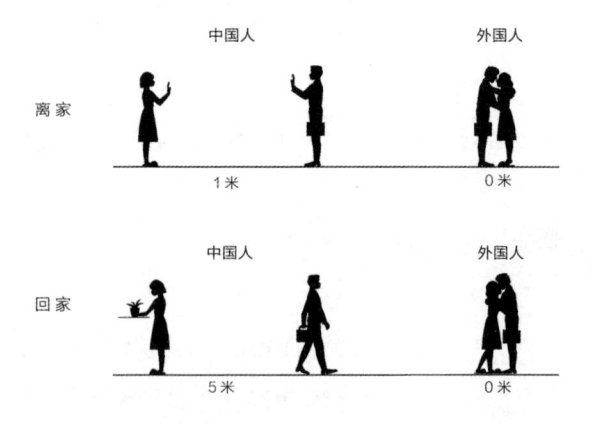

图12-12 离家和回家的身体状态,就可以看出中外的感情表达差异

1875 句 vs 103 句

这不是我们的胡编乱造。更不要以为时代进步,感情表达方式就一定进步,即使在城市文明最发达的长三角。

我们利用春节前后两个月对7座城市12个项目售楼处的征询,发现春节前后,久别相逢和节后道别的家人用语中,1875句是类似"我回来了""爸妈,我走了"这样的家常话,而只有103句是类似"妈妈,我想你了,抱抱"这样的情话。情话不到6%。

中国就是这样一个**心怀芊芊情,难出窃窃语**的国度,即使随着城市的开放,文明的发展,我们还是难以改变这个习惯。所以,你不愿讲、羞于讲、不懂讲的，作为一个地产企业，我们就用产品代你对家人讲。

很巧妙地用中国情感表白现状推出产品。接下来我们就用"三句情话"带出了我们的三类产品的"家常话"。

- **譬如你不知道讲的情话：**

你心疼太太辛苦，却不知道如何疼爱。

我们用家务洄游动线，减低家务走行距离。

- **譬如你羞于讲的情话：**

你爱先生，但自十年前恋爱后，你早已不习惯讲"老公我爱你"。

用倒三角的双层地下室，送你男人独立的一层空间。

- **譬如你不懂讲的情话：**

你望子成龙，想和儿子聊聊，但是无从谈起。

别墅餐厅中岛设计，可开可合的厨房，创造厨房、客厅、餐厅的母子随时言语和表情沟通。

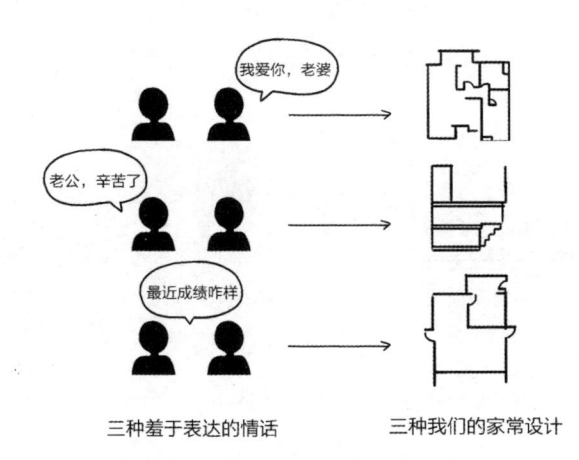

12-13 用情话和家常话，带出年度核心能力

一场发人深省的中国人情话和家常话现状调研，带出了年度的区域品牌主张。三句情话，对应三句家常话，即"区域品牌的核心专利—高频痛点的解决力"，这也是我一直强调的：城市品牌谈明星产品，区域品牌思考区域核心技术。

发布会的主题：情书与家书。6句话，1场发布会。简单、直接、明了。

三、中国最著名的家书与情书

品牌礼物也很有意思，用了中国最著名的家书和情书，《曾国藩家书》和《徐志摩情书》。配上我们的半封情书和一封家书，证明这样一个老牌区域开发商的时代洞察力＋扎实产品力。

其后还有太多基于家书和情书的传播动作，譬如最后17个项目的联动，我就做了一个叫作"那个菜场，那个电影院"的活动。整合每个项目周边一家菜场、一家影院，送菜场联动的打折券，送电影院的观影券。既在贩卖项目配套，又在谈品牌主张：好生活就是"兼顾浪漫和柴米油盐酱醋"，菜场代表柴米油盐酱醋，影院象征风花雪月。

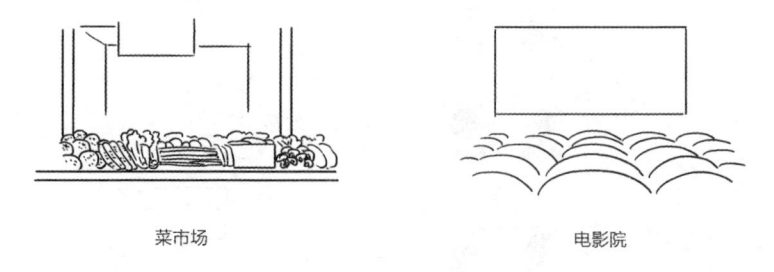

菜市场　　　　　　　　电影院

图12-14　区域品牌不仅有产品主张，还能利用类似"借助菜场和影院"来联动项目

类似动作太多，不再一一例举，有几个动作，章末会作为问题，我

们再互动。

总结这个案例，结合其他两章的集团品牌、城市品牌对比阅读，你会发现区域品牌的核心在于两点：

- **别虚**

区域品牌不是全国品牌。全国品牌可以是一种生活愿景或者生活方式营造。

区域品牌是基于区域能力的一种品牌愿景，尤其是老牌开发商，能深耕区域那么多年，必有能力之长。只是随着城市扩张，产品多元化，项目类别跨越太多，能力特征不一定明显，甚至会藏得很深，需要深度分析和挖掘。就如本案例里对场景设计的三次推导分析，才有了产品能力主张。区域品牌不止是精神主张，更应该是区域产品印迹的生活主张。

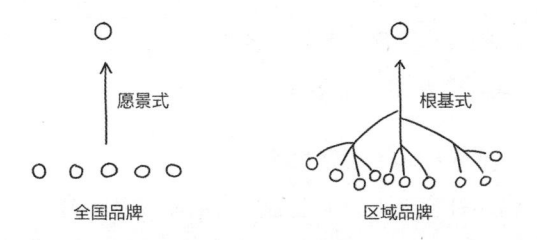

图12-15 区域品牌在多数人眼里，会被错误地认为就是创造一种区域愿景

- **平衡**

区域品牌不是城市品牌，它是多城市的组合。有尖子，有后进。区域品牌一定要作好综合考虑。要为领先区域制造霸气情绪，也要为落后区域制造上进心和品牌信心……就如本案例中，使用"家书"制造自信

和厚重的行业领先感，又借助"情书"制造激情而鲜活的时代上进心。其实背后，这也是在兼顾考量领先城市和后进城市的各自发展状况。

别虚，懂平衡，便是我对区域品牌创作感悟最重要的两点。

小结：一堆创意的坏习惯

1. **创意坏习惯**：只会提模糊、纯美好的老牌企业口号
   锻炼能力：基于明星产品的总结力
   案例举例：三次洞察，发现高频空间洞察力和溢价隐藏能力

2. **创意坏习惯**：单角度思考品牌
   锻炼能力：品牌的家书能力和情书能力
   案例举例：半封情书，一封家书

3. **创意坏习惯**：璀璨灯光下的发布会
   锻炼能力：借助社会痛点，创造有内容的品牌发布会
   案例举例：三句情话，三句家常话，一场发布会

音频小作业：
如何做微信公众号，要不要做微信公众号

其实这里，有个传播实际落地问题我没有聊。作为区域品牌，一定

也会思考做区域品牌的微信号。上有集团微信号，下有项目微信公众号，甚至还有城市微信公众号，作为"夹心饼"的区域微信公众号，要做吗？如果要做，做什么？

说实话，集团微信公众号太高大上，具体项目微信公众号很难联动。所以鄙人认为还是要做的，只是怎么做，项目品牌都已经天天在做节气稿了，难道你也插一脚？如何借助我说的区域背后同一的文化，相通的价值，创造一个阅读性比较强的微信公众号呢？

想完、整理完思路，扫码听我的解题音频——《做同一文化带上的微信公众号》，或者进入喜马拉雅APP，搜索《创意的坏习惯》专辑，聆听我的答案。

第十三章　新品类的误区

今天的洞察，
可能明天就没用了，
因为土地时刻在发育

引言　发育的土地和产品

　　土地和产品，都会随着时间而发育，譬如说传统的近郊大盘，随着自我成熟，产品会从刚需变成改善，甚至最后以再改的产品级别收尾。更会因为土地而发育，有些远郊土地的"5+2"第二居所的自然别墅，随着土地变迁裂，完全成为第一居所。

　　土地的发育，促进匹配产品的发育，而这两个变量，相互作用，很考量传播人的动态创作能力。不能用过时的土地认知，去包装现在的产品，价值就无法凸显了。同样，也不能太脱离土地现状，用过于先进的生活方式包装，容易做出只会自我陶醉的传播。

　　永远没有静态的土地和产品，这就意味着好的广告人，对于土地和产品的认知，永远要保持动态。

　　譬如，公园发育下的动态传播用语。

　　公园系项目，尤其是随着城市发展而造的人造公园，往往动态系数非常大。

　　上海的世纪公园，21世纪初，还是属于新自然板块，需要教育和引导，产品也最多算改善型。地处浦东，当时不算核心土地，多数上海人也没有大型公园的居住体验，所以早期的包装语言就是公园生活的舒适教育，对标美国纽约中央公园（甚至世纪公园最早就叫中央公园），对标国际生活，利用国外公园场景进行客户诱惑，是早期最主要的传播方式。

　　而公园配套日渐成熟，土地价值被认同，产品从早期的改善变为豪宅，出现如九间堂等低密度别墅。传播语言也发生革命性变化，贩卖产品的文化价值，自然界里的艺术界，成为这个阶段传播的新语言。

再到近几年，世纪公园板块没可建设的住宅地块了。产品发育，要么是二线公园的国际社区，要么是一线的酒店公寓产品。土地和产品都发生了裂变，公园距离和公园式社区规划，成为最有效的两种传播语言。在绝对成熟、没有供应量的土地上，"我住世纪公园"就成为最大的价值标签。

三个时代，公园传播语言在变化。

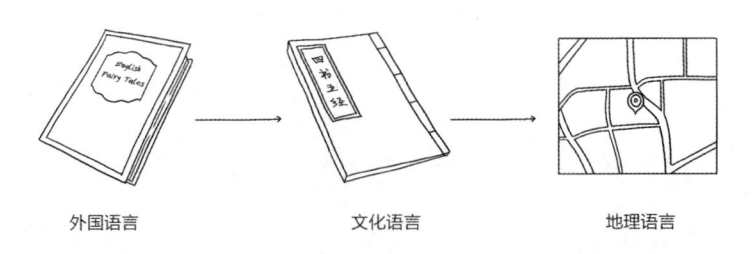

外国语言　　　　文化语言　　　　地理语言

图 13-1　公园传播语言的常见演变线

譬如，名校规划区发育下的动态传播用语。

中国城市发展，学校资源规划往往带来最有效的人口导入。而好的学校规划区，随着成熟，在传播中的语言，甚至会发生巨大的变化。

举个例子，某二线城市的新区，规划了大量名校资源。早期的传播，如大家所想，"学区房"成为最主要的传播用语。

而在土地供应量集中入市，后期竞争超级同质化的情况下，人人都是学区房，人人都只是学区房，学区两字的传播价值锐减。随着人口导入量的增加，非学龄家庭也在增加，他们和学龄家庭一样关心另外一个问题：生活配套。所以强调地铁、湖区、商业的新传播语言，开始更吸引消费者，如"全龄学区，生活湖区"这样两条腿走路的传播语言，成为有效沟通方式。

再到后来，土地成熟度越发高，核心配套进入。如大型商业等一下子将区域从城市刚需生活区，变成城市舒适生活区。超级配套的大符号直接使用，成为更有效的价值建立方式。比如打"中心生活区"名号，商业品牌这个超级生活符号，更直接地凸显了这个区域的成熟度。这时候，这个区域又进入第三个传播语言阶段：超级配套符号的使用。

其实中国很多土地，都有这样的特征。所以学区的贩卖语言，也会随着时间发展，发生巨变。

学区房传播　　　　生活传播　　　　价值符号传播

图 13-2　学区传播语言的常见演变线

规划的公园，发展的学区会变化，就算百年前就是繁华的地中心，也一样在发生着土地发育的故事，其背后的传播语言也会变化：

譬如，城市中心土地的动态传播用语。

举个最极致的例子，上海的外滩，作为上海的标志，在近十多年，其周边土地也在发生日新月异的变化。即使璀璨不变，但是璀璨背后的土地故事和产品内容却在裂变。

最早，外滩项目最典型的打法是"案名有外滩，传播内容强调与外滩的距离"。我与外滩相距多少米，成为 21 世纪初外滩项目最有效的传播方式。因为外滩的十里洋场就那么一段，核心区域是不能有地产项目的，这就意味着离外滩有多近，价值就有多高。距离，是最早期的传播主流语言。

外滩作为老建筑和老洋行的汇聚地，在 21 世纪第一个 10 年的末梢，发生了新的变化。新的外滩布局规划，赋予了外滩除了文化和旅游目的地之外的金融、时尚、高端消费新功能，所以在外滩源、老码头、外滩金融区等新规划下，外滩的魅力，不再仅仅是那十里洋场的老派。创造新外滩的认知，不再简单依赖十里万国建筑群，成为这个阶段新的传播语言方向，譬如我当时创作了一句话"十里外滩又一里"，其实就是这个意思。老外滩其实生活配套并不完善，更多是历史和身份标签。而外滩外延新规划，其实是在创造一个上海新的高级生活区。所以，借助"十里"创造"新一里"的传播语言，成为主流。

挤入外滩　　　　延展外滩　　　　挤入外滩酒店圈

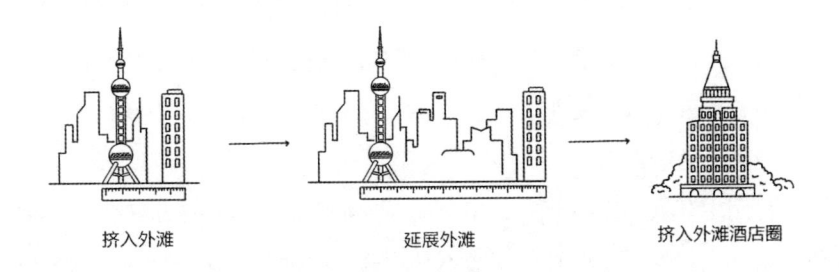

图 13-3　外滩传播语言的演变线

再到近几年，外滩外延真正的住区不多了。零星有几个商住公寓，而即使是可售住宅，也都离外滩核心区越来越远，纯卖外滩已经支撑不了，必须有内部产品价值的加配。所以这个阶段"产品价值+外滩价值"成为传播语言的新方式，类似"外滩百年，第17座洋场奢华区"，其实就是"公寓加入服务配套，然后挤入外滩酒店圈"，与和平饭店、半岛酒店等外滩著名奢侈生活点捆绑，暗示其是那么多外滩酒店里，难得可售的酒店资产。

所以，中心土地也会变化，贩卖语言也在动态发育。

再说个城市动脉交通线上的传播语言变化案例，类似上海的内环中环外环，北京的二环三环四环，这种拥有城市动脉交通的土地，核心驱动是交通力，但是时间段不同，传播语言也会发生变化：

譬如，城市动脉土地的动态传播用语。

上海某中环土地，其实中环规划概念从发布到通车，中间时间很长，最早期就打中环名号，消费者有感知，但是诱惑力不大。所以当时我操作的很多项目，在中环立项最初，更多是勾勒短期利益，如三年后将通的地铁，两年有将建成的商业。短期配套红利，成为最高频的传播用语。

进入中环红利即将兑现的时间，即通车前后两三年，中环生活区概念又足，配套宏伟感更强，所以替代"短期配套语言"，中环概念成为传播最高效的语言来源。

再到中环通车五六年后，中环成为生活常态，再炒效果不大，而中环不是一个"均质"的环，配套不是均衡地"洒"在这条环线上的，环线每一段都会因为各种外因和内因，产生一个中环繁华带，而这类土地，开发商也会提升投入力度，建造高于环线品质的产品。类似我在另外一章讲的"内环级的中环"，或者"海派生活区"，这种超越中环环线生活想象力的产品和传播语言，开始成为中环成熟期的设计和传播主流。

城市动脉也有生命，也会发育。发育的过程，就是我们传播人动态认识土地升级、消费心理、产品迭代的过程。

任何土地和产品都会有交叉反应，我刻意将以上变化总结为三个阶段，其实背后发育更复杂，阶段更细分，对于传播人的动态能力考验是很大的。

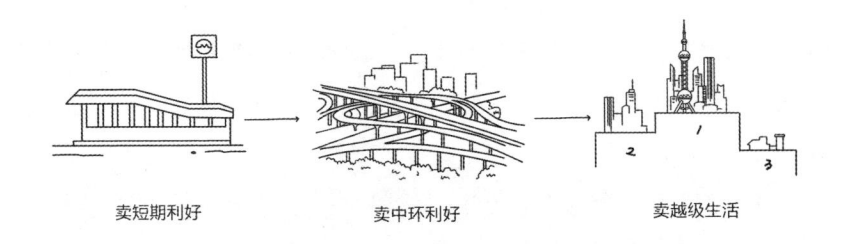

卖短期利好　　　　卖中环利好　　　　卖越级生活

图 13-4　城市动脉土地传播语言的常见演变线

这一章我想说的这个案例，背后随着甲方认知更新、城市规划变化，在短短六年里产品和土地都发生了巨大变化。而 6 年间，我三次沟通，三次创作，输出内容也完全不同。

本来我想用否定前两次、"讴歌"最后一次的角度来复盘这个案例。但是我发现，不同发育状态下的土地和产品，你作为一个广告人，没有太大能力去改变，换到今天再去做 6 年前那块地、那个产品，我承认可能当时的方案依然是最适合的。后面的思考再精彩，也是基于时间变化下新的土地和产品变量的思考，穿越时空，刻意否定，没有必要。

所以，土地和产品的发育背后的传播，未必是越前瞻越优秀，匹配发育状态才为最好。三个阶段，我都会用"思路、入手、输出"三个角度复盘，方便诸位在不同年份下，对比我的传播思路演变。

案情第 1 步
2012年第一次接触　兴奋的创新者

　　这是在上海一块离城市中心较远，位于生态资源里的项目。项目临河望山，自然资源非常棒。而在别墅用地越发稀少的时代，甲方并不想纯粹贩卖自然界，想使土地上限溢价，所以做了那个时代很领先的产品——大平层。产品品类领先的背后，他们也作了很多的革新，如大面积的户型做了室内泳池；社区配套了住区酒店；项目具备大量娱乐设施（网球、羽毛球等）。

　　所以我看到客户的第一感觉，不像看到了一个开发商，像看到了刚发明灯泡的爱迪生：兴奋的、充满想象的创新者。

　　这种情绪，甲方自然融入了对于项目传播的期望里。他们需要有差异而强势的入市语言，高调而骄傲的产品传播情绪。

一、思路：时代再大，大不过创新？

　　说到本质，这是一块容积率做不了纯别墅的地，而且区域又是别墅泛滥的重灾区。创造差异化体验肯定是对的，即使做联排也容易被挤入市场的红海里。

　　在别墅用地禁批的背景下，我们洞察到，未来低密度生活方式必然是大平层的。这洞察是对的，但任何的创新都是有接受的过程，那个时间段，消费惯性还没被纠正，"有钱就买别墅"还大行其道，倡导"有钱就买大平层"肯定说服成本太大，而且当时市场上还有大量别墅存货。

　　那段时间和甲方碰撞很多次。甲方当时的心态,让我感觉他们很自信，自信地认为：时代再大，大不过创新。就如计算器替代算盘，手机替代BB机一样，产品最大的卖点是品类创新。

说实话，我心里是犯嘀咕的。因为经常说，**领先一步是死，领先半步才是伟大的创新**。"特爽"的居住体验背后，如果领先消费心理太多，创新只是一个空噱头。我拒绝用创新作产品卖点，因为我坚持"设计方式≠传播利益"，但是行业总有误区：甲方做了什么，就直接与消费者得到了什么之间画上等号。

譬如，甲方设计了一个云顶建筑，传播的利益经常就是甲方的设计方式——"高"。而高只是产品特征，客户利益其实是需要翻译"高"背后得到的体验，譬如："连脚趾都可以俯瞰城市的征服建筑"，或者"我不愿和世界在同一高度"。征服感、优越感才是消费利益。云顶建筑最多只是个设计方式，永远不是项目的传播利益。很多城市地标，除了高，词汇贫瘠，而且还反问我："夏老师，那我打高为啥卖得不错？"很简单，消费者自己"自动解读"了高，"自己消化"成了自己需要的利益：譬如优越感，譬如景观优势。

这类项目一旦稍微溢价，往往初期高价段和低价段卖得不错，中间层没有绝对高度优势，但价格不菲的楼层就出现了很大的问题。原因就是直接贩卖"高度"，没有转化为消费利益。也包括纯粹认为"高度"是唯一贩卖优势，没有真正理解"高"背后，消费者购买的其实是"优越感"，以及为"优越感"而做的内部服务体系加配。只有高度，缺乏高度生活服务价值，是这类项目的通病。

从一开始就强化从**第1层到最高1层，独享的"与世界差异化的产

品设计和服务"，拒绝纯粹押宝"高"，建立完整的消费利益：既有高度，又有和这个世界不一样的生活"享受高度"，即所谓"消费优越感"传播，才是"设计目的"转化为"消费者利益"的正确道路。

图 13-5 高度建筑，要学会不止卖"高"

创新只是设计的初衷或者手法，远远不是消费利益。所以和甲方沟通很多次，我们最后提出了自己的观点，这个项目最大的卖点是**"享受的真意"**。

客户反问我们："难道，别墅没有享受的真意吗？"

我们回答：我们不妨把舒适度细分，别墅在现在的市场，有两个我们无法替代的功能：

1. **身份和成就的彰显感。**
2. **得天得地的舒适度。**

但是我们也有别墅无法企及的消费利益：

1. **同总价**，购买的平层面积更大，尺度舒适感很实在。
2. **同区域**，所有别墅都是"一栋别墅，一条狗，几亩地"，我们酒店有娱乐，室内有泳池，社区有两座球场和酒店餐厅，生活享受配套很实在。

3. 同气候，上海的室外泳池，室外配套其实只能春秋两季使用，我们所有配套全部室内化：室内泳池、室内运动场、室内酒店。气候因素考虑很实在。

别墅的两个优势，其实说到底都是"心理彰显感"：前者满足了身份彰显，后者得天得地，满足了其上海有庭有院的占有彰显。甚至他自己都比别人清楚，上海气候下，室外庭院使用不到全年的1/3时间，但一切抵不过他渴望占有天地的精神满足感。所以别墅的两个优势，说到底都是心理优越感的满足而已。

而我们带来的是真实尺度的、内容的、时间上的享受感：

- **尺度**：7米面宽 > 6米面宽，实在的尺度变大带来的享受感。
- **内容**：三大享受型配套，3大配套 > 1条庄园狗，实在的内容享受感。
- **时间**：四季使用，4季 > 2季，实在的高使用率享受感。

说到底，你是喜欢实在的享受，还是喜欢1亩地，1条狗，1栋冷清别墅，满足心理彰显感的享受，就决定了你是不是我的客户。

我们不用说服客户，也很难说服客户，要别墅的，那种心理愉悦度的超级渴望，你无论如何和他说平层的优势，他还是心往别墅，因为没有住过别墅，对这种品类的渴望，普通人是无法理解的。

所以，要实在体验，还是要心理炫耀，是我们差异别墅的关键。**懂得活给自己，而不是活给身份看的人**，才是我们的客户，所以我们提出了"享受的真意"。

坦率地说，甲方没有彻底被我说服，但是坚持我的思考角度。

二、入手：产品的伟大

我发现我们这个行业，很多领先的产品背后，常常缺乏一种"翻译领先"的勇气。见过几亿去邀请大师做超前的设计，可是在翻译设计理念的时候，还是只想用当下思维去安全包装。我不反对，毕竟"有种卖不好叫作领先一步，有种热销叫作领先半步"，营销和传播，要用客户感受的语言，将领先太多的东西，适当拉回半步。

问题是这半步的把握不容易。我们和甲方的分歧就在这儿，我还是坚持"享受的真意"，一个真的做到为自己而痛快活着的人，也是对这个领先建筑的一次忠实翻译。

当然为了兼顾价值感，我们将产品包装为一个"山的庄园"。我们发现整个项目犹如将一个完整的庄园打碎：大平层、游泳池、网球场、羽毛球场、午后茶吧、林荫大道、长堤水岸、三岛酒店。然后碎片式地"洒"在整个山下自然里。所以，产品理念设定为"打碎，洒在山里的梦庄园"。

一个人活明白，知道自己想要什么的时候，就清楚了人生享乐的目的地。所以产品的定位就是：群山下，快意享受的目的地建筑。

三、输出：内心戏

- **产品**：打碎，洒在山里的梦庄园。
- **形象**：享受的真意
- **定位**：群山下，快意享受的目的地建筑

我们想营造一个"不取悦世界，取悦自己"的生活。我至今记得当时很多文案，很喜欢：

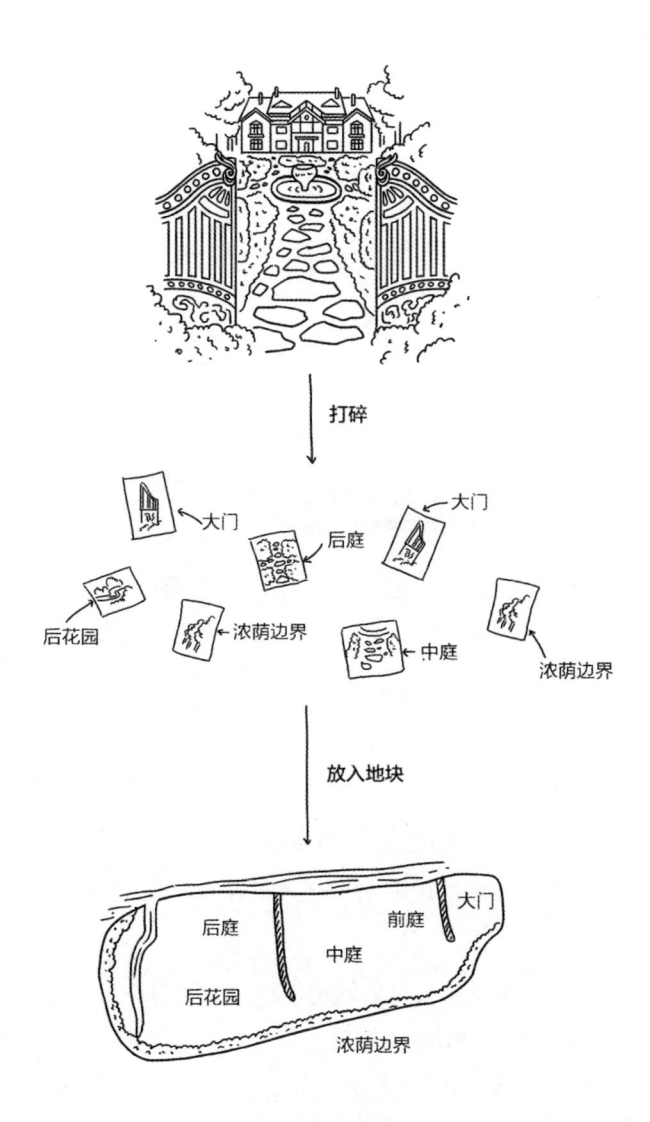

图 13-6 产品理念：打碎的梦庄园

人，生来就喜欢慵懒

日出、SPA、日落、再来场 SPA

一天就过去了

人，生来就"贪婪"

泳池、河流、温泉，SPA，300 平方米房子

但最好窗前再来座山，富士山

图 13-7　有些洞察，出生得太早，也不是好事

项目意料之中地落标了。人生的真意也许说对了话，但是讲错了场合。这是一个需要大平层挑战别墅的营销命题，贵是客户最需要的，小情绪，小洞察，小趋势……这些 10 年后的今天很火的词语，生得太早，客户没感觉。

更何况，他们还是自信，他们是创新者，他们是来挑战别墅的，而不是居住别墅后的人生顿悟产品。

无论如何，我痛惜而喜欢这次经历：痛心我错过了创作一个好项目的机会，喜欢我自己的洞察，我坚信我看到了真相，只是没有说出买单人要的气势。

更何况，有时候只有在落标的时候，才会让自己进入深度的反检，检查你思维的漏洞，策略的缺陷，创作的不足。多年后的事实证明，这一次的失去，反而让我站在局外看清了很多，学到了这种类型传播的更多知识。

案情第 2 步
2014 年第二次接触　冷静的创新者

再相见已经是两年后，项目已经销售很长一段时间。一期即将结束，二期即将启动。整个项目有了样板区，我们第一次走在样板区，看到了当年我们设想的湾流和码头，更看到了苦苦在办公室思考的室内空中泳池的模样。理想与现实没有太大的差距，只是甲方没有了两年前的兴奋，相比之前更冷静了。

样板区开放，当年获得了很大的市场关注，创新的产品也吸引了很多同行的眼球，但是经过两年销售压力依然很大。甲方也在反检一路走来，是哪个环节出了问题，所以重新邀请之前参与过初期讨论的公司，一起对传播做一次问诊。

短短的见面，我们肯定说不出解决方案，更何况这样一个重在现场感动型的项目，我们需要再观察一下。而既然现场有了样板区，而且也有了自己的住区酒店，我们给甲方提了一个小小的要求：开个房！

开个房，是为了上午和甲方探讨一下他们的营销问题，包括项目已经有了清晰的客户，他们对客户的分析，我们应该清楚地了解，才能对症下药。下午，我们再走三遍样板区。对！三遍，去感受这个现场取胜的创新类产品背后的魅力。

一、思路：创新再大，也大不过土地

上午两个小时的攀谈，下午三个小时的重走现场。我们最大的感受和客户一样：在地产界，再伟大的创新产品，也大不过土地。

一期购买的客户，犹豫的多数是因为这个传统别墅区周边配套的不成熟，土地抗性是影响购买的重要因素。而放在项目本身，和第一眼惊艳的最大差异是，我们感觉这个项目在不断发育。所谓的发育，其实就如少年期的孩子，越来越叛逆，越来越长大。

- **叛逆**：项目自有的丰盛享乐设施，尤其是酒店，几乎是区域内不曾见过的，甚至有点特立独行。

- **长大**：项目内优越的后期人工植被，随着两年的成长，融入这块本来就茂盛的自然环境里。

叛逆和融入在同时发育，优渥的配套让其依然有创新产品的个性，浓郁的自然之风，让其已经与这座山打成一片。

所以如果让我纠正两年前的观点，我不会"认错"，依然坚持"享受的真意"。但是两年前，我们太强调伟大的革新了，而对土地故事几乎视而不见。

所以新的思考角度，一定会加入周围土地信息的贩卖，甚至就用这种"与山共生，与山有别"的有趣状态，重新思考这个项目。毕竟"无论产品如何伟大，也大不过土地"。

叛逆　　　　　　　　　　融入

图 13-8　敏感地洞察产品和土地的关系，譬如洞察土地的叛逆与融入

二、入手：山的创新者

如果说两年前，我们的入手角度是"产品的创新者"，那这次我们的入手角度也发育成了"山的创新者"。

我们不否定这块土地自有格局，与外界不同，所以我新定位的下半句是：酒店住区。在一个外界认为山和别墅之外别无他物的地方，一个充满炫耀、身份、尊严的山野富人区，第一次有了炊烟袅袅的生活感。这种生活感来自酒店一日三餐创造的丰富生活内容；来自酒店入户服务，创造了购买者不断入住的可能；热闹的早中晚咖啡吧，创造了富人社群形成的可能；丰富的运动配套，创造了一个看得到人气的成熟社区的可能……在一块只有山景没有配套的土地，我们要想促进销售，必须颠覆土地抗性带给我们的影响。所以下半句"酒店住区"，就源自这个出发点。

你们肯定会问，那上半句呢？

上半句是：河谷秘境。如果说，下半句营造"与山格格不入"的配套感，那上半句则是烘托"与山融为一体"的自然感。山的百年自然界，和甲方苦心经营的"两年自然界"融在一起，山是秘境，我们则是秘境的一部分，我们无非比山多了一条河，藏在一群矮矮的仿佛山谷的大平层里。山的秘境由石头造，我们的秘境由河谷造。

所以，我们的完整新思路是：**河谷秘境，酒店住区**。

甲方问："山的价值在哪儿？"我回了一句"今朝有山今朝醉"。

我和两年前没有变的是，坚持认为这依然是一个享受型的住区，产品会发育，但是产品的基因不会变，泳池、山、酒店、网球场、河谷……都是享受的玩意，没一个是正经生活的必需品。这个项目再发育多少年，骨子里的"享乐"基因不会变。无非时代成熟，"享受型住区"可以再加两个字"生活"，变成更适合第一居所传播需求的"享受型生活住区"。

2014年，大平层慢慢被时代接受，人们没有了最初的心理抗性。时代变了，我们也不用再纠结是为生活的本真享受，还是为虚名而享受。这个项目在上海这座城市里，在大平层已成主流的行业里，本质是"山和一系列的享受配套"，比起城里的平层，居住功能要弱很多，放肆享受的基因要大很多。

在我看来，这个项目就是山里的一个景区，一个有享受型生活配套的景区，所以形象点说，就是**"今朝有山今朝醉"**。

所以感谢两年前的碰壁，让我们如陌生人一样，可以站在局外人的角度，生动地发现这个项目鲜活的发育史。也正因为这样，我们发现：再大的创新，最后都会融入土地故事里。而这个群山别墅区，在政府规划里是一个5A级的景区，放在这样一个土地的本质里看，这个项目，其实就是山的百年景区里，最纵情享受的一个秘境景区罢了。

因此，任何地产产品的创新，最好都能融在土地的故事里去讲述。这个项目没了当年创新的张扬与傲娇，最后用两年光景，融入了山的景区里。但肯定有人问,那如果创新产品和小土地氛围格格不入,如何办?先别着急,我们不还有和甲方的第三次接触嘛,后面详讲。

三、输出:山的景区

甲方问:"你们对产品的输出有何建议?"

我们除了建议强化之前讲的"今朝有山今朝醉"的享受型产品个性,还建议加入消费者进入现场可切身感受到的售卖体验差异。

既然真的是一个"河谷秘境",那就将现场的销售动线设计为:**一个山的秘境景区的参观**。譬如,我见过一个山的项目,销售员的装扮不再是西装,而是山民的装束;现场的沙盘与山货放在一起,强化不砍山,不伐木,山里长出的别墅;销售的动线,特意要走一段山的小坡度,制造越过山路,才见山房的"小坎坷",让看房人有点"小喘气",提升现场体验的差异度。

所以,既然是山的景区,就彻底修改项目现场的语言:弱化买房的销售语言,加入景区式的导游语言。

这种修改,不是让你不卖房了,而是从一系列的小动作修改,让客户深切地感受到山的秘境景区感。

譬如销售见到客户的第一个动作:递上名片。而我们的"名片",不再是一张纯粹的销售名片。设计做成可以对折打开的形式,打开后是"秘境景区图"。就如我们游玩景区,导游第一个动作是给你一份旅游图。这张名片打开后,呈现我们这个"景区"的5个格局:墅区、湾区、秘境酒店区、山境玩耍区、山的茶区。房子被弱化成1/5,而不是这次看房的唯一目的。而且这张景区图清晰标注了接下来20分钟内你在"景区"

内的观景路线，具有十足的景区参观感。

图13-9 景区思维，"伪装"每个营销动作，哪怕是一张名片

这个项目前期现场最大的问题：消费者直奔房子，很难提升客户在社区内的逗留时间，而项目最大的优势恰恰就是社区自然的营造。所以，景区图从消费惯性思维里，把消费者的场景认知作了更改：看景区，而不是来看房。潜移默化地让其改变行动习惯，用看一个景区的方式"到一点，停一下，听一段"，而不是直奔房子。整个样板区有对应的景观节点和剩余参观时间提醒，管理客户动线和滞留时间，提升客户对社区自然打造的认知深度。

甲方非常认同这种做法，不过又加了一个小问题：一期样板区开发很惊艳，相比一期的湾流样板，这次做了森林样板，但样板区规模小很多，如何还能制造参观的大流量？

我反问甲方，我们这次是什么现场包装思维？甲方说：不是你们说的"秘境景区思维"吗？

我回答："景区分山区、湾区、林区……上次只是开放了一半的山，这次开放完整的。让没看过的觉得赚了，上次没来是对的，因为可以一次看完两年前网红样板区的完整版。"看过的，用"完整公开"来诱惑他，让他觉得亏了，原来两年前只看了一半而已，必须再来一次。所以景区思维是：**秘境完整公开**，用这个概念去做样板区开放，就行了。

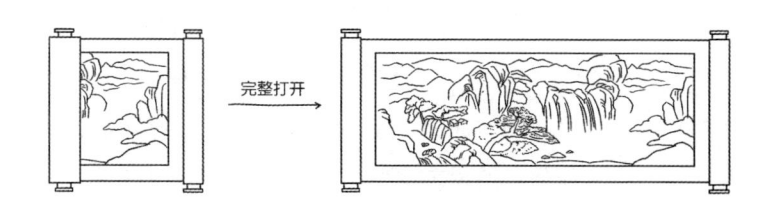

图 13-10 景区思维，也是一个导流思维

所以，不做断裂的传播策略和现场配合。秘境景区，是创新产品融入土地的角度，也是现场包装的思路，更是传播导流的思路。

案情第 3 步

2018 年第三次接触　创新者　生意人

上次的沟通，给了甲方很大的启发。因为种种原因，还是没有合作。但不知道什么，我总觉得这个项目在它的销售周期内，一定会与我合作一次的。因为我几乎是最了解这个项目前生今世的人。果然 4 年后，这个预感成真了，在项目进入第五期的时候，又找到了我。

只是这时候，项目和土地都又发生了变化。

- **土地**：山的配套一直没起来，但是它的东侧，虹桥枢纽，作为城市乃至长三角最重要的交通枢纽商务区起来了,成为辐射这个区域最大的利好。土地价值已经裂变,山的别墅区变成了城市的住区。

- **产品**:再见项目,我已经分不清山和项目的分界线,连荫成群。印象最深刻的是,河流是条活水,还有渔夫和家人出船,日出而作地进行网鱼作业,我们坐了游艇从项目东开到项目西,甚至有一种渡口的感觉。而大平层产品因为多年雨水润泽,有些墙壁有了厚厚的爬山虎一般的植物,爬满了墙。人作的痕迹越来越少,天作的自然痕迹越来越浓。项目本来就是不高的大平层,现在完全被掩映在自然里,分不清哪儿是山,哪儿是住区。

当然,变化最大的是甲方的心态,大平层已然被视作主流。客户创新者的激情消退,越发希望在项目的尾期,更多思考地产价值本身。沟通中,产品的创新已经成为掩藏着的小情绪,营销的思考是沟通的重点。

一、思路:土地再大,大不过时代

还记得当年第一刀切入的思路吗:时代再大,大不过创新;还记得第二刀切入的思路吗:产品再大,大不过土地。这次,可能又要变了,因为随着时间流逝,产品和土地都发育了。

放在微观地图上,这个项目已经和山没有分界线,完全成为自然界的一部分,甚至很多在上海市区无法种活的植物,在这里居然活了。如,上海别处存活率不到10%的乐昌含笑,在住区酒店北侧成活率高达100%。自然界的属性,铁证如山,不是广告人的强词夺理。

放在上海这座城市的宏观地图上,东西各有一座商务区:一个是陆家嘴,一个是虹桥商务区。而这两个商务区高级人口的居住需求向外延伸,分别就近造就了上海东西两大浓荫富人区：东郊、西郊。这点很容易理解：有高端人口，就有高端居住需求，就近选择自然资源最好的地方，就很有可能形成富人区。

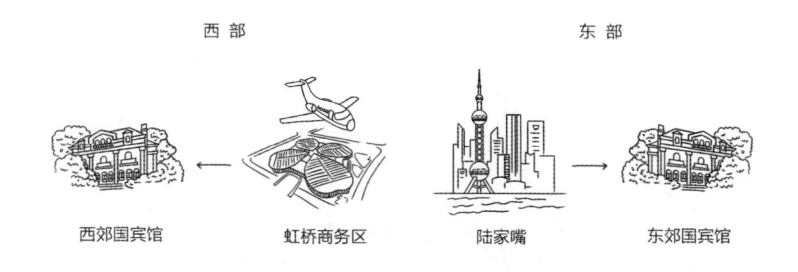

图 13-11 上海东西两座浓荫国宾区背后，都有一个商务区"撑腰"

其实不只上海，根据历史的规律，一个城市级的商务区，一定会造就一个城市级的高端自然界富人区：广州金融城—二沙岛富人区、杭州黄龙商务区—西溪……已经证明。

仔细研究虹桥商务区和西郊的关系，可以将之形容为：浓荫守护的西郊国宾区，一个浑然天成的自然界。背后是因为1949—2010年，老虹桥商务区和虹桥机场，奠定了西郊国宾区最早的入住外宾和高端人士的基础。但虹桥机场衰老了，西郊也饱和了。这时候，出现了虹桥枢纽商务区，一个全新的国家级工程，推进虹桥向西发展。这必然会催生新的高端人口向西的居住需求。

放在上海城市地图上，向西，离开虹桥枢纽后最近的自然居住区，就在我们项目脚下，外加上海近期规划通车的城市高架道路，都在拉近项目和虹桥枢纽的距离。内在的自然，外在的交通，让这种高端购买趋势，变得越来越理所当然。

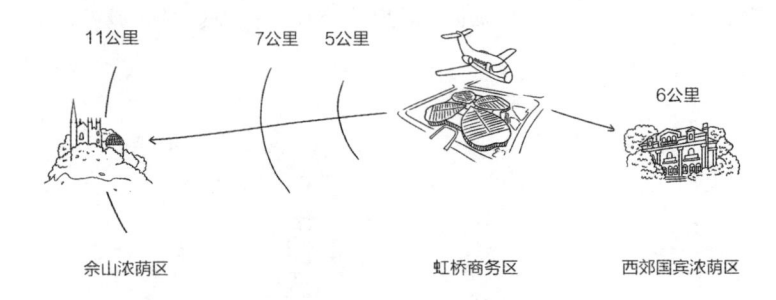

图 13-12 将项目融入大时代里思考，因为土地再大，大不过时代

所以，我这次的思考角度是：土地再大，大不过时代。

时代可以让土地迅速发育和裂变。而这个项目，在建成五六年后，正享受到城市发展下的最大红利。我们的推导核心不再是一句 slogan，而是一句关于城市发展规律的话：虹桥六十年，两座浓荫自然界。

看起来是在卖城市高度，其实是有着鲜明的项目生意逻辑：借助其中一座公认的自然界，去贩卖另外一座全新的自然界。前者是上海已经成熟，公认具有价值的西郊国宾区。借助一个城市发展规律，用一块高价土地，缩短另一块同类型土地的价值认同时间。

从产品最大，到土地最大，到最后时代最大，是土地和产品发育的缩影，也是我对这块土地洞察思路的缩影。

二、入手：时代伟大，自然也了不起

别以为，我们这次只是借助大时代。

我们这次割裂了土地价值和产品价值的传播。大价值是时代的伟大：

虹桥六十年，两座浓荫自然界。但是没有山和自然，虹桥再发展，也不会选择这儿成为高级居住区。所以我们的小产品包装完全定位在：这里就是自然界。最后那句产品形象的描述，就典型说明了我们的入手角度：**叠起来的自然界**。是的，六层，矮矮的建筑高度，每一层皆有四季泳池；每一户皆是区域最大开间的自然引入；每栋建筑都完全掩映在六年养成的浓荫里，仿佛一层就是一座自然界。

线上讴歌伟大时代下土地的发育：60年虹桥的两座浓荫自然界。线下产品故事，则讲述6年产品的发育故事：六年养成，叠起来的自然界。

动态辩证地去看待土地和产品，在这个项目上，得到了最大的体现。

三、输出：与自然界的四次合作

巧得很，除了大平层，当年还有三大新品要推：合院、联排、叠加。合起来正好四大作品。

这四类产品，产品设计卖点居然和自然界里"风、林、光、山"各有关系：

- **大平层**：东西三进，上下两进，层层隔开。如密"林"子一样，层林将喧哗与静谧分明地隔开了。
- **合院**：超短进深、超长面宽，通风优势。如微"风"穿堂，通透舒坦。
- **叠加**：3户，5层，叠落了12个院落。如"山岭"一样，山阶层叠。
- **联排**：7米面宽，双采光面，如"光影"随请随到。

项目是个自然界，而项目的四大产品，我戏称为正好是四次与自然界的"合作"：

- **平层**：密林平层

- **合庐**：微风合庐
- **叠加**：山岭小墅
- **联排**：光影联排

为此我们做了一场发布会，名字就叫作"合作"，一年四季，四次与自然界的合作。其实就是年度四大产品的信息发布。

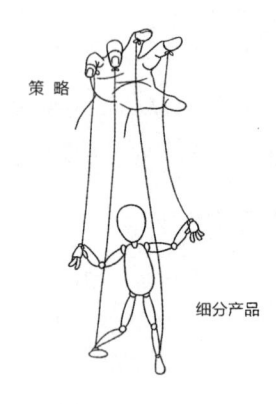

图 13-13　产品细节的包装，要努力做到和策略相呼应

插个小话题，当我们确定了叠起来的自然界，对四大新品的推出，我坚持再深挖形象，团队反问我：自然界的概念出来了，那就自然界的合院、自然界的联排、自然界的小墅。不就可以了吗？还要深挖吗？

这是这个行业最普遍的一种创作习惯——"戴帽子"：项目大概念出来了，土地概念都有了，基于大概念每个产品戴个帽子即可。如果是自然界，那就所有产品统一帽子：自然界两房，自然界的街区，自然界的洋房。稍微考究点的，浓荫两房、梧桐街区、溪水洋房。

我常说"掘地4尺"，不是掘地3尺，**城市研究—土地研究—项目研究—**

细分产品研究，四步要统一，少一尺都不够，因为影响消费者决策的这四个维度，是相辅相成的。就如打拳要打全套，降龙十八掌少一招少一式，都打不出 100% 的威力。放在精神层面，过去 6 年里 3 次遇到的这个项目也罢，做任何项目传播也罢，我们都要有打破砂锅，掘到树根最末梢的产品力。

你可以说，地产销售靠产品，靠行情。传播上，太深的研究属于精力浪费。我承认传播对于整体销售的影响有限，但是在销售竞争已经落到一个一个客户争夺的白热化格局时，做细、做极致我们的工作，当是分内事。

最后说一句，第三次，我终于拿下了这个项目，迟到 6 年，但是没缺席的一次专业思考和合作。

小结：一堆创意的坏习惯

1. **创意坏习惯**：土地、产品的静态思考

   锻炼能力：土地和产品的发育式洞察

   案例举例：三次接触背后，三次动态的洞察观：享受的真意；到酒店住区，河谷秘境；再到最后一次的"六十年虹桥，两座浓荫自然界"。

2. **创意坏习惯**：设计目的＝消费利益

   锻炼能力：设计目的再翻译的能力

   案例举例：大平层是产品创新，但不是消费利益，享受的真意才是。

3. 创意坏习惯：现场故事与线上故事断裂
   锻炼能力：概念故事，在现场细节里融入的能力
   案例举例：景区式传播渗透到线下每个环节，包括线下一套"景区"式的参看流程

4. 创意坏习惯：戴帽子
   锻炼能力：死磕到底，坚持：城市研究—土地研究—项目研究—细分产品研究，四步说辞形象统一
   案例举例：统一到产品末梢，即使四大作品，也设计为："山、林、风、光"与自然界的四次合作

音频小作业：这个项目，最后一篇软文

时光荏苒，项目从产品创新，到融入山景，到为时代而巨变，经历了三次发育。学会动态考量项目，更学会在城市高度思考项目的价值。

如果是你经历这三次，作为最后一篇软文的撰写者，界定这个项目在城市中的价值，为最后几套房子站台吆喝一下，你会用什么样的标题，什么样的角度？

想完、整理完思路，扫码听我的解题音频——《最后一篇软文》，或者进入喜马拉雅 APP，搜索《创意的坏习惯》专辑，聆听我的答案。

第十四章　新中式的误区

最好的传播，
是干净的翻译，
半个标点符号都别加

引言　干净的翻译

写这本书，很担心是否会让很多人误解，我在讲解一些"浮华"的技巧，因为广告在多数人的概念里，是种夸张的，甚至浮夸的炫耀。虽然迫于各种压力和创作的需求，难免有夸张的成分，但我在我的创作过程中，一直逼迫自己找到消费者购买产品的动因，基于此再包装，再唯美化。即所谓寻找成交的生意逻辑，尽可能不要动不动就作诗，随随便便就豪情万丈。

几百万元，到几千万元的房子，干净地翻译消费者和房子之间的需求关系，让需要的人有渴望，让纠结的人有好感，然后现场给予其情绪的感染，产品的感动，我觉得即可。

干净的翻译，是我一直坚持的标准。兼顾翻译人和房子之间的情感和利益。但坚持是有代价的，很多合作的甲方，往往觉得我夸张得不够厉害，飘得不够高，导致最后失去了很多案子。

刚开始有所怀疑，是不是要去迎合。但到后来也坦然了，我没法改变自己的创作习惯，即使合作了，反而双方都痛苦。所以到今天，已经习惯成自然，在没有找到生意逻辑前，严禁自己诗兴大发。

但似乎近几年，我越来越深感自己正在成为行业异类，因为行业里这种没有生意逻辑，上来就"浪漫美好"的创作习惯愈演愈烈。管它呢，我坚持"抵抗"，坚持自己的创作手法：

1. 干净翻译，能对传播延展作清晰的界定

自然界项目，最容易上来就作诗：江就是笑看风云；山就是藏隐人生；

湖就是淡泊千里；林就是自然而然，归于拙朴；海就是放飞天性，难得自我……

其实干净地翻译自然界的本质一样很精彩，如某山的项目，最大特色是项目内外跌宕起伏的高度差。记得有个项目，不带夸张地将项目定位为：非平面作品。

非平面，既是干净地翻译山的本质，又让习惯了平面世界的社会人，获得无数城里没有的非平面乐趣。非平面，不仅是策略，更可以贴合山的内涵作延展。因为干净，延展起来反而特别贴近生活，譬如"孩子摔倒，不扶起"的系列活动，孩子们周末独立的胆识、团队合作的活动，暑寒假坚强系列的活动，寓意在非平面社区里，给予孩子更丰富的自然认知，更多元的生活接触，更强的独立能力。

干净的翻译，让山与客户的连接有了清晰的节点，不仅没有丧失情绪，反而更"挑逗"了客户的情绪。

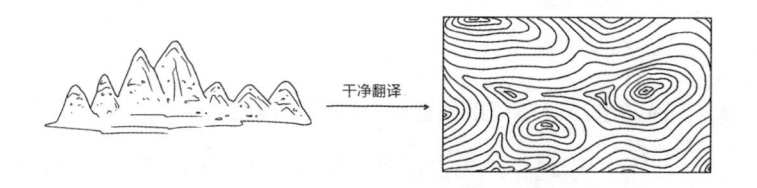

图 14-1 干净地翻译山，就像用"非平面"

2．干净翻译，甚至可以反馈产品，进行二次设计

如做企业品牌，广告人最容易上来就是满腔热血的时代抱负、企业雄心。其实这个时代哪需要那么多城市运营商、美好生活设计师、城市

赋能者、国际生活建设者、全球天际线谱写人……

干净的翻译，不会让你丢掉时代抱负的情绪，反而让你的情绪更精准。如本书集团品牌一章中提到的，一个港湾出身的地产企业，一条腿做住宅，一条腿继续深耕贸易港。当时我就想干净地翻译，好好地说话，一个边做港湾边做地产的企业，其实它的企业抱负说到底就是"港湾"两个字，无非贸易港是资本的港，住宅是栖居的湾。资本港、生活湾，就是这个企业的基本品牌愿景。

这种干净的翻译，不仅不会让企业格局变小，还会让企业情绪更具个性化，甚至可以反馈设计企业的产品理念。

如作为"资本港，生活湾"的企业，做社区配套，就是让住区不再是生活的孤岛，而是便利解决出门7件事的城市幸福港。所以这个企业的社区配套，形象清晰地设定为：海岛7号，即创造柴、米、油、盐、酱、醋、茶的超便利社区商业，从生活湾出发，营造超舒适的配套岛。干净的品牌主张，让社区商业建设动作有了清晰的目标。不仅没有降低品牌的格调，反而丰富了品牌的情绪。

3．干净的翻译，还可以创造更高效的沟通成果

临自然资源的项目，都忙于证明"我是一线不是二线"。动不动上来就是抒发唯我一线，自然唯我所执掌的"占有感情绪"，其实在人人抢占一线的传播语境里，最后多数没有赢者，传播效果都在集体下降。

我曾接手上海世纪公园一线项目。干净的翻译，就瞄准公园原住民的生活语言：真住公园的原住民，从不会说我住公园一线，他们只会说"我住六号门对面，我住七号门旁"。门，是最干净的标签。而我们项目正

好在公园的主门，一号门对面。

所以不抒情、干净地翻译公园原住民的语言是：**一号正门旁，世纪公园门对门作品**。就那么简单，一下子在芸芸众生的公园一线叫嚣里，清晰地说明了我比谁都近，近到可以"门对门"。

所以干净的翻译，不仅不会丢失一线项目的炫耀情绪，还能创造更高级的形象效果。

图 14-2 干净地翻译公园一线，就如用"门"

4．再比如干净的翻译，还能更有效地直刺人心

某些投资类项目，动辄就是赚赢人生等"盈亏"情绪。其实在投资类产品传播中，人人都能做出一张完美的，看起来很真的盈亏收益表，所以盈亏情绪泛滥，越来越难动人。

某健康公寓，拥有良好的医疗和适老服务，做投资诉求时，我压抑盈亏情绪，干净地翻译投资客。因为他们也是人，他们也会老，终有一天会需要养老。而我们，正好是一套今天赚钱，明天养老的房子。

所以干净地翻译后，我给了投资客一句让他们陷入深深思考的话：**人生无非身家和身体**。小标题：**能赚身价，能养身体**。项目小册

子，大大一句标题：**投资客，你也会老的**。

不再炫耀那些开发商自己可能都无法确认的投资回报率，而是干净地告诉消费者人人都懂的道理。

干净的翻译，不仅不会显得冷血，反而能更解人心。

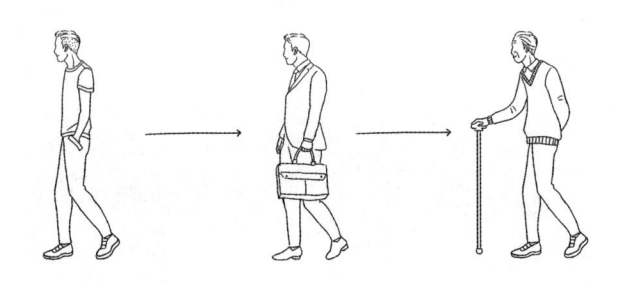

图 14-3 干净地翻译投资利益，就如用"投资客也会老"

我做广告的十几年，就是压抑"作诗情绪"的十几年，强迫自己努力去干净地翻译产品和人之间的购买逻辑。

这章我选择新中式的案例，这是中国地产传播里，情绪最泛滥的一个品类，动辄就是"传承与创新"，十个有九个是"融汇东西"。我从骨子里不喜欢这种情绪泛滥而无实效的沟通。我坚信房子的皮肤背后，都会有真正的居住需求。无论是迎合时代的第一代新中式，还是近几年尊重人的居住习惯和情感回归的改良新中式，我都坚持干净的翻译。可惜刚开始几年，或因我的翻译能力还不够，或因开发商多数都喜欢贴上"回归、融合、传承"这种通用情绪，所以我丢失了很多合作机会。

直到这一两年，新中式多了，不好卖了，需要痛点洞察而不再是贩卖"表层皮肤"情绪，尤其是最早浸淫在新中式的几个文化城市：南京、苏州、杭州，被迫也罢，主动也罢，都需重思考这些风格皮肤背后的真正居住价值。而我也随着前几年的碰壁，再思考了很久，慢慢理解这种产品的真正客户价值，慢慢学会干净地翻译这类产品了。

这是我的新中式项目里，我最满意的一次干净的翻译，也是甲乙方之间一沟通，就迅速达成一致的一次，我相信未来会越来越多。因为创作洞察和地产建筑设计一样，也讲时间和火候。有些洞察理解，时间到了，才能被时代接受。早了太领先，不行；迟了太落后，也不行。

案情第 1 步
苏州老城里的初见　感觉，它在卖方圆几里的地

苏州老城区，也许是当代中国最完整的诠释"江南"的地方。因为江南在其真正的繁盛时代里，不是只有小桥流水，还有熙攘的繁华。它代表了一种繁华与宁静和谐相处，彼此来往，相互融入的城市状态，而非仅仅是水乡村镇的概念。

人间有烟火，人间更有独善其身。江南，尤其是苏州园林便是这种状态的真实体现。

过去多年，苏州也罢，中国多数城市也罢，它们的新中式园林别墅几乎都有一个显赫的门堂，强烈地要从城市界面里跳脱出来。但其实走进苏州山塘街、十全街，你才发现明明想寻着苏州园林去，可是最后你还是会因为它太不显眼，而不小心走过了头。因为几乎90%的苏州园林

主人，虽都是曾经的显赫人士，但是不知是历史的遗传惯例，还是选择这里就是喜欢融入市井烟火的愿望，反正苏州园林几乎都不显山露水，都爱藏在寻常百姓的里坊深处。

见到这个开发商，他第一句就是：未来这个项目会藏在苏州老街里。听到这句话，我就兴奋了。因为放下门头，就意味着放下不自信，敢真正做点舒服的中式作品了。

产品沟通的过程，让这种舒适不断在蔓延：

- **不"兵营"**，不会像传统强排一样，做兵营式的社区规划。仿效苏州老街的格局，大面积和小面积别墅彼此错落，不去打破周遭几百年前就有的老城状态。

- **不浓墨**，不会浓墨重彩做一个大庭院的别墅格局，而是几个小院"洒"在一栋别墅四周。

- **不纯"二"**，不纯粹做两层的别墅。自家门内，一栋两层主楼，可能还会有一个一层书院的别楼，错落的天际线和整个老街的天际线混为一体。

聊完，我有一个强烈的感觉：它不是在卖别墅，是在卖苏州老街方圆几里的生活腔调，因为产品很融入周遭。

案情第 2 步

产品　贩卖方圆几里苏州的肌理

研究产品的过程很爽，因为几乎是我一直想要的那种真正融入苏州老城的房子。用一个具象的词描述就是：苏园肌理。

所谓苏园肌理，就是一块完整的苏州老城的精致"皮肤"。不像多数新中式别墅只是一个点：卖一栋别墅而已。

苏园是一个面，前后、左右、内外、上下关系的空间概念。基于此，我对项目做了"十二字"的干净翻译：

1. 前后园

苏园都是先有园的轮廓，再"种"房子。所以苏园的房子被园子围绕。而诸多新中式，其实就是讲究前庭后墅的工整，少有"三四个小院，错落在房子前后，深深浅浅"的那种园宅的味道。

我们项目的这种苏园式设计，最后让项目融在苏州老城这个河流纵横的大院子里。

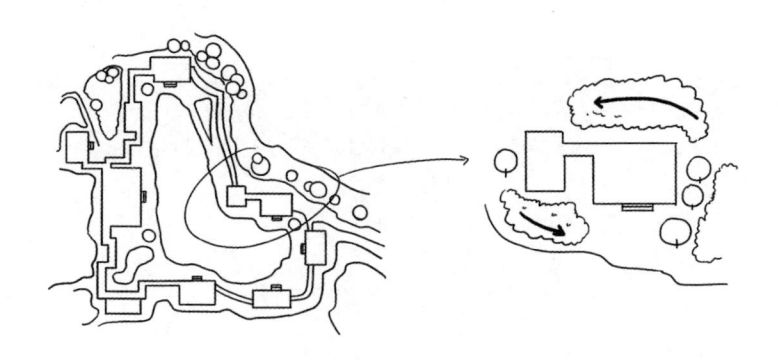

图 14-4　苏园肌理，前后有讲究

2. 上下落

中国建筑不崇尚高，所以少有两层建筑，苏园里多是一层房子，偶尔两层的书房，高低错落，不张扬，不单调。我们项目做了两层的主楼，一层的书房别楼。这种设计，最后让项目融在高低小有错落的苏州市井天际线里，一脉相承，毫不突兀。

图 14-5 苏园肌理，上下有小起伏

3. 左右错

图 14-6 苏园肌理，左右有错落感，大宅门挨着寻常人家

苏州的肌理，大宅子挨着寻常家。没有格致，只有错落。和现在豪宅挨着豪宅，普宅靠着普宅的泾渭分明完全不同，我们的项目，正是这种左右错的设计理念，500平方米的大商，临着300平方米的书香，枕着200平方米的匠人，各有故事，常有往来。

这种设计，最后让项目融在苏州这个大家、商贾、文人互为友邻的氛围里。

4. 内外同

如上文所讲，苏州的肌理没有显赫的门第张扬。多数苏园甚至有意藏在苏州的市井里，不显山露水，反而相映成趣。我们的项目勇敢地放下门第讲究，尤其与周遭四界中的三侧三条河流相互借景，彼此融入。即使项目的商业部分，也借鉴周边老街的肌理进行设计。

这种设计，最后让项目融在"再富贵也只是一个门牌、一个号"的平和尺度里。

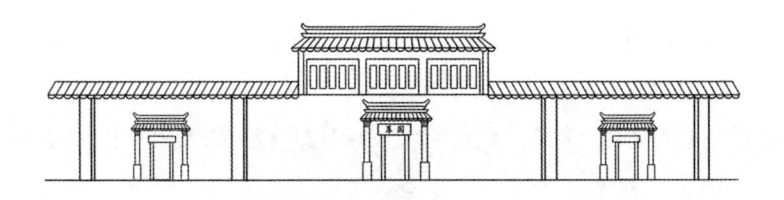

图14-7 苏园肌理，内外讲究融

我们的上下左右，前后内外，都按照存在了百年的肌理打造。即使我们手里有足够改变肌理的打桩机、起重机……我们都放弃了，而是静静地在这老肌理上做文章。

用最形象的一句话,说明这个项目的设计理念:多年后从直升机上看下去,这个新时代的建筑和周遭的六百年苏园肌理,要看不出两样。

建筑师的设计很独特而鲜明,要求后来广告公司做到的,就是干净地翻译最初理念。所以,我也很快推出了项目的定位:**当代苏园脉络别墅**。

沟通定位时,我强调了一句:如此强大意念的设计作品,作为广告公司,就是将你们的设计语言翻译成客户语言就够了。其他的什么也不要干,哪怕是一个标点符号都不要加。

图 14-8 干净地翻译大师理念,要有不擅加半个标点符号的心态

所以,我只是把建筑语言——"肌理",翻译成客户听得懂的——"脉络"。表明这不是在纯粹卖 300 平方米别墅,而是通过这 300 平方米"享受"中国可能最舒坦的 30000 平方米:熙攘与静谧同处一市,有独善,也有来往的 30000 平方米苏州老城生活。

这里只有 64 栋房子,我没有大发诗性地谈:64 人大自在,说什么六百年前,这种大自在属于叶士宽、吴璥、沈秉成等少数苏园主人,六百年后,属于这 64 栋 64 人。所有诗情画意都没说,只安静简单地翻译建筑设计语言,因为这种设计本身的意识性、个性都太强。苏州经过这么多年文化洗礼,自然有听得懂,甚至一直就在等这种房子的人。就怕过度翻译,反而矫揉造作,掩饰了设计本意,坏了事。

浓墨重彩,就如给魁梧的肉体披上裘皮大衣,反而掩饰了本身的线

条和魅力。在苏园情绪泛滥的苏州,我逼我自己必须不能发诗兴,务必干净地翻译。当然这种干净的沟通,也让后面的传播变得干净而有趣。

案情第 3 步
起名字　了解方圆几里苏州肌理的人

甲方问我:"既然产品不是在卖别墅,而是在'贩卖'方圆几里的苏州老城,而这个项目又超级高端,如何通过前期起案名,就能汇聚一部分社会客户的关注?"

我说:"很简单,还是干净的翻译。"既然是"贩卖"方圆几里的苏州老城,就该让最了解方圆几里苏州肌理的人,给这房子起名字。

谁是最了解这块土地的人,就两种:

- **最纯粹的**:降生才十几年,天真的孩子,看什么都是简单而通透的。
- **最深邃的**:几十年苏州阅历的文化老姜,看什么都是有故事的。

所以,我用孩子和老人,做了一次干净的、有趣的、聚客的案名征集:

1. 童眼征集

在所有苏州国际学校、苏州小学的 12 岁以下的孩子中,征集这块土地的名字。

联合教育办,向全城的小学发一封信,邀请他们和家人,来这块土地玩玩看看,感受苏州文化的深厚,给予他们一次家人带着孩子集体接受苏州文化洗礼的机会,然后让孩子给这块土地起个名字。

不商业，很纯粹。而诸多国际学校的家长，就成了我们第一波蓄水的客户。

2．童眼的波澜

孩子对世界的想象力之大，成年人是永远无法预料的。这块三面邻水的土地，在孩子眼里，没有大人的功利，他们非常简单而有趣，有趣到让我们这些给项目起名字的老手都叹为观止。譬如有个孩子面对三水的环境，想到了一个名字：水水水。其实这也是孩子对苏州这座以水为肌理的城市，最简单通透的理解。

这些名字，比缜密、功利、炫耀的地产案名纯粹很多。把这些名字，在公众号一个个推出，在功利的成人世界，引起的波澜远超一次传统案名征集。

这样的议论，更多地超越地产，反思活在苏州，还有多少成年人可以真正融入老城，感受这座古城的纯粹和简单。

3．老姜的点拨

孩子童言无忌，掀起江湖波澜。将孩子起的名字，让看透这座城市文化跌宕的苏州文化老姜来点拨收尾。我们邀请了苏州文化的大佬，从中筛选出好的童眼案名，然后再稍微修剪润色。

孩子们的纯粹简单，老翁们的深厚平和，最后形成的名字都颇有意思，譬如孩子们的"水水水"，经过老姜雕琢，成了拙朴又有深意的"三水一隐"。

当然，最重要的是我们就想用孩子的简单，老人的平和，传达出与以往城内大宅不同的生活观：生在老苏州的精致里，更深入老苏州的烟火里。

4. 童叟揭幕

与以往不是业内大咖,就是建筑大师揭晓项目案名不同,我们再次请了老城里最平和简单的两类人:孩子和老翁一起揭晓名字。

因为用干净的翻译来看,既然是"贩卖"方圆几里的苏州日子,那就该请最了解,或者最简单看透这方圆几里苏州的人来起名,来揭晓。不矫揉不造作,很顺理成章,也颇有话题效应。

图 14-9 忠于策略,邀请两类最能通透了解这块土地的人起案名

干净的翻译,不仅不会让传播动作匮乏,反而让传播更能起涟漪。

案情第 4 步
做形象 和方圆几里的一次招呼

甲方总在提醒我:"我们不想做成传统苏州老城的别墅,要做它们的革新版。"

我倒是觉得,哪有什么高低。其实别老想谁干掉谁。一个时代,读懂一群人，用房子取得和这群人的共鸣，被他们追捧，就很厉害了。

所以，我没有站在比较的角度，而是把那些苏州张扬跋扈的、高耸云霄的、异域风情的……包括我们的风格，放在一起讨论。就如孩子们的玩具放在一起，有孩子喜欢小车子，有孩子喜欢变形金刚，但是多数随着年龄的增加，心智的成熟，总会放下一些玩具，而拿起另一些玩具。

就那么干净地翻译，我们发现了人和城市卑与亢的成长曲线：

追捧世界的符号：城市财富积累初期，人也罢，城市也罢，多少会有一种自卑，需要用建筑的厚重、高耸、尊贵来加强自己的自信。所以苏州十多年前的居住历史中，我们看到新区很多张扬的、显傲的、异域风情的建筑和传播用词，甚至至今还在大受欢迎。

追捧中国的符号：城市财富再成长。张扬的东西其实很累，随着获得财富的增多，审美与生活的态度都会发生微妙的变化。所以在过去五年的苏州，新中式开始大行其道，背后是这个城市从自卑到自信的转变，苏州园林开始与摩天大楼并驾齐驱。桃花源、平门府、拙政别墅，那种大手笔、大尺度、大匠造的民族超级符号，一夜爆棚。

放下符号：城市状态的成熟。一边是苏州园区将近三十年，随着"大秋裤"等建筑将金鸡湖岸渐渐围满，国际化的时代也到了顶峰。而另一边苏州老城的文化消费也走过十年，新中式这种符号消费从狂热状态逐渐降温。苏州也经历了从狂热追求世界符号，再到崇尚中国符号，最后到了放下建筑的符号，追求活在富足的平和里。

中国一二线城市，都会经历这种从推崇世界符号，再到推崇中国符号，最后放下符号的过程。从大卑，到大亢，再到不卑不亢，苏州也不例外，而且经历得尤为酣畅淋漓，因为苏州的园区、老城的街区充分提供了这种心态成长的土地。文化能修养，审美能陶冶，城市的审美会演进，人也如此。

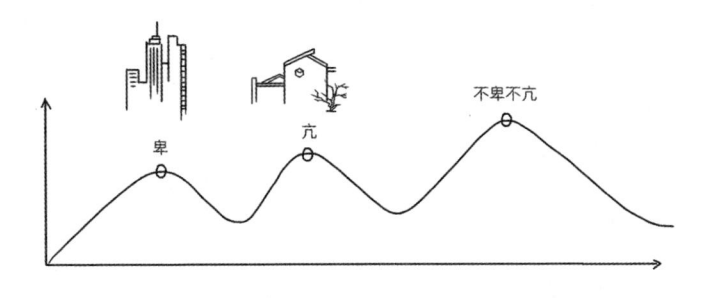

图 14-10 每个城市，都会经历这样的卑亢历程

黑泽明经历过拍电影《泥醉天使》的不自信之卑，才有了拍摄《电车狂》时超级兴奋、想自杀的亢，也才诞生了他晚年那句："我才刚刚开始学电影"的不卑不亢。

没有建筑是坏建筑，没有房子一定是好房子，只有能与特定时代、特定年龄的审美共鸣的居所而已。经历这样卑亢历程的二三十年，苏州也拥有了一批"**花几千万元住进老城，但不会张扬地占有老城**"的人。正如我们的建筑一样，几千万元的房子，却能与周边几百年的老肌理平和相处，偶尔还能"交杯换盏、推心置腹"。

我不知道这一段城市和人的审美成长洞察，算不算干净的翻译，但是反正最后那句话，我们都觉得很干净：**终与姑苏推心置腹**。

随心往来，不卑不亢，能嗅闻百姓烟火，也能独醉书香。既然是融入苏州肌理的别墅，那与其说这是项目的形象语，不如说这是它与周遭一次平和的招呼。

案情第 5 步

说品牌　总与周遭土地做朋友的人

做高端项目，不得不谈一件事，就是开发商的背景。一般的做法就是罗列高端项目，证明高端能力。

我一直觉得这种有点文化情结的土地，而且还是有城市关注度的地方，敢去拿的，一定是内心也有情结，对于周遭环境有着很深理解的开发商。我不想用高端项目的列举，来证明开发商的能力。

因为在这样一个高端地产开发格局已经较成熟的时代，不是所有高价项目都可以放在一起，并称为高端的。我遇到过一个在巴西买下一座矿产的豪宅开发商；我也遇到过喜欢放下材质的炫耀，和设计师一起去找寻好玩的石头放在别墅院子里的开发商；甚至还有坚持不用石头来做豪宅的开发商。他们的房子都价格不菲，但是对我而言，体现的是完全不同的高端生活设计理念。所以不是价格卖得高，就一定是同类。

我还是坚持干净的翻译，至少我看过这个开发商所有的苏州作品，有很多个性化的东西。其实企业如设计师，在选地、造楼方面，总会隐藏着诸多个性化的痕迹。即使它是一个企业，不是一个人，依然无法摆脱这种性格的痕迹。干净的翻译，有时候会让你放下所有形容词、赞美语，穿透二十多年那些无序的、风格各异的作品，干净而简单地找到这个企业的高端个性。

譬如这次干净的翻译，干净到我只抓一个字"水"。我想看看这个企业对于水的创作能力。即用正在售卖产品的特点，反向洞察企业的作品能力。一旦找到共同点，往往可以创作出一种"一直淬炼，一直深耕"

的品牌个性。

结果最后的故事很有意思，当开发商问我："初期亮相，如何介绍产品和背景。"我回答："就四个字，但是重复说三遍！"

第一遍说我们企业的苏州高端能力：一"隐"三水。

企业在苏州，起于独墅湖，

成名作品，伴于金鸡湖，

这次到苏州老城，造于老城河旁，

每一阶段的作品，都是不显山不露水地藏在湾流里，

企业苏州多年的高端作品史，就是"一隐三水"的历史。

第二遍说这块地的状态：还是，一隐三"水"。

苏州老城从来就是水路纵横，

但是就是这样的东方水城里，

也难得一块土地被三条河流围合，

而唯一一条陆路，还是深深隐在熙攘老街的深处，

正所谓"一隐三水"。

第三遍说作品的理念：依旧是，一"饮"三水。

饮，通"隐"，

古人文人雅士，有饮茶、饮酒、饮月三层境界，

以三饮为模板，做了我们的当代苏园：

与己独"饮"的独立书院别楼格局；

与家醉"饮"的院落家墅；

与城深"饮"的前街后坊融入式设计。

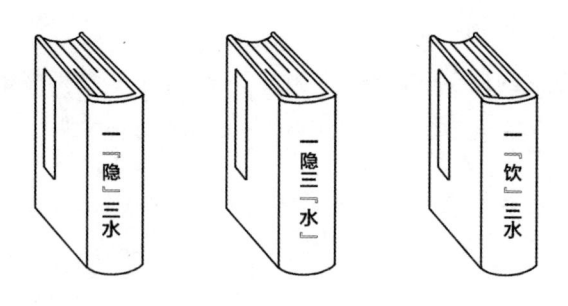

图 14-11 三个"一隐三水"，贯穿品牌、土地、产品

以上可以看到，利用干净的翻译，用在售产品的特点"水"，反向翻译企业的高端能力，串起了一个简单而深奥的故事：它是擅长"一隐三水"的匠人，又见"一隐三水"的土地，驾轻就熟地造了一个可以"一饮三水"的院子。这比粗暴罗列高端作品，证明高端能力要高效很多，因为真正的有钱人才懂：不是造过 100 万元的家用车 SUV，就一定能造 100 万元的跑车，气质是骨子里的。

最后，一本《一"隐"三水》，另一本《一隐三"水"》，再一本《一"饮"三水》。三本小册，犹如一个饱读诗书的文人登台，言简意赅地连说三遍"一 yǐn 三水"，别有深意，与别人登台截然不同。

当然这一切的好玩，还是基于"干净的翻译"，尝试干净的发现：土地、产品、企业之间纯粹而简单的联系。

类似干净的翻译，其实在后续的传播落地中，还有很多有趣而不脱离产品的传播故事。譬如后来的产品落地阶段，还是用干净的翻译，做了很有趣的产品解构。这些留在文末作业音频，与你互动。

最后小结一下。把这个案例，放在 14 个传播案例的最后一个，只想说明，要学会放下所有传播的技巧，行业的坏习，尝试干净的翻译。因为最好的传播，首先别制造信息障碍，让购买者看不懂，读不懂，误解了产品，这是传播最糟糕的情况。

就如这次，大师级的设计理念，我们只是干净地将肌理翻译成脉络，其他再没改动；一块难得一见的老城土地，我们也只是进行干净的翻译，将三水状态稍作修饰成"一隐三水"而已；对于土地名字，还是干净的翻译，找平和地、通透地看懂这块土地的人给它起名字……全程要求自己，不发诗兴，干净地说话。

干净的翻译，不会丢掉传播的精彩。相反你越想讴歌赞美项目，反而过犹不及。

小结：一堆创意的坏习惯

1. 创意坏习惯：传播只是制造精彩

　　锻炼能力： 传播先制造清晰，再制造精彩

　　案例举例： 别上来就用"公园一线"这样的模糊炫耀。干净地翻译项目位置，就是最精准的炫耀：一号正门旁，世纪公园门对门作品

2. 创意坏习惯：诗兴大发

　　锻炼能力： 干净地翻译

　　案例举例： 不加一词，不添一符，干净翻译设计师的肌理理念

3. **创意坏习惯：企业高端能力 = 高端项目的罗列**

   锻炼能力：用售卖作品，反推个性化的高端能力

   案例举例：多年一隐三水，再遇"一隐三水"的土地

音频小作业：继续干净地翻译

还是这个项目，还是文中介绍的四个产品卖点：书院别楼、苏园肌理、无门苏园、三院错落。如果产品形象期是用"一饮三水"来界定，那么到卖货的阶段，除了秀户型，如何干净地翻译，不诗兴大发地堆砌类似"东方诗意与西方格局的相遇"，实用但是有情绪地贩卖千万元级别墅的细节？

想完、整理完思路，扫码听我的解题音频——《有无》，或者进入喜马拉雅 APP，搜索《创意的坏习惯》专辑，聆听我的答案。

后 记　　哪有那么多灵光乍现

这本书，最初我想起名"灵光乍现"，说说我厉害的地方，谈谈我骄傲的案子。但是真写了，发现写不下去。因为过去多年创作的经历中，所谓的灵光乍现背后，都是坚持的、孤独的，甚至迷茫的故事。

所谓的灵光乍现，15年里加起来，可能都不够发一度电的。更多的是热爱与痛苦：热爱这个行业的跌宕起伏，痛苦我为何还像一个孩子一样热爱这个行业。

我不知道读完这本书，大家的感受如何，但是我怕最后多数人会聚焦在创意结果：山的项目可以用"山脉修复计划"去玩；博鳌论坛岛上的别墅，可以用"博鳌不谈国事"去思考；一个山海皆有的项目，可以用"山海打架"去设计传播故事……

我不太想聚焦这些，因为过去多年，每次出去培训分享，讲完，台下都有一种幡然醒悟、瞬间满血的氛围，听的人觉得学到了绝世武功。其实我相信，多数人，还会在该纠结的时候继续纠结，该想不出来的时候，继续堵住。因为这一切分享，终究是我的思路，要转换到你的脑子，还要走很长很长的路。有句话："天下最难两件事，一是掏别人脑子里的东西，二是掏别人口袋里的钞票。"很不幸，我们这行，正好这两件事都要干。

言归正传，结果是我的，过程若能为你所用，才是最让我兴奋的。所以，别光盯着或好或坏的创意结果，别为那些打动你的结果仅仅击节叫好，别为没有打动你的方案只是不屑一顾。就如我在我的"夏不飞创意日报"里说的一句话：不给你答案，只给你通往答案的路。

所以，当要写后记的时候，我最想写的一句话就是：哪有那么多灵光乍现，灵光乍现的路上，都是自我否定、坚持、痛苦，甚至自我怀疑……这些广告人都尝过的滋味。后记，就说说这14个传播案例背后的故事吧。

你看不到的异国疯子

你看到了从"百年，仅此三大进山作品"的角度说一个山一线的项目，你看不到接到这个项目提报时，我正好在日本，团队的前三轮思考发到我手机上，我绝望地坐在京都街头。像一个疯子一样，用语音电话和祖国的小朋友聊着土地洞察、产品前生。京都如此温柔和细腻，那一刻我却如此痛苦和暴躁。

你看不到的当街数落

你看到了我在一个学区房红海里，潇洒地提了"为孩子，也为自己的美好年代"，甚至读到了甲方为我抚掌叫好的场景，但你看不到那15天，我连出去吃饭都还在问朋友，你们有了孩子，会改变对自己生活的精致度吗？甚至喋喋不休地在路边摊，和太太聊这个项目的想法，因为太激动，声音太大，旁座的女生站起来，狠狠地说了一句："你太吵了，你是卖楼的吧，你的房子我肯定一辈子都不会买。"

你看不到的喜悦与痛苦杂陈

你看到了用东北小情绪做的"100万元，特滋润的三亚小日子"，你看不到我在提报时，正是2012年刘翔奥运会退赛，走出提报场，我的提报得到了最大的肯定，也听到了退赛的消息，作为一个刘翔在2008年退赛那一刻，我就赌他可以东山再起的粉丝，在那一刻，喜悦与痛苦杂陈的感觉，难以描述。

有人说我是一个很纯粹的人，一辈子就爱两件事：想方案和支持申花。是的，前者是我的专业信仰，后者是我的足球信仰。前者坚持了15年，后者坚持了25年，虽然它们都曾伤过我的心，但是我还在坚持着喜欢它们。

你看不到失去亲人，却还在想着如何写幸福

你看到了我写的"亚洲幸福细节"品牌，而就在这个案子执行的过程里，正值我母亲离我而去。脑海中闪现母亲最后的痛苦模样，心里却要想着如何撰写亚洲幸福细节的推广。幸福的文章，痛苦的内心，两股势力，在内心涌动，相互对撞，我不知道那段日子是怎么度过的。

你看不到确诊萎缩性胃炎后的痛

你看到了我写的葡萄园里闹腾养老的洞察方案，而在这个项目提报初期，我刚刚确诊萎缩性胃炎。项目团队已经踩了三次点，我还是不放心，在做胃镜后第二天，坚持自己去了趟现场，就为确认现场的土地感觉。我是一个怕死的人，一个不大不小的确诊，心里就会有阴影。即使这样，一次我没必要去的踩盘，由于入行伊始我就养成了：不确

认点什么，我就不敢开始创作的习惯，最后我还是去了。

一边思考着养生的案子，自己却陷入身体的问题，这就是这个行业从业人的缩影吧。我记得胃镜麻醉后，我居然梦到甲方和我商讨项目。麻药退去醒来，我就问了一句话："是不是刚有甲方给我打过电话？"家人告诉我："什么都没有。"

你看不到三天三夜辗转反侧，床头永远放着一本小本子

你看到了我的苏州老城别墅项目，对城市肌理的洞察，用孩子和老人起案名的创意，那份自信，那份尖锐，最后深深地打动了甲方；甚至提报结束，甲方老总邀请我共进午餐。成功的光鲜背后，你不知道为了能让这个新中式在姑苏中式泛滥的市场里突围，我几乎整个方案思考周期内没睡过好觉，甚至睡着了也是浅度睡眠，脑子里还想着思路，床边放着小本子，就怕睡着想到啥，第二天忘了，本子方便随时记录。

我是一个修过4年飞机的机修工，就因为飞机上不让我写字，我想找个地方写，所以我选择了地产广告。多年后，这个行业被称为夕阳行业，但是我坚信没有夕阳行业，只有夕阳心态。所以多年来，我还保持着一颗对这个行业的欢喜心，虽然随着时间累积，里面也多了些许迷茫与痛苦，但是那份创意激情，我想还在，就如很多人问我的："夏老师，10多年了，你怎么对创意还那么有激情？"我回答："没别的，只因欢喜。"

所以这14章，不仅是想告诉你14个光鲜的创意故事，更想提醒你灵光乍现背后的辛酸苦痛。只愿大家读过此书后，不仅仅看到我的思路，更看到一颗热爱创作、坚持向前的心，也许这比任何的方法论更重要。

永远记得，内心的欢喜，才能让我们在这个不算太好的行业，保持好奇，心生热爱。

2019 年 10 月 30 日 于上海

收尾闭卷，但意犹未尽

这 25 万文字，写不尽我这 15 年的脑洞故事

所以再录近 100 段音频，独立成《佰音书房》

聊 14 个案例背后

文字写不出的案前思考、案中探索、案后反思技巧

欢迎扫码加入

一书之外，再聊一人独立思考的痛与快

佰音书房
作者原声
二次解剖

图书在版编目（CIP）数据

创意的坏习惯：14个地产传播"反行规"案例 / 夏不飞著. —上海：上海社会科学院出版社，2020
ISBN 978-7-5520-3190-4

Ⅰ.①创… Ⅱ.①夏… Ⅲ.①房地产市场—市场营销—案例 Ⅳ.① F293.352

中国版本图书馆 CIP 数据核字 (2020) 第 090203 号

创意的坏习惯
14个地产传播"反行规"案例

著　　者：	夏不飞
责任编辑：	黄婧昉
封面设计：	六六六、何龙
版式设计：	周清华
出版发行：	上海社会科学院出版社
地　　址：	上海顺昌路622号　　邮　编：200025
电话总机：	021-63315947　　销售热线：021-53063735
http:	//www.sassp.cn　　E-mail：sassp@sassp.cn
印　　刷：	上海盛通时代印刷有限公司
开　　本：	890毫米×1240毫米 1/32
印　　张：	12.875
插　　页：	2
字　　数：	250千字
版　　次：	2020年8月第1版　　2020年9月第2次印刷

ISBN 978-7-5520-3190-4/F.618　　定　价：78.00元

版权所有　翻印必究